2014年度中国福利彩票公益金使用情况报告

彭建梅　刘佑平　主编

中国社会出版社
国家一级出版社・全国百佳图书出版单位

图书在版编目（CIP）数据

2014年度中国福利彩票公益金使用情况报告 / 彭建梅，刘佑平主编. —北京：中国社会出版社，2016.12

ISBN 978 - 7 - 5087 - 5532 - 8

Ⅰ.①2… Ⅱ.①彭… ②刘… Ⅲ.①社会福利—彩票—公益金—基金管理—中国—2014 Ⅳ.①F832.5

中国版本图书馆CIP数据核字（2017）第014953号

书　　名：2014年度中国福利彩票公益金使用情况报告

主　　编：彭建梅　刘佑平

出 版 人：浦善新

终 审 人：李　浩

责任编辑：杨建萍　　　　　　　　责任校对：王　璐

出版发行：中国社会出版社　**邮政编码：**100032

通联方法：北京市西城区二龙路甲33号

电　　话：编辑室：（010）58124838

　　　　　销售部：（010）58124837

　　　　　　　　　（010）58124836

网　　址：www.shcbs.com.cn

　　　　　shcbs.mca.gov.cn

经　　销：各地新华书店

中国社会出版社天猫旗舰店

印刷装订：中国电影出版社印刷厂

开　　本：170mm×240mm　1/16

印　　张：22.25

字　　数：350千字

版　　次：2017年4月第1版

印　　次：2017年4月第1次印刷

定　　价：48.00元

中国社会出版社微信公众号

《2014 年度中国福利彩票公益金使用情况报告》

编委会

主　　编：彭建梅　刘佑平

撰　　稿：李　琳　吴玉洁　刘凯茜　王　丹

数　　据：吴玉洁　王　丹　陈　超

统　　稿：靳世花　金　征

审　　稿：靳世花　张晓青

目　录

上编　2014 年度中国福利彩票公益金使用情况报告

中编　2014年度各省份福利彩票公益金使用情况报告汇编

下编　2014 年度中国福利彩票公益金项目优秀案例精选

上　编

2014 年度中国福利彩票公益金使用情况报告

第一章 福利彩票公益金筹集情况

2014 年，在党中央的亲切关怀和国务院的正确领导下，在财政部的大力支持和民政系统的共同努力下，福彩市场安全运行，发行销售实现跨越式增长，全国福利彩票销量历史性突破 2000 亿元大关，历年累计销量首次突破 1 万亿元，整个福彩市场展示出巨大的发展活力，筹集公益金 585.7 亿元，为推动我国社会福利与慈善事业发展提供了有力支持。

一、福利彩票发行与销售

（一）全国销量历史性突破 2000 亿元大关

福利彩票，是国家为筹集社会福利和社会公益资金，促进社会福利和社会公益事业发展而特许发行、依法销售，自然人自愿购买，并按照特定规则获得中奖机会的凭证。购买福利彩票不返还本金、不计付利息。福利彩票资金由返奖奖金、公益金和发行费组成。发行福利彩票，筹集福利彩票公益金，是国家为发展社会福利事业而制定的一项特殊政策，也是国务院赋予民政部门的一项重要职责。

2014 年，全国福彩系统坚持“扶老、助残、救孤、济困”的发行宗旨，按照“整体推进、重点突破”的工作思路，围绕游戏研发、渠道创新、整体营销和自身建设四项重点工作，充分发挥市场和政府作用，规范发行销售管理，实现了福利彩票持续、健康、稳定、安全发展。

截至 2014 年 12 月 31 日，中国福利彩票全年共销售 2059.68 亿元，首次突破 2000 亿元大关，实现了年销售量的历史性跨越，2013 年同期增加

294.4 亿元，同比增长 16.7%。2005—2014 年 10 年全国福利彩票发行销售总量基本呈现逐年递增的趋势，年度平均增长率为 19.6%。在短短 10 年时间里，中国福利彩票实现了四次跨越式发展。其中，2007 年福利彩票销售突破 500 亿元，2011 年首次跨上千亿元台阶，2012 年突破 1500 亿元，2014 年达到 2000 亿元以上。

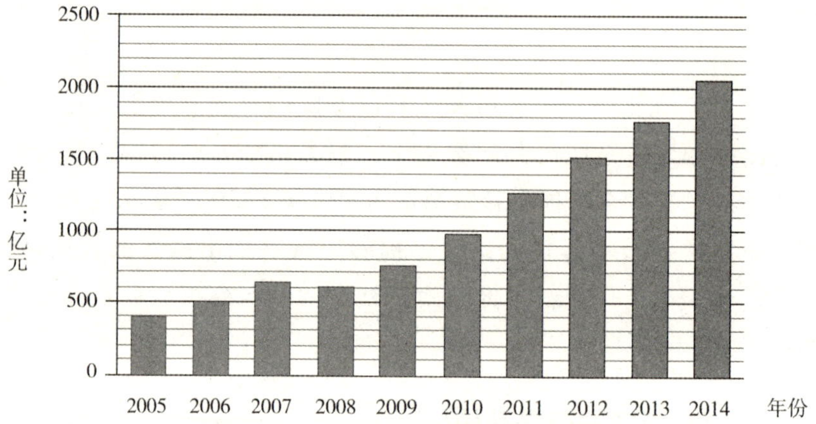

图 1－1　2005—2014 年 10 年全国福利彩票销量情况

从 2014 年中国福利彩票 1—12 月月度销量情况来看，除了 2 月受春节影响处于相对低位，其余各月的销量比较均匀，均在 150 亿元以上高位运行，并在 12 月达到年度最高值，为 195.61 亿元。

（二）福彩销量快速增长，地方游戏发力迅猛

从全国各类型福利彩票销量情况看，2014 年福利彩票销量实现快速增长，乐透数字型彩票销量依然遥遥领先，为 1495.52 亿元，占全年销售总额的 72.61%；即开型彩票销售 185.9 亿元，占 9.03%；视频型彩票销售 377.46 亿元，占 18.33%；基诺型彩票销售 0.8 亿元，仅占 0.04%。

与 2013 年比较，视频型彩票同比增长最高，为 30.43%；其次是乐透数字型彩票，同比增长 16.04%；再次是即开型彩票，同比增长 0.17%；基诺型彩票则表现不佳，同比下降 46.67%。

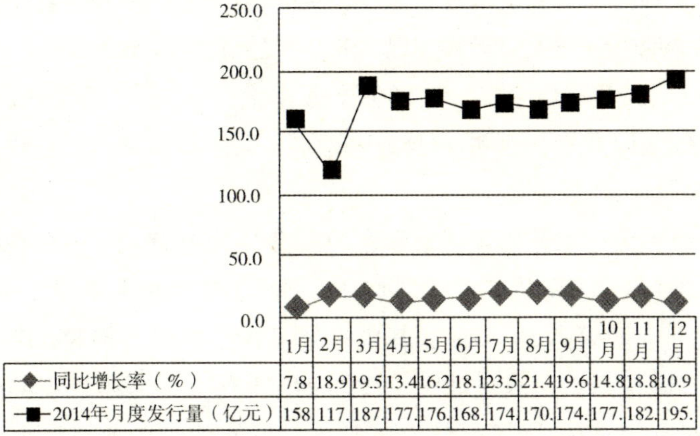

图 1－2　2014 年全国福利彩票 1—12 月销量及同比增长情况

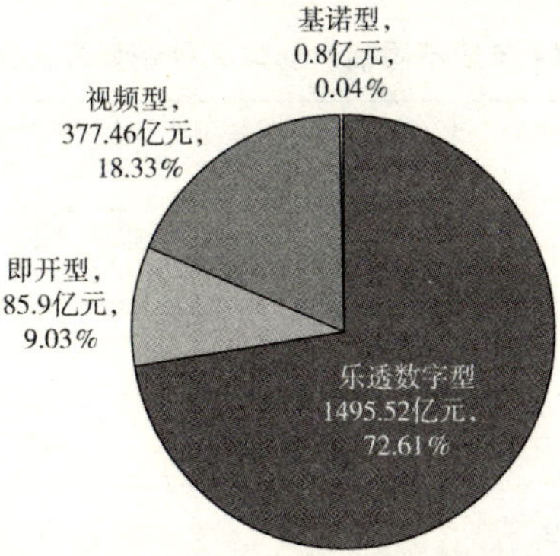

图 1－3　2014 年不同福利彩票类型销量情况

数据来源：《2014 年中国福利彩票发行销售情况公告》，民政部官网

表 1－1　2014 年度不同福利彩票类型销量及同比增长情况

福利彩票类型	2014 年销量（亿元）	2013 年销量（亿元）	增幅（%）
乐透数字型	1495. 52	1288. 82	16. 04
即开型	185. 9	185. 58	0. 17
视频型	377. 46	289. 39	30. 43
基诺型	0. 8	1. 5	－46. 67

数据来源：《2014 年中国福利彩票发行销售情况公告》《2013 年中国福利彩票发行销售情况公告》，民政部官网

从各票种的销售额度来看，2014 年福利彩票不同票种销量出现重大变化，尤其是地方游戏发力迅猛，以 738.07 亿元的销量独占鳌头，双色球以 573.2 亿元的销量屈居第二，中福在线稳居第三，销量为 377.46 亿元，排在第四位的是即开票，销量为 185.9 亿元，其余依次是 3D 游戏、七乐彩和开乐彩。

从各票种销售增长的幅度来看，2014 年，地方游戏、中福在线、双色球三大票种保持较高的增长势头。其中地方游戏增量最大，同比增加 198.73 亿元，增幅为 36.85%；其次是中福在线同比增加 88.07 亿元，增幅为 30.43%；再次是双色球同比增加 24.21 亿元，增幅为 4.41%；而即开票则呈现一个较低增幅，仅为 0.17%。另外部分票种销量出现小幅下降，其中 3D 游戏降幅最大，比 2013 年下降 15.17 亿元，同比下降 8.17%。

表 1-2　2014 年度不同福利彩票票种销量及同比增长情况

票种	2014 年销量（亿元）	2013 年销量（亿元）	2014 年销售增量	2014 年销售增幅（%）
地方游戏	738.07	539.34	198.73	36.85
双色球	573.2	548.99	24.21	4.41
中福在线	377.46	289.39	88.07	30.43
即开票	185.9	185.58	0.32	0.17
3D 游戏	170.54	185.71	-15.17	-8.17
七乐彩	13.71	14.78	-1.07	-7.24
开乐彩	0.8	1.5	-0.7	-46.67

值得一提的是，2014 年快开游戏成为彩市"新宠"，全年总销量 715.39 亿元，成为福利彩票销量占比第一的游戏①。快开游戏的迅猛发展主要是因为游戏本身开奖周期短，对彩民刺激程度高；另外快开游戏开展千万元派奖活动，这些都是快开游戏成为彩民青睐对象的原因。

① 参见《2014 年福彩回顾　销量创造新高》，新华网，http://news.xinhuanet.com/lottery/2015-01/16/c_1114017287.htm

（三）各地销量普遍增加，粤鲁苏稳居三甲

从2014年全国福利彩票各地区销量情况来看，东部地区因其经济较为发达的天然优势，拥有稳定的彩票市场和成熟的销售模式，销量依旧最高，为1028.90亿元，约占全国销量的1/2。而西部地区的销量超越中部地区，占全国销量的1/4强，初步显示出其市场发展活力。

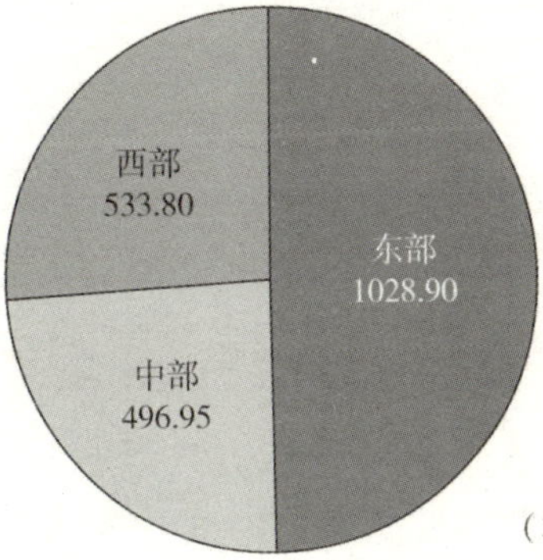

图1-4　2014年我国东中西部地区福利彩票销量情况

从各省份销量情况来看，粤鲁苏继续稳居三甲，且销量均在2013年基础上稳步增长，三个省的销量占全国总销量的23.97%。2014年销量超过70亿元的省份有11个，其中东部地区6个，分别是广东（206.81亿元）、山东（147.81亿元）、江苏（139.09亿元）、浙江（137.77亿元）、辽宁（106.56亿元）和河北（80.09亿元）；中部地区2个，分别是湖北（89.26亿元）和湖南（72.90亿元）；西部地区3个，分别是四川（78.15亿元）、陕西（75.72亿元）和广西（70.88亿元）。这也是西部地区的省份首次突破70亿元大关。这和近年来西部地区居民收入水平提高、购买力增强以及慈善事业发展、福彩文化传播等有一定关系。

2014年，全国31个省区市的福利彩票销量全部实现增长，最小增幅为海南（3.43%），最大增幅为西藏（70.26%）。其中增幅达到40%以上的省份有6个，分别是西藏（70.26%）、广西（48.47%）、宁夏（43.39%）、重庆（42.47%）、天津（41.91%）和甘肃（41.03%），除了天津外，其余5个均为西部地区。其中增幅达到20%以上的省份共有12

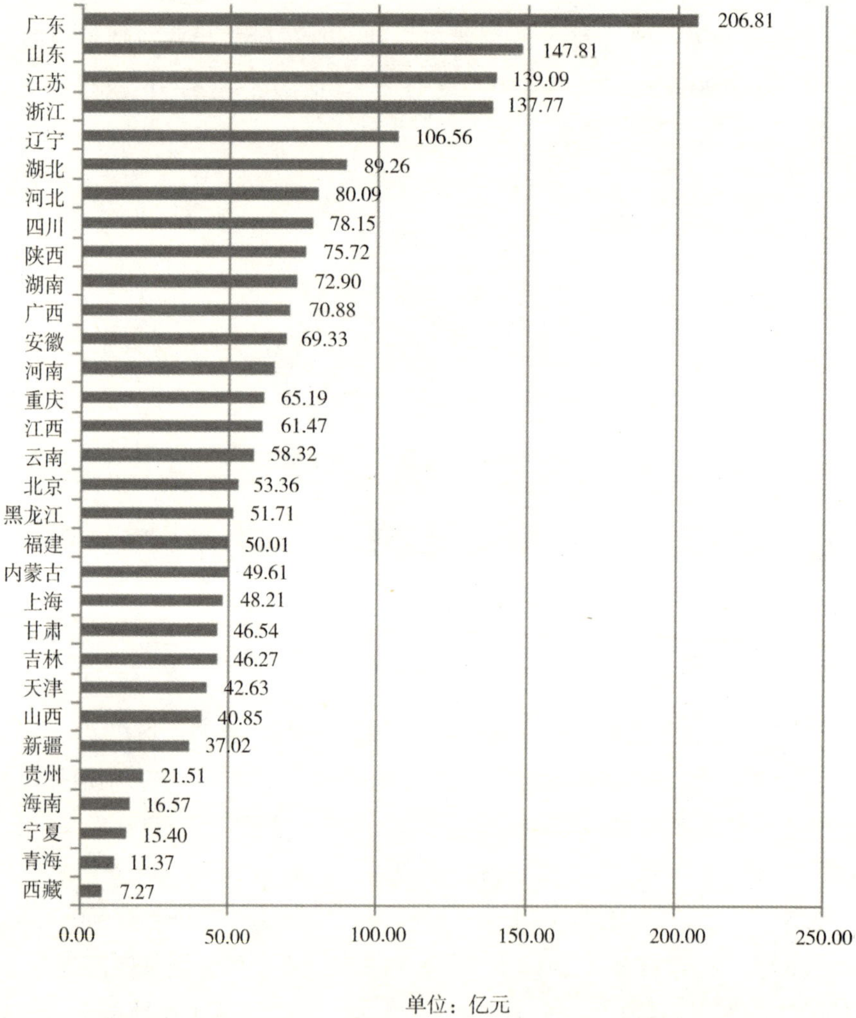

图 1－5　2014 年全国各地福利彩票销售额度排行榜

个，除了天津和上海外，其余 10 个均为西部或中部地区。尤其是西部地区的福利彩票，不管是销量还是增速都较往年明显增加，显示出了巨大的发行和销售潜力，前景乐观。

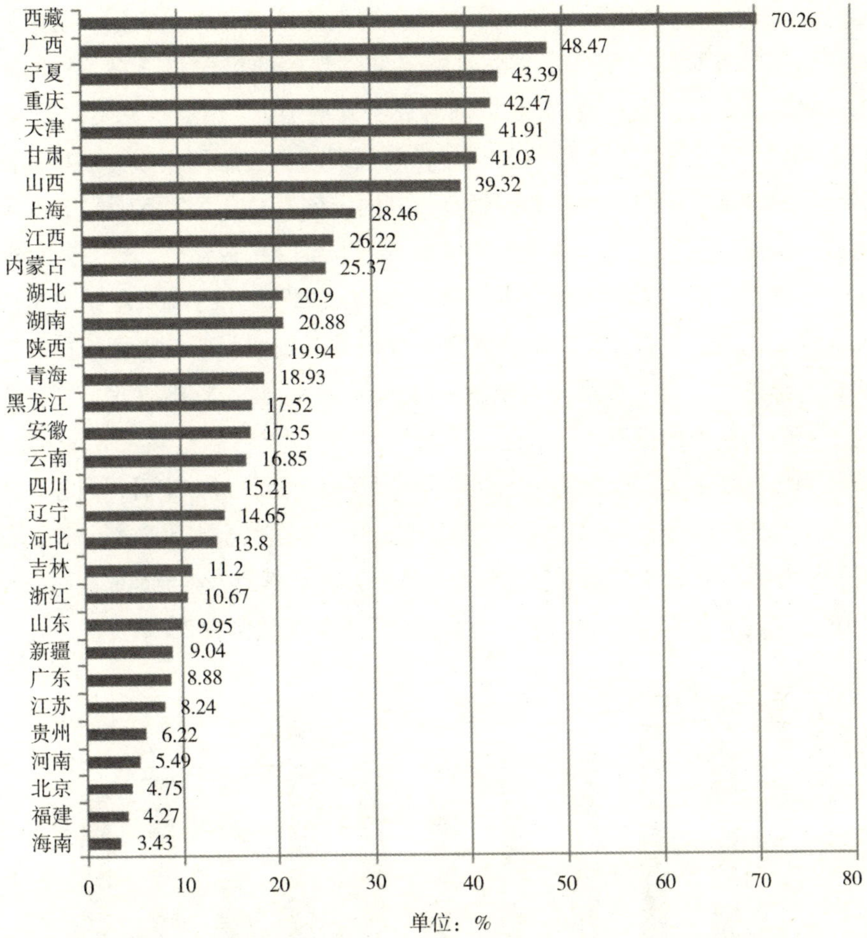

图 1－6　2014 年全国各地福利彩票销售同比增长情况

二、福利彩票公益金筹集再创新高

福利彩票公益金（以下简称福彩公益金），是指按照国家规定，从中国福利彩票发行销售收入中提取的，专项用于社会福利和社会公益事业的资金。福彩公益金的实质是彩民捐赠收入，归属政府非税收范畴，具有较强的公益性。筹集福彩公益金支持社会福利事业发展，是发行福利彩票的出发点和落脚点，也是福利彩票事业发展的关键和灵魂。

2009年施行的《彩票管理条例》（中华人民共和国国务院令第554号）中明确规定，“彩票品种中彩票资金的具体构成比例，由国务院财政部门按照国务院的决定确定。随着彩票发行规模的扩大和彩票品种的增加，可以降低彩票发行费比例。”同时还明确规定，“逾期未兑奖的奖金，纳入彩票公益金”。2012年颁布的《彩票管理条例实施细则》（中华人民共和国财政部　中华人民共和国民政部　国家体育总局令第67号），对彩票资金构成比例作了进一步规定，指出“彩票资金构成比例，是指彩票奖金、彩票发行费、彩票公益金占彩票资金的比重”，并明确“彩票资金的具体构成比例，是指在彩票游戏规则中规定的，按照彩票销售额计提彩票奖金、彩票发行费、彩票公益金的具体比例”。因此，彩票游戏不同，决定了彩票公益金的提取比例不同。

2001—2014年，从彩票发行的实际情况及资金运作规律来看，国务院及财政部逐步调整确定彩票资金的大致构成比例，彩票奖金占50%—65%，彩票发行费不高于15%，彩票公益金占20%—35%。彩票公益金提取比例呈现近10年来逐渐下降的趋势，2014年福彩公益金提取比例为28.44%。

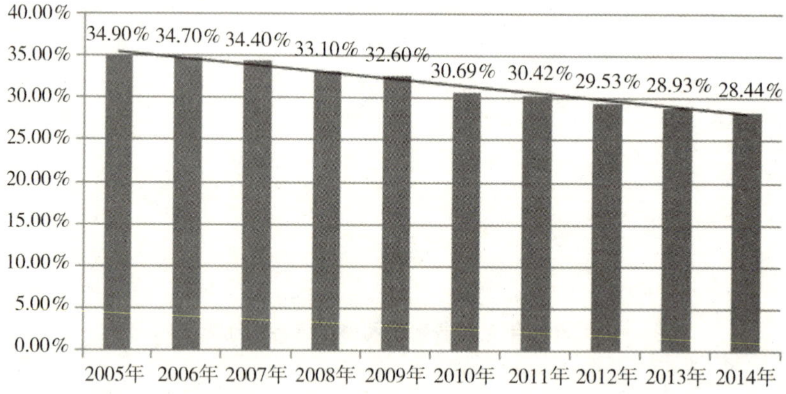

图1-7　2005—2014年10年福利彩票公益金提取比例变化图

福利彩票自1987年诞生以来，28年来累计发行销售11701亿多元，筹集福彩公益金3602亿多元，福彩公益金数额总体上处于递增趋势。尤其是2005—2014年这10年，中国福利彩票事业发展进入快车道。仅2014年，福利彩票筹集公益金585.7亿元，再创新高，比2013年增加75.03亿元，增长14.69%，为国家社会福利和公益慈善事业发展提供了有力支持。

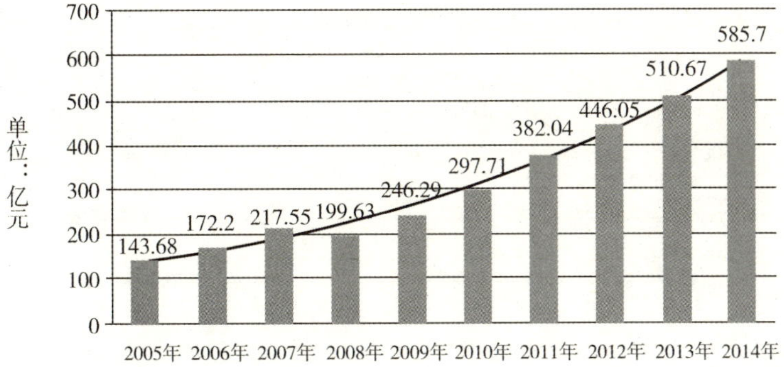

图1-8 2005—2014年10年福利彩票公益金数额变化图

从2010—2014年福彩公益金数量占中国慈善事业捐赠和准捐赠额的比例来看（中国慈善事业捐赠和准捐赠额[①] = 当年彩票公益金筹集额 + 当年慈善款物捐赠额 + 志愿服务总额），每年福彩公益金所占比例为20%—32%，并且基本呈现递增趋势，2014年更是占到32.16%。由此可见，福彩公益金在促进中国慈善事业发展中发挥着举足轻重的作用，购买福利彩票已经逐渐成为人们参与社会公益事业的一种重要方式，公益、慈善的福彩文化得到有效传播，福利彩票促进社会福利和社会公益事业发展的宗旨得以更好实现。

表1-3 2010—2014年中国福利彩票公益金占中国慈善资金总额的比例

年份	筹集福利彩票公益金数额（亿元）	中国慈善事业捐赠和准捐赠额（亿元）	福利彩票公益金占中国慈善事业捐赠和准捐赠额的比例（%）
2010	297	1533.7	19.36
2011	389	1543.71	25.20
2012	446	1567.88	28.45
2013	510	1873	27.23
2014	585	1821.36	32.16

① 参见彭建梅、刘佑平：《2012年度中国慈善捐助报告》，中国社会出版社，2013年版，第17页。

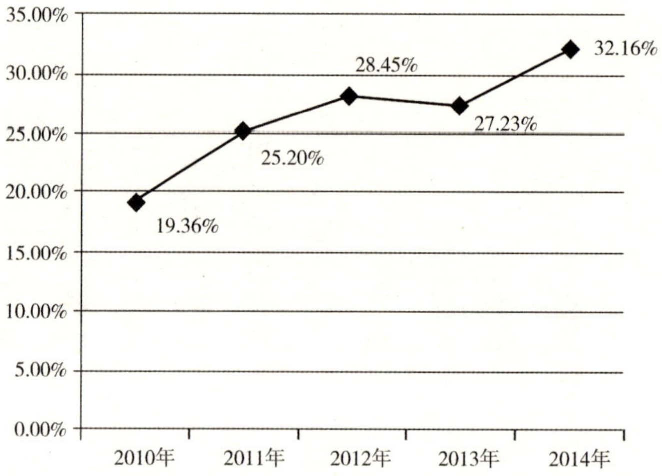

图 1－9　2010—2014 年中国福利彩票公益金占中国慈善事业捐赠额和准捐赠额的比例变化

第二章　福彩公益金分配情况

本着统筹兼顾、公平公正的原则，2014 年，福彩公益金在中央与地方之间、地方各级民政部门之间的分配严格按照相关规定，进一步加强管理、规范程序，保证分配工作的顺利开展。

一、彩票公益金中央与地方之间按 50∶50 比例分配

根据国务院批准、财政部发布的《关于调整彩票公益金分配政策的通知》（财综函〔2006〕7 号）规定：从 2005 年起，彩票公益金在中央与地方之间，按 50∶50 的比例分配。彩票公益金专项用于社会福利事业，按政府性基金管理办法纳入预算，实行财政收支两条线管理，专款专用，结余结转下年继续使用。地方留成的公益金，由省级财政部门商民政等有关部门研究确定分配原则。中央集中彩票公益金在全国社会保障基金、中央专项彩票公益金、民政部和体育总局之间分别按 60%、30%、5% 和 5% 的比例分配。

根据财政部公布的 2014 年彩票公益金筹集分配情况和中央集中彩票公益金安排使用情况［《中华人民共和国财政部公告》（2015 年第 59 号）］，2014 年中央财政当年收缴入库彩票公益金 511.84 亿元，加上 2013 年度结转收入 61.43 亿元，共 573.28 亿元。按上述分配政策和以收定支原则，考虑正常收入增长和结余结转因素，经全国人大审议批准，2014 年中央财政安排彩票公益金支出 501.83 亿元。其中，分配给全国社会保障基金理事会 269.80 亿元，用于补充全国社会保障基金；分配给中央专项彩票公益金 187.04 亿元，用于国务院批准的社会公益事业项目；分配给民政部 22.48 亿元，按照“扶老、助残、救孤、济困”的宗旨，由民政部纳入年度部门预算，安排用于资助为老年人、残疾人、孤儿、有特殊困难等人群服务的

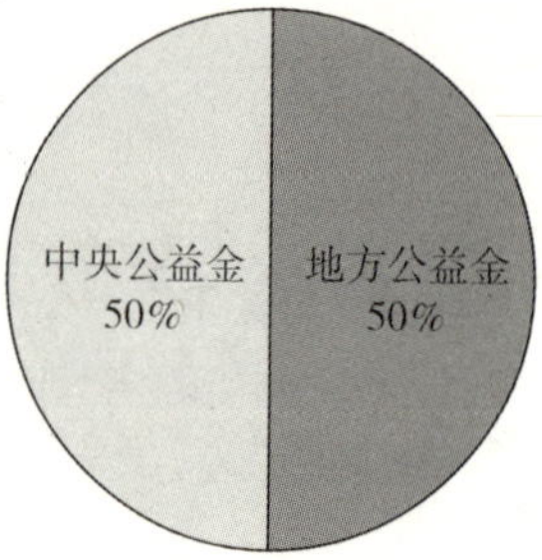

图 2－1　彩票公益金分配比例图

社会福利设施建设和受助对象直接受益的项目；分配给国家体育总局 22.48 亿元，由国家体育总局纳入年度部门预算，安排用于支持群众体育和竞技体育发展项目。

二、八成以上民政部本级彩票补助地方

2014 年，民政部本级彩票公益金使用额度为 22.48 亿元。其中，安排 3.37 亿元用于中央级项目，采取委托部直属单位或者向社会力量购买服务等形式开展老年人福利、残疾人福利、儿童福利和相关社会公益项目；另外，充分考虑各省份人口数量及结构、地方财力、工作任务及成效等主要因素，向各地下达 2014 年度民政部本级彩票公益金补助地方项目资金共计 19.11 亿元，由各地结合实际情况分配使用，分别用于支持老年人、残疾人、儿童福利事业和相关社会公益事业。与往年相比，2014 年民政部本级彩票公益金补助地方的部分占部本级公益金总额的 84.99%，与 2013 年的 92.11% 相比减少了 7.73%。

三、地方福彩公益金省级留成比例最高

依据现行规则，地方福彩公益金的分配由省级人民政府财政部门和民政部门确定分配比例。《彩票公益金管理办法》（财综〔2012〕15 号）第 13 条规定："上缴省级财政的彩票公益金，按照国务院批准的彩票公益金分配政策，坚持依照彩票发行宗旨使用，由省级财政部门商民政、体育行政等有关部门研究确定分配原则。"

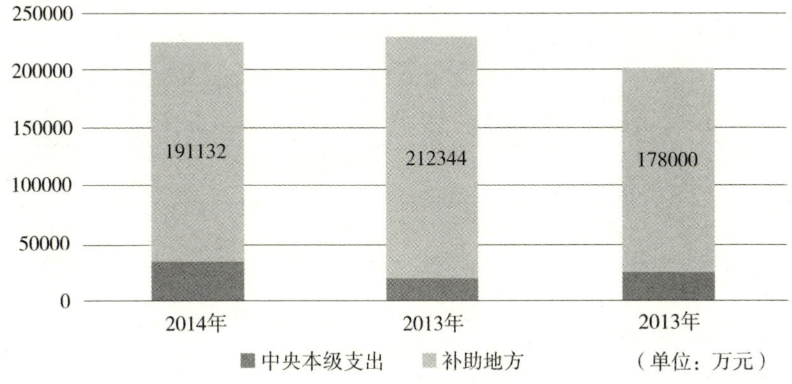

图 2－2　民政部本级彩票公益金分配情况（单位：万元）

2014 年，从福彩公益金地方留成的数额来看，省级留成比例最高，占 48.75%，其次是市级留成比例，占 36.84%，最后是县级留成，占 14.41%，结束了 2013 年市级留成比省级留成高的状况，市级留成比例与 2013 年相比下降了 14.11%。

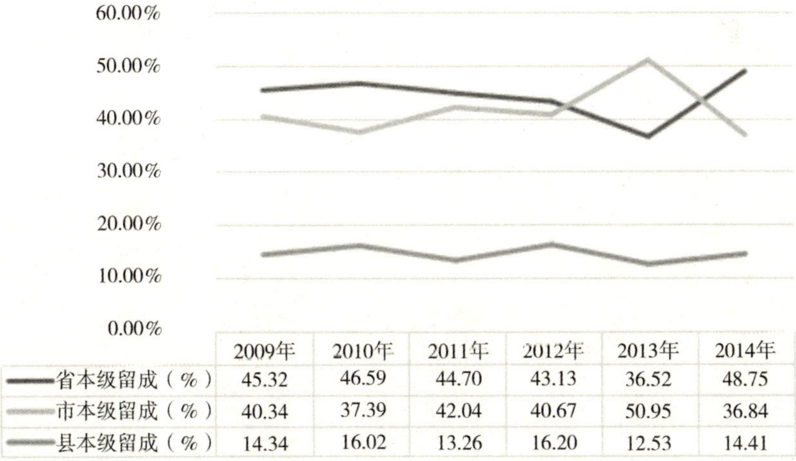

	2009年	2010年	2011年	2012年	2013年	2014年
省本级留成（%）	45.32	46.59	44.70	43.13	36.52	48.75
市本级留成（%）	40.34	37.39	42.04	40.67	50.95	36.84
县本级留成（%）	14.34	16.02	13.26	16.20	12.53	14.41

图 2－3　2009—2014 年福彩公益金地方留成比例

2014 年，从福彩公益金地方留成转移支付情况看，省本级福彩公益金补助地方 100.51 亿元，占省本级留成的 73.56%；地市级补助地方 45.61 亿元，占地市级留成福彩公益金的 44.17%。从 2010—2014 年 5 年转移支付的情况来看，省级补助地方的额度在持续大幅增长，而地市级补助地方的额度却略有下降。

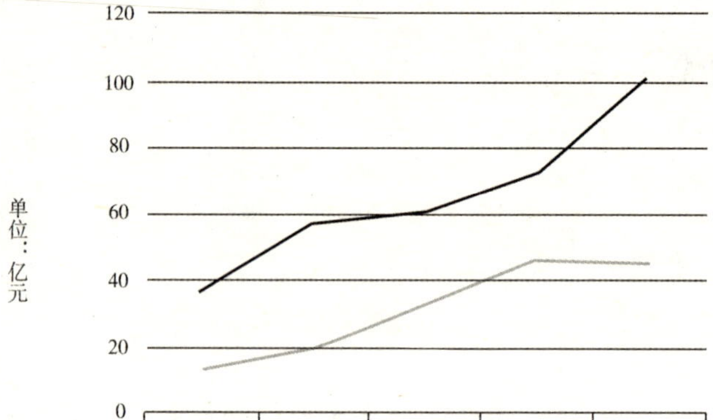

	2010年	2011年	2012年	2013年	2014年
省级补助地方	37.37	56.99	61.34	74.07	100.51
地市级补助地方	13.96	20.51	34.1	46.72	45.61

图 2－4　2010—2014 年地方留成福彩公益金转移支付统计情况

第三章　福彩公益金投入使用情况

彩票公益金是彩票资金的重要组成部分，也是我国社会公益事业的重要资金来源。自2007年以来，我国的彩票公益金作为政府非税收入纳入政府收支分类体系进行统一管理。2012年，财政部《彩票公益金管理办法》中规定，“彩票公益金专项用于社会福利、体育等社会公益事业，不用于平衡财政一般预算。彩票公益金按照政府性基金管理办法纳入预算，实行收支两条线管理”，“彩票公益金纳入政府性基金预算管理，专款专用，结余结转下年继续使用”。

福利彩票以“扶老、助残、救孤、济困”为发行宗旨，筹集的福彩公益金也主要用于这些领域，以保障社会困难群体的基本生活。

根据我国民政部门使用福利彩票的具体情况，考虑到预算管理程序在一定程度上会影响资金的使用时间，地方留成的福彩公益金很多在次年支出，因此本报告中的“2014年福利彩票公益金使用情况”，具体是指2014年实际投入使用的福彩公益金，不同于2014年筹集的福彩公益金。2014年实际投入使用的福彩公益金不仅包括2014年筹集的福彩公益金，还有部分2013年筹集以及历年结余转存的福彩公益金。

一、福彩公益金实际投入持续稳定增长

2014年，各级民政部门实际投入使用福彩公益金249.64亿元，比2013年增加21.71亿元，增长9.52%。

2014年实际使用的公益金中，省级公益金投入额度最大，为112.6亿元，占总投入额的45.11%；地市级公益金投入额度次之，为89.86亿元，占36%；县级和部本级公益金投入分别为24.69亿元和22.49亿元，分别占9.89%和9.01%。

近5年来福彩公益金使用额度呈明显增长趋势，以省级和地市级投入为主。与2013年相比，2014年省级公益金增长额度较大，增长了25亿元，地市级公益金增长幅度较小，增长了0.55亿元；而县级和部本级公益金均有小幅下降。

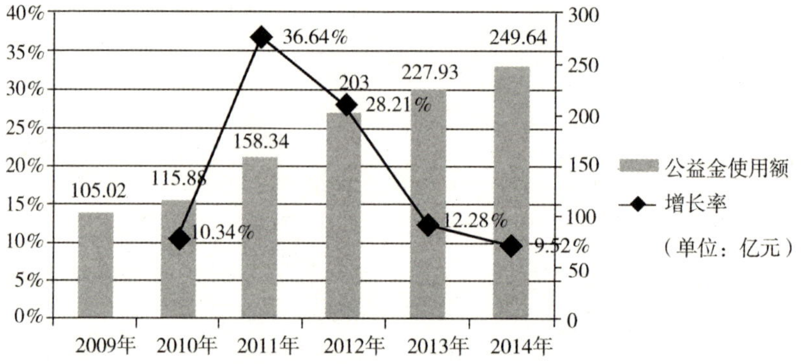

图3－1　2009—2014年民政部门每年使用福利彩票公益金的数额变化

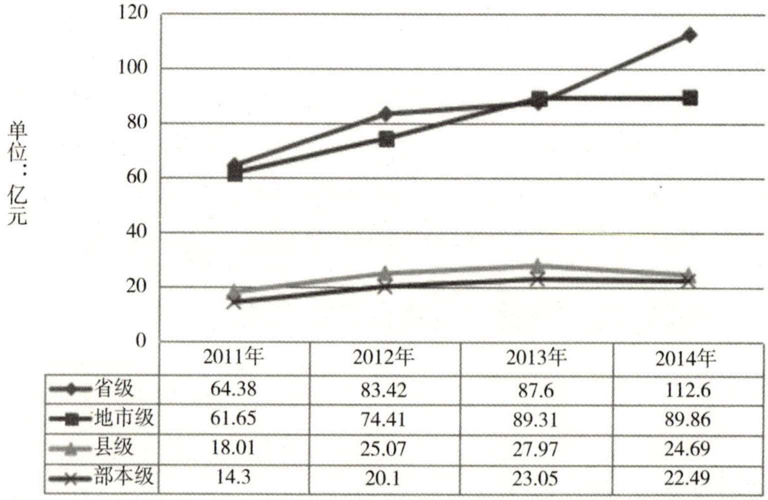

	2011年	2012年	2013年	2014年
省级	64.38	83.42	87.6	112.6
地市级	61.65	74.41	89.31	89.86
县级	18.01	25.07	27.97	24.69
部本级	14.3	20.1	23.05	22.49

图3－2　2011—2014年各级投入福利彩票公益金的数额及变化

二、东部地区公益金投入占绝对优势

由于民政部门使用的公益金中，地方留成部分占绝大多数，因此各地的公益金使用额度受地方留成数量影响较大。东部地区的地方留成公益金远远高于中、西部，2014 年东部地区投入使用公益金 127.37 亿元，高于中部和西部地区的 56.86 亿元和 65.41 亿元，三个地区在投入使用的公益金总额中分别占 51.02%、22.78% 和 26.2%，东部地区公益金投入占绝对优势。

东部地区公益金投入一直领先于中、西部地区，中部地区在 2014 年的投入使用额度出现了 5 年来的首次下降，西部地区的公益金使用额较 2013 年有了大幅提升。

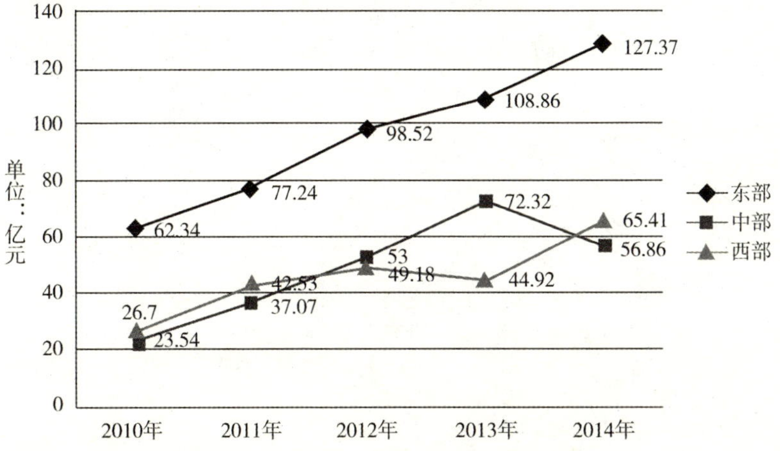

图 3-3 2010—2014 年不同地区福利彩票公益金投入额度

数据来源：《2013 年度中国福利彩票公益金使用情况报告》

具体而言，2014 年东部地区投入使用的福彩公益金中，省级和地市级较多，分别占 43.29% 和 39.94%；中部地区省级和地市级投入更为均衡，为 38.11% 和 39.26%；西部地区中，省级公益金投入占 54.72%，地市级公益金占 25.48%。

值得一提的是部本级公益金投入西部地区最多，占 16.08%，在东部地区投入最少，为 4.17%，可见部本级公益金的投入使用明显向西部地区、不发达省份、边疆地区倾斜，重点支持其社会福利事业发展。

表 3－1 2014 年福彩公益金使用分地区统计

地区 资金来源	东部 （%）	中部 （%）	西部 （%）
部本级	4.17	11.71	16.08
省级	43.29	38.11	54.72
地市级	39.94	39.26	25.48
县级	12.60	10.92	3.72

三、基础设施项目投入约占七成

福彩公益金投入的项目类型分为基础设施类项目和非基础设施类项目。2014 年福彩公益金投入基础设施类项目 174.35 亿元，占福彩公益金使用总额的 69.84%；投入非基础设施类项目 75.29 亿元，占 30.16%。

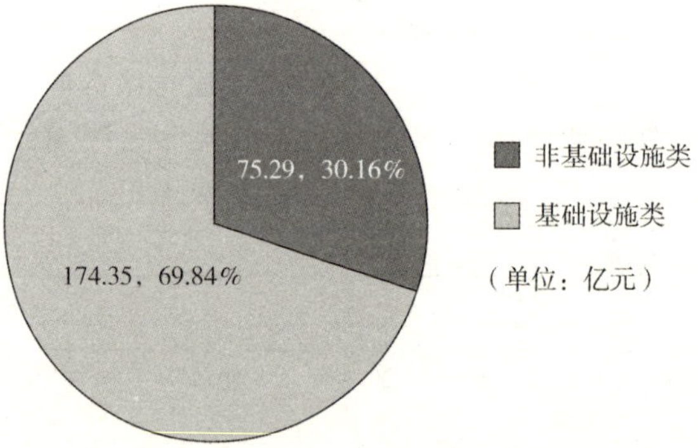

图 3－4 2014 年两类项目福利彩票公益金投入额度

福彩公益金投入基础设施类与非基础设施类的比重 5 年来大致一致，维持在 7∶3 左右。尽管每年福彩公益金在这两类项目中的投入额略有浮动，但总体使用走向没有变化，主要用于基础设施建设类项目。

从地域来看，2014 年东、中、西部地区投入基础设施建设的公益金分别占 57.82%、84.97% 和 80.11%，非基础设施建设的投入分别为 42.18%、15.03% 和 19.89%。中部和西部的公益金在基础设施建设方面的投入都在

80%以上，而用于非基础设施建设的公益金比例在20%以下；东部地区公益金在基础设施建设和非基础设施建设方面的投入较为均衡，相差不大。

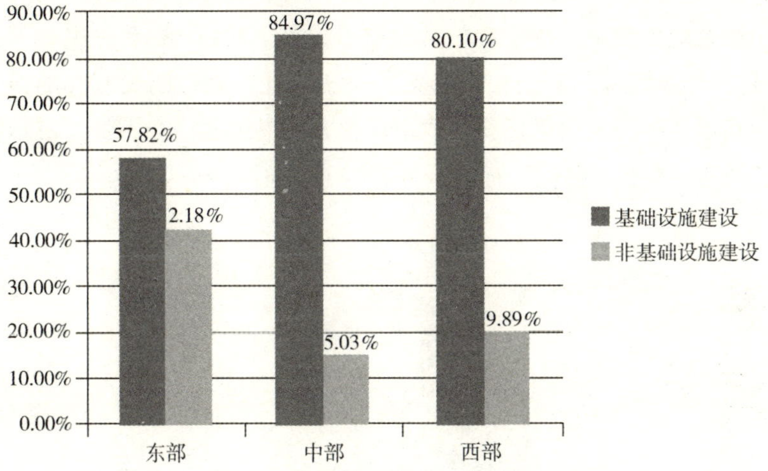

图3－5　2014年福彩公益金不同地域两类项目投入比例

这说明我国中、西部地区的社会福利事业发展相对滞后，对于城乡社会福利机构建设、救助保护设施建设、困难群众危房改造、少儿活动场所等基础性建设仍然有很大需求；而东部地区已经更加关注福利机构运营补贴、特殊人群康复与教育、孤残儿童职业技能培训、流浪乞讨人员救助、优抚对象抚恤、教育助学等方面。

四、福彩公益金使用以老年人福利类和社会公益类项目为主

秉持着“扶老、助残、救孤、济困”的发行宗旨，2014年福彩公益金主要用于老年人福利类、社会公益类、儿童福利类和残障人福利类四大类项目。

2014年，公益金在老年人福利类项目中投入130.46亿元，占公益金使用总额的52%；投入社会公益类项目88亿元，占35%；投入儿童福利类和残障人福利类项目15.88亿元和15.29亿元，分别占7%和6%。

福彩公益金主要用于老年人福利类项目和社会公益类项目，除了与其宗旨有关外，也是政策引导和支持的结果。《国务院关于加快发展养老服务业的若干意见》（国发〔2013〕35号）中，要求民政部本级彩票公益金

和地方各级政府用于社会福利事业的彩票公益金，将50%以上的资金用于支持发展养老服务业，并随老年人口的增加逐步提高投入比例。

党的十八届三中全会和《国务院办公厅关于政府向社会力量购买服务的指导意见》中明确支持社会公益类项目发展，2014年10月民政部下发《民政部关于民政部门利用福利彩票公益金向社会力量购买服务的指导意见》中指出要“重点资助适合采取市场化方式提供、社会力量能够承担的扶老、助残、救孤、济困等福利服务和相关公益服务项目”。

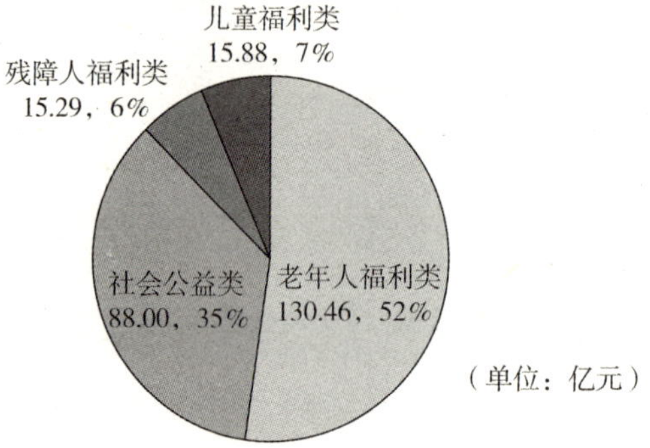

图3－6　2014年福彩公益金投入四类项目的额度及比例

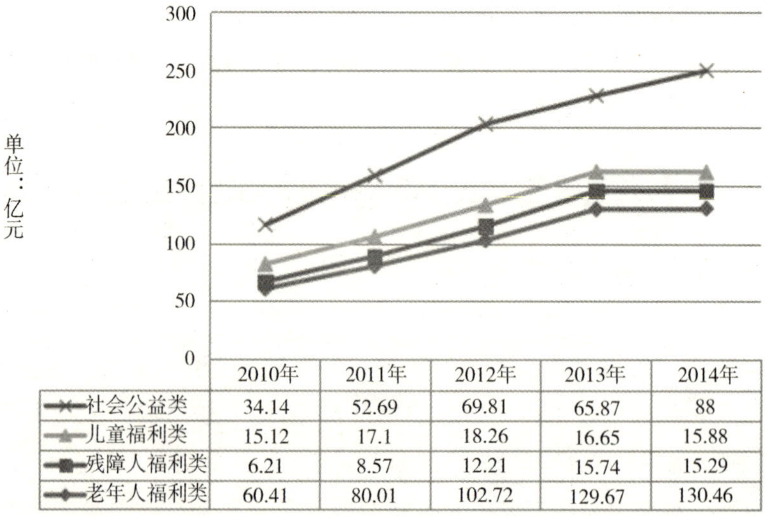

	2010年	2011年	2012年	2013年	2014年
社会公益类	34.14	52.69	69.81	65.87	88
儿童福利类	15.12	17.1	18.26	16.65	15.88
残障人福利类	6.21	8.57	12.21	15.74	15.29
老年人福利类	60.41	80.01	102.72	129.67	130.46

图3－7　2010—2014年福利彩票公益金对四类项目的投入额度变化趋势

从近5年的趋势来看，福彩公益金对社会公益类和老年人福利类项目的投入不断递增，而对儿童福利类、残障人福利类的投入在2013年达到新高后，2014年均出现了小幅下降。这一变化趋势与国家对儿童和残障人士的财政投入增加、我国养老问题日渐严峻、福彩公益金成为政府购买服务的重要资金来源有关。

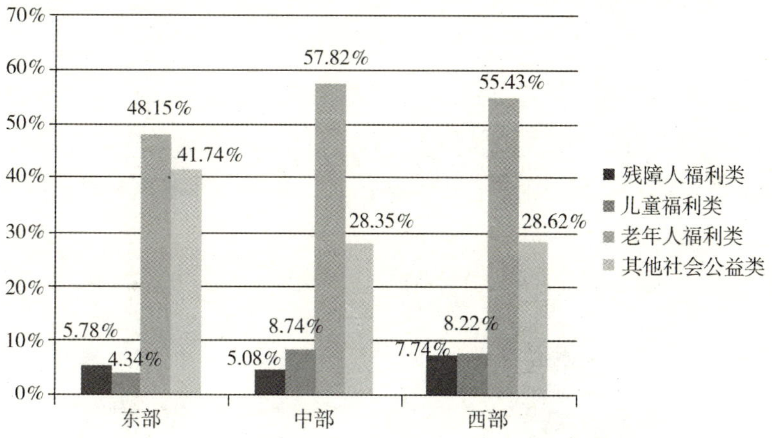

图3-8 2014年福利彩票公益金在不同地域支出占比情况

从地域上看，2014年东、中、西部的公益金使用支出，与全国公益金使用支出的趋势是一致的，都以老年人福利类项目和社会公益类项目为主。从公益金在各地域的支出占比来看，中部地区的老年人福利类项目支出比重最高，为57.82%；东部地区的社会公益类项目支出占比最高，为41.74%；中部地区的儿童福利类项目支出占比最高，为8.74%；西部地区的残障人福利类项目支出占比最高，为7.74%。

（一）老年人福利类项目以130.46亿元的投入居首

根据《2014年社会服务发展统计公报》，截至2014年底，全国60岁及以上老年人口21242万人，占总人口的15.5%，其中65岁以上人口13755万人，占总人口的10.1%。按照国际上通用的标准，60岁以上老年人口占人口总数的10%或65岁以上老年人口占人口总数的7%，即意味着这个国家或地区的人口处于老龄化社会，我国老龄化的形势已非常严峻。

根据福利彩票“扶老、助残、救孤、济困”的发行宗旨和国务院、民政部门的相关政策规定，福利彩票公益金将50%以上用于老年人事业发展。2014年老年人福利类项目成为福彩公益金投入最多的项目，为130.46亿元。

具体而言，老年福利类项目分为基础设施类项目和非基础设施类项目。2014年老年人福利基础设施类项目投入108.97亿元，非基础设施类项目投入21.48亿元。

2014年福利彩票公益金在基础设施类项目中的投入由多到少分别为：老年人社会福利机构建设55.19亿元，农村五保供养服务设施建设31.23亿元，社区为老服务设施建设17.59亿元，社会办养老福利机构建设4.29亿元，老年组织配套设施建设0.66亿元。

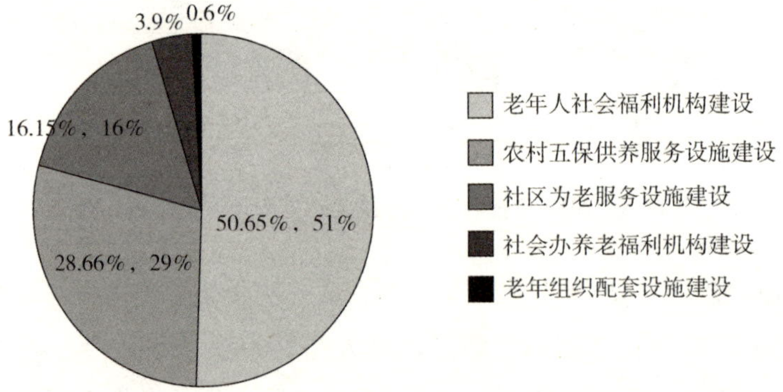

图3－9　2014年福利彩票公益金投入老年人福利基础设施类型项目金额及比例

在老年人非基础设施类项目的投入中，老年福利机构运营补贴6.36亿元，占该部分资金投入总额的29.59%；居家养老资助5.49亿元，占25.53%；老年人生活补助5.05亿元，占23.48%；社会办养老机构运营补贴2.59亿元，占12.06%；老年文化活动0.86亿元，占4.02%；养老服务信息系统0.54亿元，占2.52%；老年社团资助运营补助0.31亿元，占1.45%；养老服务人员培训0.29亿元，占1.34%。

（二）残障人福利类项目投入15.29亿元

2014年，福彩公益金在残障人福利类项目方面的投入为15.29亿元，

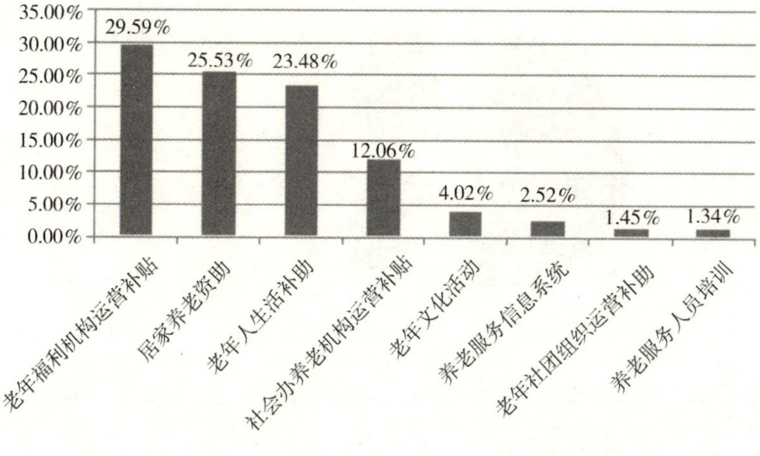

图 3－10　2014 年福彩公益金投入老年人非基础设施项目比例

省本级和地市级投入较多，分别为 7.42 亿元和 4.83 亿元；部本级公益金投入 2.37 亿元；县级公益金投入最少，为 0.67 亿元。

在残障人福利基础设施类项目中，2014 年投入最多的是精神卫生福利机构建设，投入金额为 4.78 亿元，占残障人福利基础设施项目总额的 59.02%。2014 年 6 月 18 日，民政部、财政部印发《中央专项彩票公益金支持精神病人福利机构项目管理办法》，支持城镇“三无”、农村五保、流浪乞讨人员、复员退伍军人等城乡特殊困难群体中精神障碍患者开展救治、救助、康复、护理和照料等服务的精神病人社会福利院建设，将中央专项彩票公益金用于地级精神病人福利机构新建、迁建、改扩建和配置设备。由于这一政策支持也使得精神卫生福利机构建设的福彩公益金支出与 2013 年的 2.35 亿元有较大提高。

残疾人服务机构为 1.61 亿元，占该类资金总额的 19.87%；残疾人康复机构为 1.55 亿元，占该类资金总额的 19.18%；残疾人职业培训机构为 0.16 亿元，占 1.92%。

在残障人福利非基础设施类项目中，资助残联 2.89 亿元，占残障人福利非基础设施类项目资金的 40.04%；残疾人生活补助 1.94 亿元，占该类资金的 26.93%；残疾人康复服务为 1.82 亿元，占 25.23%；资助福利企业、残疾人活动、残疾人职业技能培训共 0.56 亿元，占 7.80%。

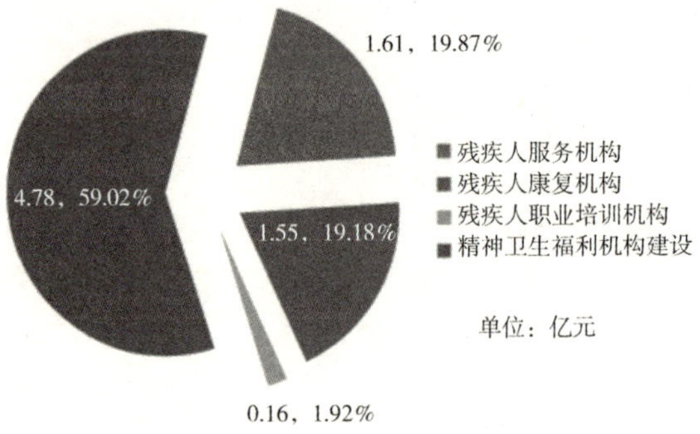

图 3－11　2014 年福利彩票公益金投入残障人福利基础设施类项目金额及比例

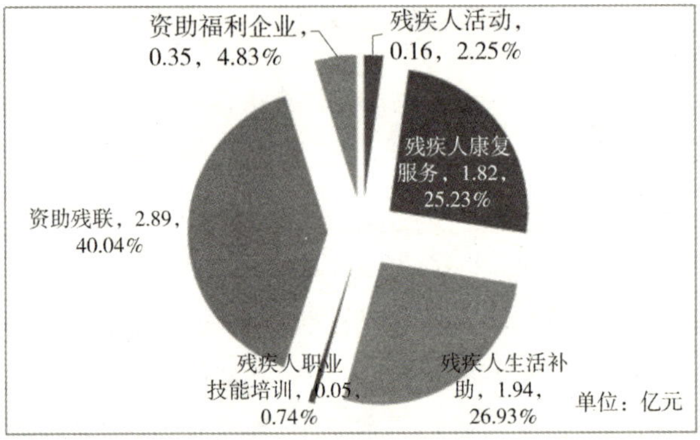

图 3－12　2014 年福利彩票公益金投入残障人福利类非基础设施项目金额及比例

（三）儿童福利类项目投入 15. 88 亿元

2014 年，福彩公益金投入儿童福利类项目 15. 88 亿元。其中基础设施类项目 11. 86 亿元，占该类资金总额的 74. 69%；非基础设施类项目 4. 02 亿元，占 25. 31%。

在儿童福利基础设施类项目投入中，用于儿童福利机构的公益金最多，为 8. 71 亿元，占该类资金总额的 73. 44%；儿童救助安置机构的投入为 1. 55 亿元，占 13. 07%；孤儿职业技术学校和残疾儿童康复机构共投入 1. 6 亿元，占 13. 49%。

表 3－2　2014 年福利彩票公益金投入儿童福利类基础设施项目资金额度及比例

项目细分	投入额度（亿元）	占儿童福利基础设施类项目投入总额的比例（%）
儿童福利机构	8.71	73.44
儿童救助安置机构	1.55	13.07
孤儿职业技术学校	1.14	9.61
残疾儿童康复机构	0.46	3.88

在儿童福利非基础设施类项目投入中，儿童救助、儿童福利机构运营补贴、残疾儿童手术康复分别为 1.47 亿元、1.18 亿元和 1.06 亿元，分别占 36.57%、29.35% 和 26.37%，儿童福利机构特殊教育、脑瘫儿童康复训练和孤残儿童职业技能培训共 0.31 亿元，占 7.71%。

表 3－3　2014 年福利彩票公益金投入儿童福利类非基础设施项目资金额度及比例

项目细分	投入额度（亿元）	占儿童福利基础设施类项目投入总额的比例（%）
儿童救助	1.47	36.57
儿童福利机构运营补贴	1.18	29.35
残疾儿童手术康复	1.06	26.37
儿童福利机构特殊教育	0.15	3.73
脑瘫儿童康复训练	0.09	2.24
孤残儿童职业技能培训	0.07	1.74

（四）社会公益类项目投入 88 亿元

2014 年福彩公益金在社会公益类项目上投入 88 亿元，其中基础设施类项目 45.42 亿元，占 51.61%；非基础设施类项目 42.58 亿元，占 48.39%。

在社会公益基础设施类项目中，福彩公益金对殡葬服务设施投入最多，为15.32亿元，占该部分资金额度的33.73%；社区服务设施建设投入8.34亿元，占18.36%；其他公益设施项目和赈灾救灾安置场所分别为6.31亿元和6.06亿元，分别占13.89%和13.34%；民政系统医疗服务机构、流浪救助保护设施、烈士陵园设施、困难群众危房改造、优抚安置设施和慈善超市建设共投入9.39亿元，占20.67%。

表3-4　2014年福利彩票公益金投入社会公益类基础设施项目资金额度及比例

项目细分	投入额度（亿元）	占社会公益基础设施类项目投入总额的比例（%）
殡葬服务设施	15.32	33.73
社区服务设施建设	8.34	18.36
其他公益设施项目	6.31	13.89
赈灾救灾安置场所	6.06	13.34
民政系统医疗服务机构	2.89	6.36
流浪救助保护设施	2.63	5.79
烈士陵园设施	1.91	4.21
困难群众危房改造	0.96	2.11
优抚安置设施	0.77	1.70
慈善超市建设	0.23	0.51

在社会公益非基础设施类项目中，其他社会公益资助项目以15.90亿元的投入居首，占该类资金总额的37.34%；有8.74亿元用于困难群众生活救助，占比20.53%；8.42亿元用于城市医疗救助，占19.78%；4.90亿元用于农村医疗救助，占11.51%；优抚对象抚恤补助、教育助学、流浪乞讨人员救助、赈灾救灾、慈善超市运营补贴、社区图书援建项目共投入4.62亿元，占10.85%。

表 3－5 2014 年福利彩票公益金投入社会公益类非基础设施项目资金额度及比例

项目细分	投入额度（亿元）	占社会公益非基础设施类项目投入总额的比例（%）
其他社会公益资助项目	15.90	37.34
困难群众生活救助	8.74	20.53
城市医疗救助	8.42	19.77
农村医疗救助	4.90	11.51
优抚对象抚恤补助	1.95	4.58
教育助学	1.59	3.73
流浪乞讨人员救助	0.46	1.08
赈灾救灾	0.44	1.03
慈善超市运营补贴	0.16	0.38
社区图书援建项目	0.02	0.05

第四章　福利彩票公益金使用绩效评估情况

一、福彩公益金使用效果明显

总体而言，2014 年的福彩公益金使用在资助项目数、建筑面积、床位数、受益人数等方面都有大幅增长，使用效果明显。2014 年福彩公益金资助项目 36164 个，比 2013 年增长 5193 个，同比增长 16.77%，实现公益金资助项目数量的五连涨。

在建筑面积方面，2014 年福彩公益金资助福利机构、福利设施、安置场所、康复机构、社区设施建设、困难群众危房改造等方面的建筑面积达 5261.93 万平方米，比 2013 年增长了 969.86 万平方米，同比增长 22.6%。

在床位数量上，2014 年福彩公益金资助床位数 128.07 万张，比 2013 年度下降 26.35 万张，是自 2010 年以来的首次下降。资助的床位主要用于养老、残疾人、儿童福利机构和设施、安置场所等。

在添置设备方面，2014 年福彩公益金资助添置 47.5 万台设备，比 2013 年增长 23.72 万台，几乎成倍增长。

在受益人数上，2014 年福彩公益金共使 1.89 亿人受益。其中直接受益 5562.58 万人，间接受益 1.3 亿人，比 2013 年有较大幅度提升。

（一）东、中、西部地区的项目成果各有差异

总体来看，2014 年，除添置设备数量以外，东部地区在项目数量、建筑面积、床位数、直接资助人数和间接受益人数方面都高于中部和西部地区。与 2013 年相比，西部地区在项目数量、建筑面积、床位数、直接资助人数方面都有较大幅度提升，中部地区在项目数量和床位数量方面有所下降，东部地区在床位数量上有小幅下滑。

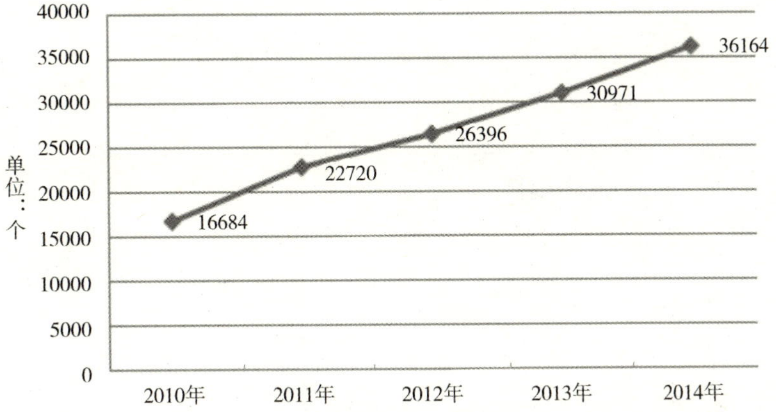

图4－1 2010—2014年全国福利彩票公益金资助项目数量及变化趋势

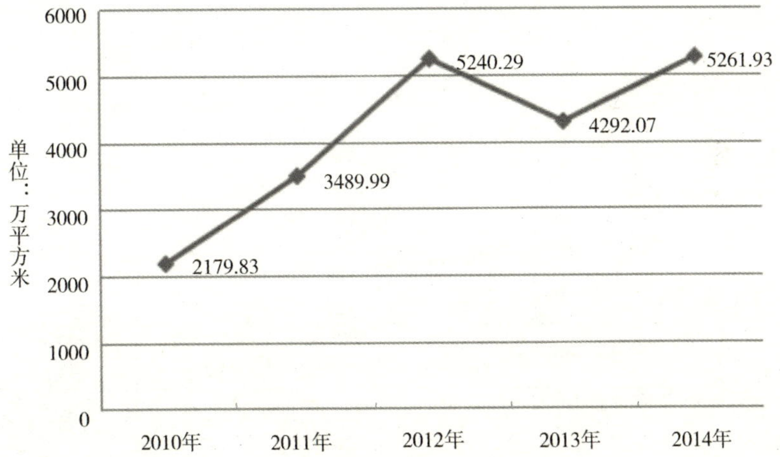

图4－2 2010—2014年全国福利彩票公益金资助建筑面积数量及变化趋势

从福彩公益金的项目成果来看，2014年东部地区项目数量最多，为1.53万个，中部地区最少，为9789个；在建筑面积方面，东部地区最多，为2432.22万平方米，西部地区最少，为1174.44万平方米；东部地区床位数60.85万张，是三个地区中最多的；中部地区添置设备最多，为22.28万台；东部地区直接资助和间接受益人数最多。

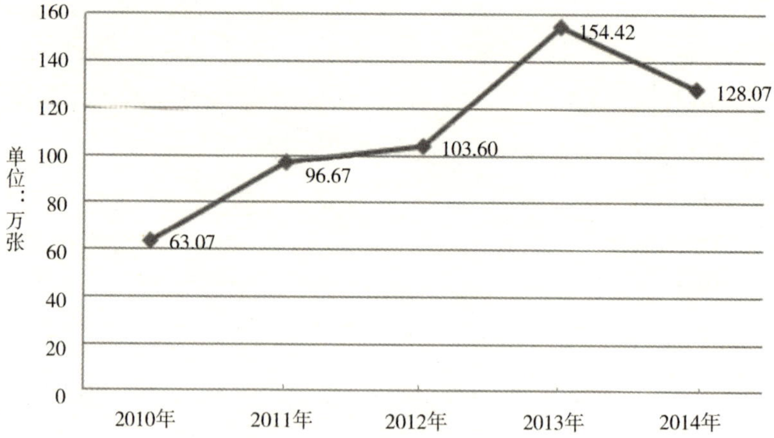

图 4－3　2010—2014 年全国福利彩票公益金资助床位数量及变化趋势

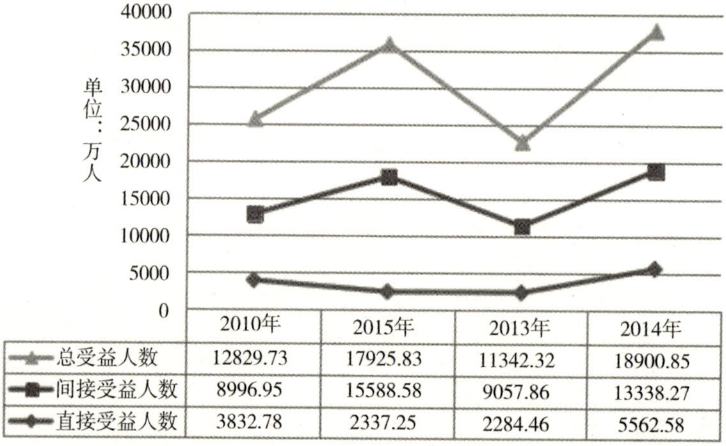

图 4－4　2010—2014 年全国福利彩票公益金使用受益人数及变化趋势

表 4－1　2014 年东、中、西部地区福利彩票公益金成果

	项目数量（个）	建筑面积（万平方米）	床位数（万张）	添置设备（万台）	直接资助人数（万人）	间接受益人数（万人）
东部	15364	2432. 22	60. 85	17. 10	3581. 41	7339. 37
中部	9789	1655. 27	37. 23	22. 28	1390. 91	1457. 98
西部	11011	1174. 44	29. 99	8. 13	590. 26	4540. 93

从2010年至2014年5年福彩公益金使用成果的趋势来看，东部地区在项目数量、建筑面积、直接资助人数方面一直呈稳步增长的趋势；中部地区只有在建筑面积上持续增长，2014年的项目数量和床位数出现了自2010年以来的首次降低；西部地区5年来除了床位数持续增长以外，资助项目数、建筑面积和直接受益人数都有较大波动。

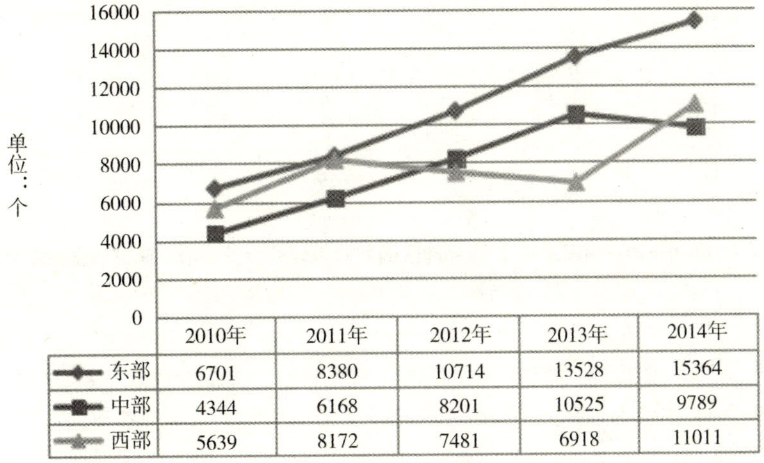

	2010年	2011年	2012年	2013年	2014年
东部	6701	8380	10714	13528	15364
中部	4344	6168	8201	10525	9789
西部	5639	8172	7481	6918	11011

图4-5 2010—2014年东、中、西部地区福利彩票公益金资助项目数量及变化趋势

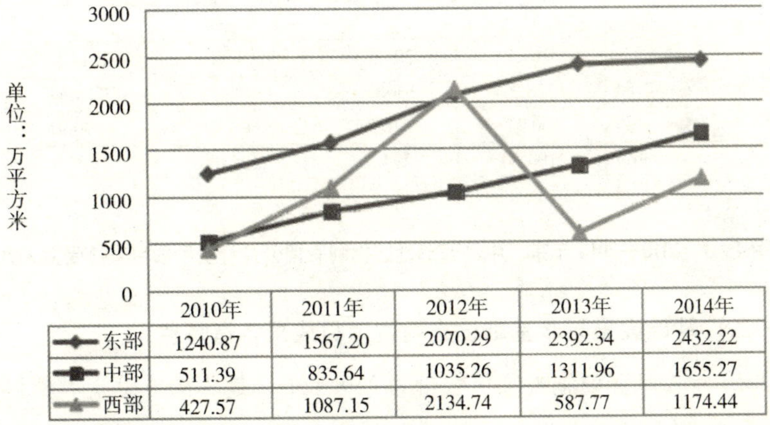

	2010年	2011年	2012年	2013年	2014年
东部	1240.87	1567.20	2070.29	2392.34	2432.22
中部	511.39	835.64	1035.26	1311.96	1655.27
西部	427.57	1087.15	2134.74	587.77	1174.44

图4-6 2010—2014年东、中、西部地区福利彩票公益金资助项目建筑面积变化趋势

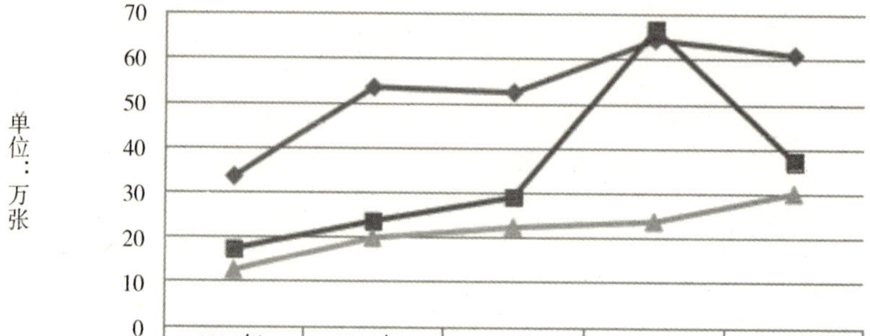

	2010年	2011年	2012年	2013年	2014年
东部	33.39	53.42	52.40	64.24	60.85
东部	17.25	23.50	28.95	66.56	37.23
西部	12.43	19.75	22.25	23.62	29.99

图 4－7　2010—2014 年东、中、西部地区福利彩票公益金资助项目床位数量及变化趋势

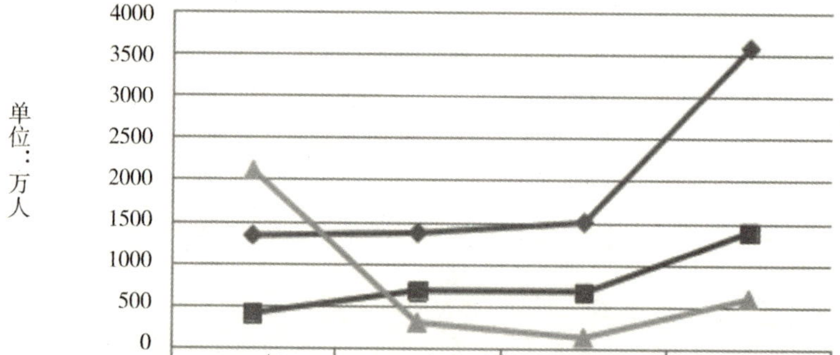

	2010年	2012年	2013年	2014年
东部	1328.27	1366.37	1498.39	3581.41
中部	400.47	676.30	660.99	1390.91
西部	2104.04	294.58	125.08	590.26

图 4－8　2010—2014 年东、中、西部地区福利彩票公益金资助项目直接受益人数

（二）基础设施与非基础设施两类项目成果各有特色

2014 年，基础设施类项目数量为 26954 个，是非基础设施类项目数的近 3 倍；非基础设施类项目直接资助人数 4170.63 万人，远高于基础设施类项目的直接资助人数 1391.95 万人；两类项目的间接受益人数恰好相反，非基础设施类间接受益人数 5133.6 万人，低于基础设施类的 8204.67 万人；改建、新建、扩建建筑面积 5261.93 万平方米；补贴床位数 128.07 万张；添置设备 47.5 万台。

表 4－2　2014 年不同类别的福利彩票公益金项目成果统计

项目类型	项目数量（个）	建筑面积（万平方米）	床位数（万张）	添置设备（万台）	直接资助人数（万人）	间接受益人数（万人）
非基础设施类	9210	0	0	0	4170.63	5133.6
基础设施类	26954	5261.93	128.07	47.50	1391.95	8204.67

按地域来看，2014 年，东部地区的基础设施类和非基础设施类项目数在三个地区中最多，分别为 9965 个和 5399 个；中部地区的基础设施类和非基础设施类项目数在三个地区中最少，分别为 7994 个和 1795 个；西部地区两类项目数居中，分别为 8995 个和 2016 个。

其中，东部地区的床位数最多，为 60.85 万张，中、西部分别为 37.23 万张和 29.99 万张；中部地区添置设备数量最多，为 22.28 万台，东部地区 17.10 万台，西部地区最少，为 8.13 万台。

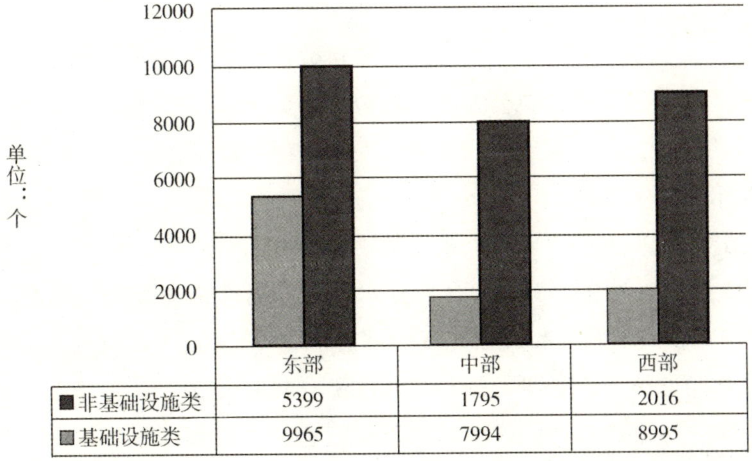

图 4－9　2014 年东、中、西部福利彩票公益金资助两类项目数量情况

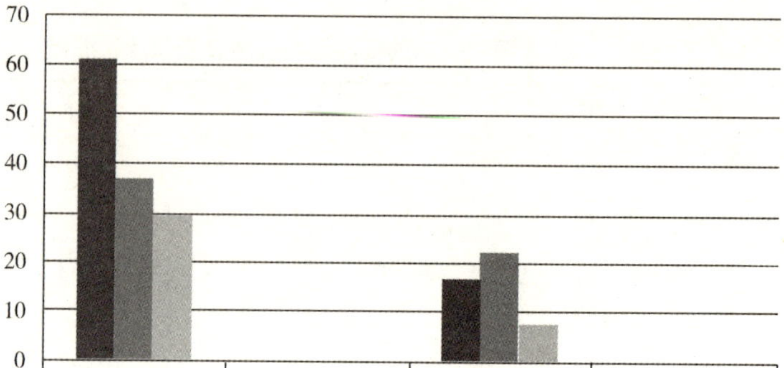

	床位数（万张）		添置设备（万台）	
■东部	60.85		17.10	
■中部	37.23		22.28	
■西部	29.99		8.13	

图4－10　2014年东、中、西部福利彩票公益金资助床位及添置设备数量情况

（三）老年人福利类项目成果最多

由于2013年福彩公益金在不同类别项目的投入金额、侧重点有所不同，四大类项目的成果也有很大差异。综合来看，老年人福利类项目的成果最为显著。

在项目数量方面，老年人福利类项目数量为2.24万个，远大于其他三类项目的数量之和；社会公益类项目数量为1.10万个，略少于老年人福利类项目的一半；儿童福利类和残障人福利类项目数量较少，分别为1816个和788个。

在建筑面积方面，老年人福利类项目和社会公益类项目较多，分别为3441.93万平方米和1521.25万平方米，儿童福利类和残障人福利类项目分别为190.48万平方米和108.28万平方米。

在床位数方面，老年人福利类项目新增114.62万张床位，而其他三类项目的床位数都在6万张以下。这与我国老年人口较多、老年人社会福利机构与服务设施需求较大有密切关系。

在添置设备数量方面，老年人福利类项目和社会公益类项目新增设备分别为22.95万台和22.07万台，儿童福利类和残障人福利类添置设备数量较少，分别为1.04万台和1.43万台。

在直接资助人数和间接受益人数方面，社会公益类项目的直接资助人数和间接受益人数相差较大，分别为2320.75万人和9540.30万人，间接受益人数较多，说明该类项目的实施范围广、社会影响力大；老年人福利类项目的间接受益人数为3608.94万人，比直接资助人数多485万人；儿童福利类项目直接资助人数和间接受益人数最少，分别为40.21万人和75.03万人，残障人福利类项目的直接受益人数和间接受益人数分别为77.73万人和114万人。

表4-3 2014年福利彩票公益金资助四类项目的成果统计

项目类别	项目数量（个）	建筑面积（万平方米）	床位数（万张）	添置设备（万台）	直接资助人数（万人）	间接受益人数（万人）
老年人福利类	22493	3441.93	114.62	22.95	3123.90	3608.94
社会公益类	11067	1521.25	5.91	22.07	2320.75	9540.30
儿童福利类	1816	190.48	5.01	1.04	40.21	75.03
残障人福利类	788	108.28	2.52	1.43	77.73	114

1. 老年人福利类项目成果

2014年，福彩公益金资助的老年人福利类项目成果显著，共开展项目2.24万个。从东、中、西部地域来看，在项目数量上，三个地域差别不大，东部地区以8434个项目居首，中部地区最少，为6340个；在床位数上，东部地区最多，为55.15万张；添置设备方面，东部地区最多，有10.24万台，中部地区最少，为5.48万台；在建筑面积和直接资助人数方面，东部地区最多，分别为1709.64万平方米和2405.2万人；在间接受益人数方面，东、西部地区较多，中部地区最少。

在老年人福利类项目中，基础设施类项目占绝大部分，为1.95万个，占86.97%；非基础设施类项目2931个，占13.03%。

在老年人福利基础设施项目中，农村五保供养服务设施项目数量1.17

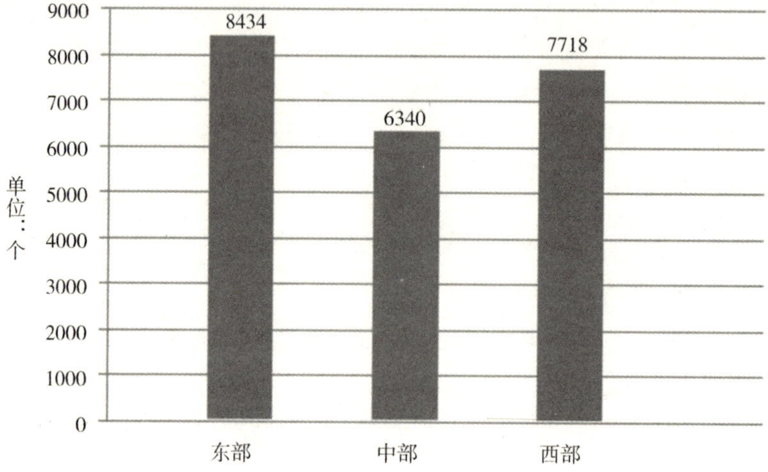

图4－11　2014年东、中、西部福利彩票公益金资助老年人福利项目数

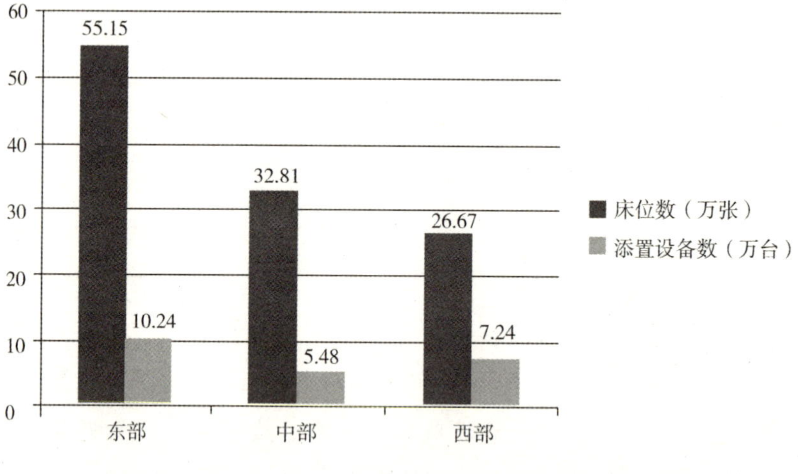

图4－12　2014年东、中、西部福利彩票公益金资助老年人福利项目床位数和添置设备数

万个，超过该部分项目总量的一半，占比52.08%，床位数也以46.9万张的数量居首；老年人社会福利机构建设的建筑面积和直接资助人数最多，分别为1284.6万平方米和413.03万人，分别占比37.32%和61.18%；社区为老服务设施建设的添置设备数量和间接受益人数最多，分别为9.33万台和1049.19万人，占比分别为40.64%和46.88%。

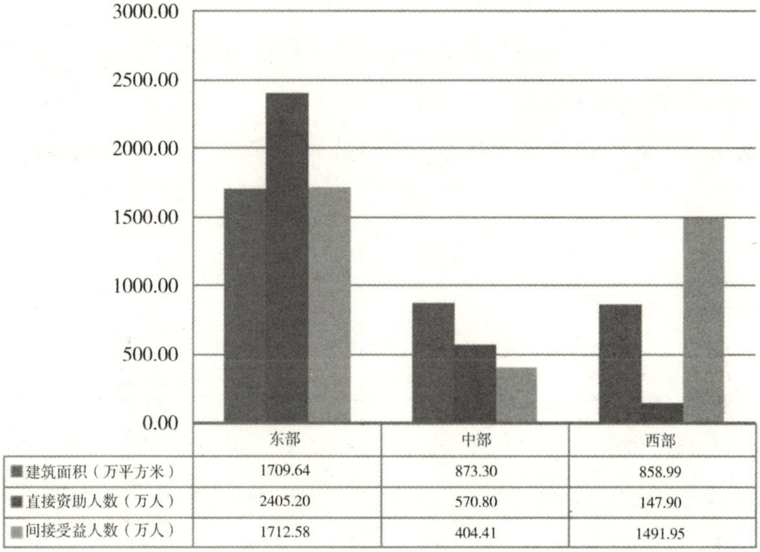

图4－13　2014年东、中、西部福利彩票公益金资助老年人福利项目建筑面积、直接资助人数和间接受益人数

表4－4　2014年福利彩票公益金资助老年福利基础设施项目的成果统计

具体项目	项目数量（个）	建筑面积（万平方米）	床位数（万张）	添置设备（万台）	直接资助人数（万人）	间接受益人数（万人）
农村五保供养服务设施	11713	1221. 55	46. 90	7. 95	116. 58	674. 68
社区为老服务设施建设	4973	561. 84	14. 31	9. 33	139. 57	1049. 19
老年人社会福利机构建设	2215	1284. 6	37. 4	4. 57	413. 03	420. 43
社会办养老福利机构	554	360. 42	15. 21	0. 5	4. 68	52. 36
老年组织配套设施	106	13. 52	0. 79	0. 59	1. 21	41. 55

在老年人福利非基础设施类项目中，项目数量最多的是老年福利机构运营补贴，为1119个，占该部分项目总量的38. 18%；养老服务信息系统和养老服务人员培训项目数量最少，都在100个以下；直接资助人数方面，老年人生活补助直接资助2136. 17万人，占该部分直接资助人数的

87.23%；间接受益人数方面，老年文化活动的间接受益人数最多，有675.43万人，老年福利机构运营补贴的间接受益人数为202.81万人，二者共占该部分的64.07%。

表4－5　2014年福利彩票公益金资助老年福利非基础设施项目的成果统计

具体项目	项目数量（个）	直接资助人数（万人）	间接受益人数（万人）
老年福利机构运营补贴	1119	88.03	202.81
老年人生活补助	492	2136.17	138.7
老年文化活动	448	54.84	675.43
居家养老资助	359	138.75	120.44
社会办养老机构运营补贴	232	17.49	36.81
老年社团资助运营补贴	117	7.58	21.49
养老服务信息系统	92	3.09	165.01
养老服务人员培训	72	2.87	10.05

2. 残障人福利类项目成果统计

2014年福彩公益金资助残障人福利类项目789个。从地域来看，东部地区488个，占该类项目数的61.85%；西部地区在残障人福利类项目中的建筑面积最多，为42.68万平方米；中部地区的床位数最多，为9270张；东部地区添置设备1.37万台，远超中、西部地区的0.0589万台；东部地区的直接资助人数最多，为37.02万人；西部地区的间接受益人数最多，有66.34万人。

表4－6　2014年东、中、西部福利彩票公益金资助残障人福利项目成果

地域	项目数量（个）	建筑面积（万平方米）	床位数（张）	添置设备（万台）	直接资助人数（万人）	间接受益人数（万人）
东部	488	32.66	6915	1.37	37.02	41.65
中部	135	32.94	9270	0.0431	28.2	6.01
西部	166	42.68	8973	0.0158	12.51	66.34

在789个残障人福利类项目中，基础设施类项目302个，非基础设施类项目487个。

基础设施类项目中，精神卫生福利机构建设的项目个数、建筑面积、床位数、直接资助人数和间接受益人数都是最多的，分别为121个项目、60.99万平方米、1.53万张、19.32万人和17.02万人；残疾人康复机构添置设备数量最多，为1.32万台。

表4-7 2014年福利彩票公益金资助残障人福利基础设施项目的成果统计

具体项目	项目数量（个）	建筑面积（万平方米）	床位数（万张）	添置设备（万台）	直接资助人数（万人）	间接受益人数（万人）
精神卫生福利机构建设	121	60.99	1.53	0.0031	19.32	17.02
残疾人服务机构	98	24.28	0.47	0.0937	2.35	8.31
残疾人康复机构	67	17.45	0.50	1.32	1.93	12.12
残疾人职业培训机构	16	5.56	0.02	0.0187	0.68	0.34

非基础设施类项目中，残疾人康复服务的项目数量最多，为209个，占该部分项目数的42.92%，残疾人生活补助的项目数排在第二位，为153个，占31.42%；在直接资助人数方面，残疾人康复服务直接资助30.14万人，占56.41%，其次为资助残联和残疾人生活补助，分别为11.07万人和10.25万人，各占20.72%和19.18%，残疾人活动、残疾人职业技能培训和资助福利企业较少，分别为1.18万人、0.22万人和0.57万人；在间接受益人数上，残疾人康复服务和残疾人活动较多，分别为42.80万人和18.99万人，占比分别是56.17%和24.92%。

表4－8　2014年福利彩票公益金资助残障人福利非基础设施类项目成果统计

具体项目	项目数量（个）	直接资助人数（万人）	间接受益人数（万人）
残疾人康复服务	209	30.14	42.80
残疾人生活补助	153	10.25	3.97
残疾人活动	48	1.18	18.99
资助残联	40	11.07	5.28
残疾人职业技能培训	24	0.22	0.04
资助福利企业	13	0.57	5.11

3. 儿童福利类项目成果统计

2014年，福彩公益金资助儿童类项目1816个。其中，东部地区802个，中部地区482个，西部地区532个。

中部地区的建筑面积和床位数最多，分别为78.24万平方米和1.92万张；东部地区添置设备最多，为0.65万台；西部地区直接资助人数最多，为17.02万人；西部地区间接受益人数最多，为50.02万人。

表4－9　2014年东、中、西部福利彩票公益金资助儿童福利项目成果

地域	项目数量（个）	建筑面积（万平方米）	床位数（张）	添置设备（万台）	直接资助人数（万人）	间接受益人数（万人）
东部	802	58.62	1.64	0.65	15.46	17.44
中部	482	78.24	1.92	0.17	7.72	7.57
西部	532	53.62	1.44	0.23	17.02	50.02

福彩公益金资助儿童福利类项目1816个，其中基础设施类项目903个，非基础设施类项目913个。

在基础设施类项目中，儿童福利机构的项目数量、建筑面积、床位数、添置设备数量、直接资助人数和间接资助人数都超过了各自部分的70%，数量上分别为650个、133.81万平方米、4.1万张、0.84万台、7.88万人和29.59万人，占比分别为71.98%、70.25%、81.81%、80.07%、72.21%和75.73%。

表 4-10 2014 年福利彩票公益金资助儿童福利基础设施项目的成果统计

具体项目	项目数量（个）	建筑面积（万平方米）	床位数（万张）	添置设备（万台）	直接资助人数（万人）	间接受益人数（万人）
儿童福利机构	650	133.81	4.1	0.84	7.88	29.59
儿童救助安置机构	189	21.01	0.55	0.089	2.36	7
残疾儿童康复机构	58	13.41	0.23	0.13	0.46	1.58
孤儿职业技术学校	6	22.25	0.14		0.22	0.9

在非基础设施类项目中，数量在 100 个以上项目的有儿童救助 512 个、儿童福利机构运营补贴 202 个、残疾儿童手术康复 133 个，这三类项目的项目数占该部分项目总数的 92.77%；这三类项目的直接资助人数也是最多的，分别为 10.31 万人、9.85 万人和 8.84 万人；儿童福利机构运营补贴的间接受益人数最多，为 27.46 万人，占该部分的 76.34%。

表 4-11 2014 年福利彩票公益金资助儿童福利非基础设施类项目成果统计

具体项目	项目数量（个）	直接资助人数（万人）	间接受益人数（万人）
儿童救助	512	10.31	7.08
儿童福利机构运营补贴	202	9.85	27.46
残疾儿童手术康复	133	8.84	0.33
儿童福利机构特殊教育	35	0.19	0.76
孤残儿童职业技能培训	18	0.06	0.32
脑瘫儿童康复训练	13	0.05	0.02

4. 社会公益类项目成果统计

2014 年福彩公益金资助社会公益类项目 11067 个，其中东部地区 5640 个，中部 2832 个，西部 2595 个；中部、东部地区的建筑面积差别不大，分别为 670.79 万平方米和 631.31 万平方米，分别占该部分总数量的 44% 和 42%，西部地区 219.15 万平方米，占比为 14%；在床位数方面，按东部、中部、西部的顺序分别为 3.36 万张、1.56 万张和 0.99 万张；三个地区在添置设备方面差别巨大，中部地区最多，为 16.59 万台，而东部和西部分别只有 4.83 万台和 0.66 万台；在资助人数上，东部地区直接资助人数和间接资助人数都是最多的，分别为1123.73万人和5567.7万人。

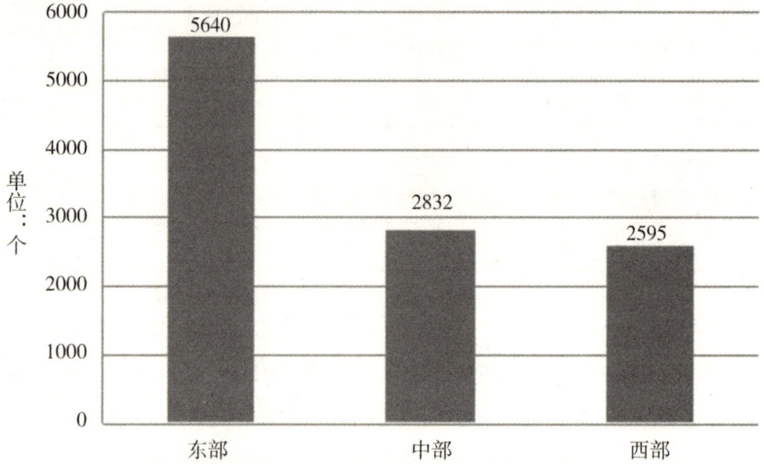

图4－14　2014年福利彩票公益金在东、中、西部资助社会公益类项目数

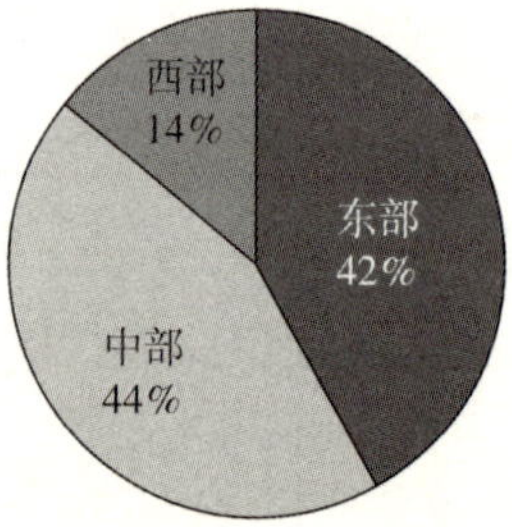

图4－15　2014年中、东、西部福利彩票公益金资助社会公益类项目的建筑面积比

在2014年福彩公益金资助的11067个社会公益类项目中，基础设施类项目6188个，非基础设施类项目4879个。

在基础设施类项目中，社区服务设施建设、殡葬服务设施和其他公益设施项目开展的项目数量都在1000个以上，具体分别为2382个、1333个和1019个，三者共占该部分项目总数的76.5%。

在建筑面积方面，排在前四位的是殡葬服务设施、社区服务设施建设、其他公益设施项目和赈灾救灾安置场所，分别为626.2万平方米、

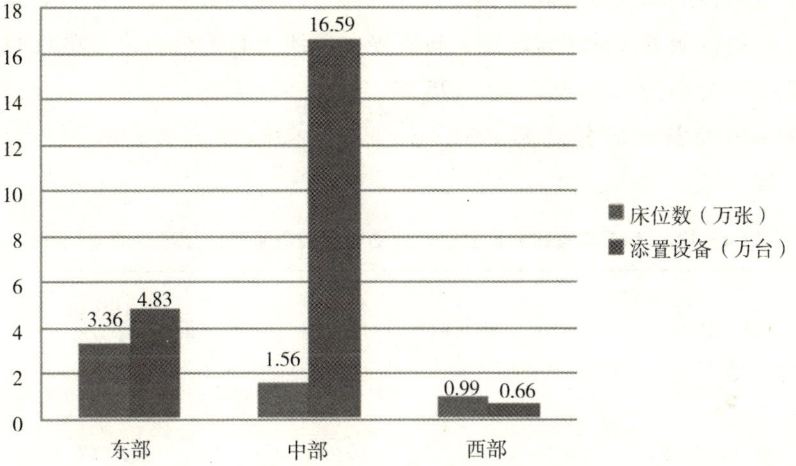

图 4－16　2014 年中、东、西部福利彩票公益金资助社会公益类项目的床位数和添置设备数

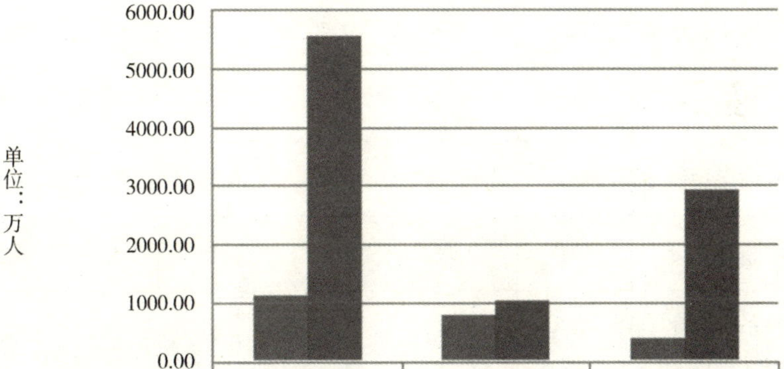

	东部	中部	西部
■ 直接资助人数	1123.73	784.18	412.84
■ 间接资助人数	5567.70	1039.98	2932.62

图 4－17　2014 年中、东、西部福利彩票公益金资助社会公益类项目的受益人数

455. 97 万平方米、132. 99 万平方米和 130. 97 万平方米，四者建筑面积共 1346. 13 万平方米，占该部分的 88. 49%。

在床位数和添置设备上，其他公益设施项目最多，分别为 2. 07 万张和 18. 11 万台，分别占各自部分的比例为 35. 07% 和 82. 06%。

在直接资助人数和间接受益人数方面，二者具有正相关性。殡葬服务设施、社区服务设施建设、赈灾救灾安置场所、其他公益设施项目的直接资助人数分别为385.69万人、125.67万人、83.30万人和39.25万人，对应的间接受益人数分别为1951.46万人、1923.33万人、961.15万人和690.28万人。

表4－12　2014年福利彩票公益金资助社会公益基础设施项目的成果统计

具体项目	项目数量（个）	建筑面积（万平方米）	床位数（万张）	添置设备（万台）	直接资助人数（万人）	间接受益人数（万人）
社区服务设施建设	2382	455.97	0.61	1.11	125.67	1923.33
殡葬服务设施	1333	626.20	1.44	0.47	385.69	1951.46
其他公益设施项目	1019	132.99	2.07	18.11	39.25	690.28
赈灾救灾安置场所	522	130.97	0.40	2.22	83.30	961.15
烈士陵园设施	315	98.65	0.01	0.0058	11.26	230.80
流浪救助保护设施	298	36.17	0.80	0.07	29.45	52.31
慈善超市建设	141	2.08	0.02	0.04	5.70	22.74
民政系统医疗服务机构	72	24.20	0.46	0.04	0.80	39.01
优抚安置设施	69	7.32	0.07	0.0024	0.36	18.16
困难群众危房改造	37	6.16	0.03	/	0.19	0.37

在非基础设施类项目中，其他社会公益资助项目的数量最多，为1977个，占该部分项目总数的40.52%，其次是困难群众生活救助项目936个，占19.18%；在直接资助人数和间接受益人数方面，其他社会公益资助项目最多，分别为780.76万人和2156.89万人，占比分别为47.63%和68.94%。

表 4-13　2014 年福利彩票公益金资助社会公益非基础设施类项目成果统计

具体项目	项目数量（个）	直接资助人数（万人）	间接受益人数（万人）
其他社会公益资助项目	1977	780.76	2156.89
困难群众生活救助	936	233.48	818.75
农村医疗救助	570	359.74	136.71
城市医疗救助	461	200.80	130.90
教育助学	431	6.00	2.26
优抚对象抚恤补助	177	24.31	10.02
赈灾救灾	135	5.82	21.94
流浪乞讨人员救助	122	5.35	4.59
慈善超市运营补贴	66	2.82	8.63
社区图书馆援建项目	4	20.00	0

二、福彩公益金带动 314.1 亿元资金投入

根据对 2014 年福彩公益金的统计结果，各地民政部门的福彩公益金共带动 314.1 亿元资金投入。其中地方财政投入 163.89 亿元，社会资金投入总额 150.21 亿元。

按不同的项目类别来看，基础设施类项目带动的社会资金为 249.64 亿元，是非基础设施类项目带动社会资金 64.46 亿元的近 4 倍。

表 4-14　2014 年不同项目类别带动资金投入额度

项目类别	地方财政投入额度（亿元）	社会资金投入额度（亿元）	总投入额度（亿元）
非基础设施类	53.75	10.71	64.46
基础设施类	110.14	139.50	249.64

从福彩公益金开展的四大类项目来看，老年福利类和社会公益类项目带动的社会资金都在上百亿元，分别为 172.44 亿元和 122.80 亿元，残障人福利类和儿童福利类带动的资金在 10 亿元以下，分别为 9.16 亿元和

9.71亿元；社会公益类项目带动的地方财政投入最多，为79.86亿元；老年人福利类带动的社会资金投入最多，为100.16亿元。

表4-15　2014年不同类别公益金项目带动资金投入额度

项目类型	地方财政投入额度（亿元）	社会资金投入额度（亿元）	总投入额度（亿元）
老年人福利类	72.28	100.16	172.44
社会公益类	79.86	42.94	122.80
残障人福利类	6.04	3.12	9.16
儿童福利类	5.71	4.00	9.71

从各省份福彩公益金带动当地财政资金投入的情况来看，2014年，北京、浙江、湖南、山东四省市带动的财政投入排在前列，分别为37.10亿元、16.82亿元、12.91亿元和10.35亿元。安徽、广东、江苏等9个省份的财政资金投入均在5亿元以上。

从各省份福彩公益金带动当地社会资金投入的情况来看，2014年，江西、广东、湖南、江苏四个省社会资金投入较多，分别为19.82亿元、11.48亿元、11.22亿元和10.74亿元；山东、湖北、浙江、福建等10个省份带动社会资金投入额均在5亿元以上。

三、福彩公益金社会效果明显

福彩公益金为各地社会福利事业和改善民生状况注入了强有力的资金支持，经数据分析和案例调研，2014年我国福彩公益金的使用以老年人福利类项目为重点，促进公益事业全面发展，社会效果明显。

在老年福利类项目上，依据公益金将不低于50%的比例用于社会养老服务体系建设的规定，2014年，福彩公益金投入老年人福利事业130.46亿元，占全年公益金使用总额的52.26%。福彩公益金推动老年人福利事业发展主要体现在以下几个方面：

一是提升了养老服务的基础设施建设水平。在2014年部本级福彩公益金补贴地方老年人福利类项目的10.4亿元中，主要通过新建、改扩建对老年福利机构、城镇社区养老服务设施、农村五保供养服务机构、供养孤老

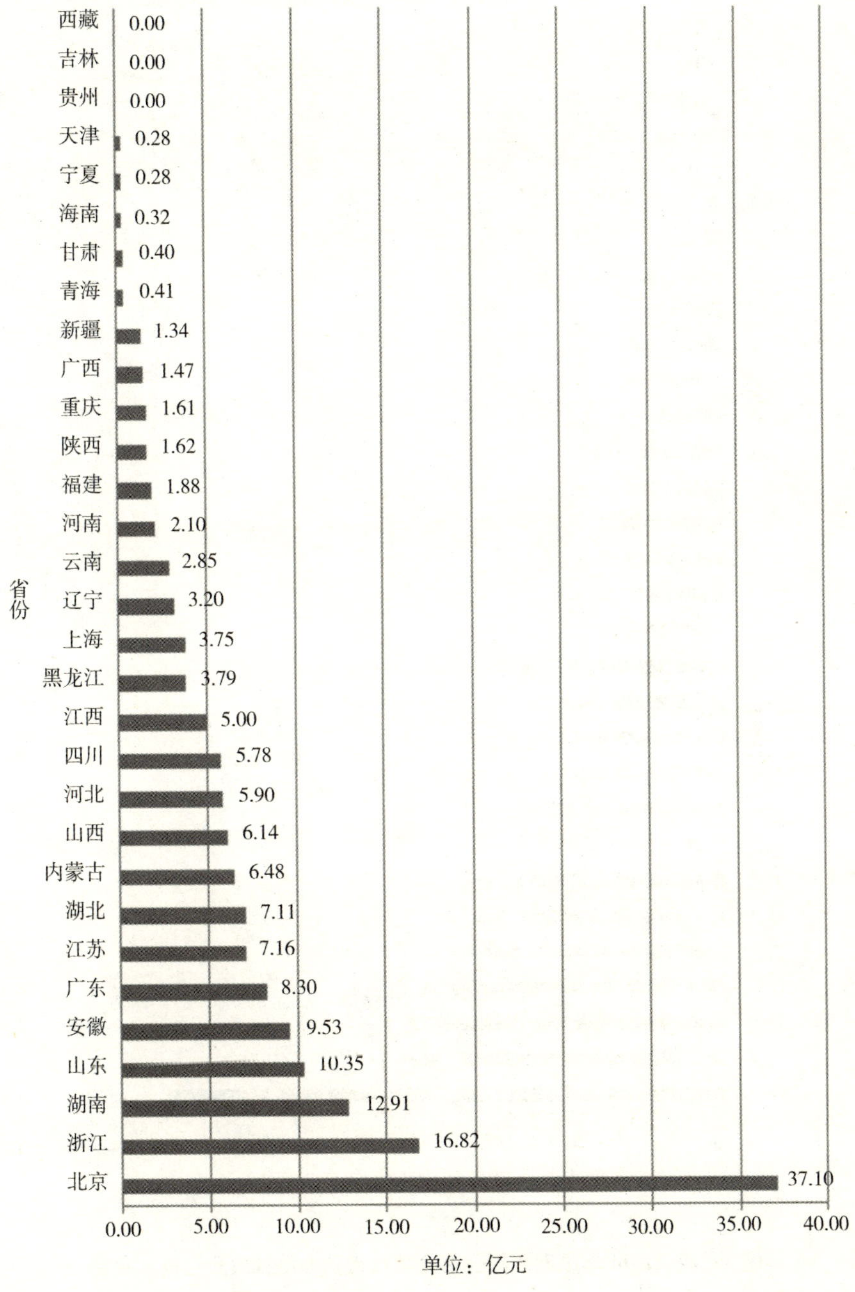

图 4－18　2014 年福利彩票公益金项目带动各省财政资金投入金额

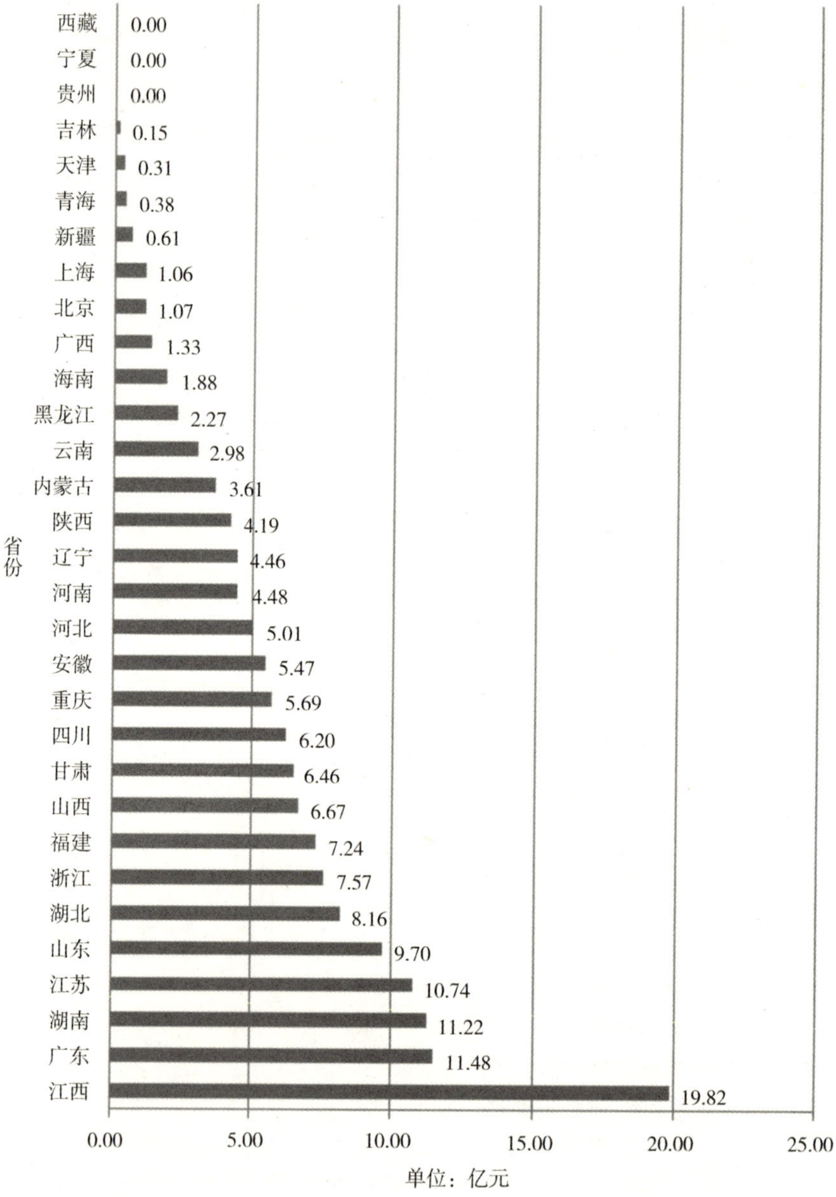

图 4－19　2014 年福利彩票公益金项目带动各地社会资金投入金额

优抚对象的光荣院、对伤病残退役军人供养终身的优抚医院等进行资助，以此增加床位数、养老机构数量，进一步提升居家养老、社区养老和机构养老的覆盖率。安徽省2014年用于养老服务体系建设的1.3亿元的公益金中，补助农村五保供养机构建设床位2万张，金额3460万元；补助公办养老机构、养老设施和其他社会福利机构项目207个，建设床位1.6万张，金额9018.6万元。

二是进一步推进了养老服务的信息化进程。2014年部本级福彩公益金中，有100万元用于国家养老服务信息系统运维项目，在全国范围推广使用“国家养老服务信息系统”项目建设成果，进一步推进该系统在养老服务咨询、养老信息提供、养老事业管理、人员培训等工作开展，通过服务信息化提升养老服务的效率。山东2014年对全省95个县级养老服务信息平台进行了建设。

三是通过多样的项目形式促进养老服务更加专业化。提升服务的专业水平需要专门的人才，2014年部本级公益金使用3600万元开展的养老服务人员培训项目通过开展培训班、远程培训等手段，为行业服务人员进行老年护理师、营养师培训及相应的教材开发，促进养老服务的从业人员实现更加专业的服务。

在社会公益类项目方面，2014年，福彩公益金投入社会公益类项目88亿元，占全年公益金使用总额的35.25%。

社会公益类项目服务成果丰富。部本级公益金投入1000万元开展“夕阳红”救助服务项目，为困境老人提供康复、送餐、巡诊等服务，投入220万元为海峡两岸婚姻家庭开展形式多样的帮扶服务，投入1000万元在黑龙江、福建、江西、广东、四川、青海6省购买50个针对城乡特殊困难老年人的社会工作服务项目。同时也在流浪未成年人保护中心、殡葬、社会捐助体系等开展项目。在地方上，各地开展的针对困难群众的生活救助、教育助学、慈善超市、赈灾救灾、流浪乞讨人员救助等项目解决了群众的实际问题。山东省2014年使用995万元资助4975名大学新生；重庆市资助殡葬服务热线免费接运项目600万元，乡镇示范公益性公墓建设480万元，投入240万元进行村级集中安葬点建设。

社会公益类项目不仅在基础设施建设数量方面取得较大的成绩，也更加注重人才建设。部本级公益金投入2400万元开展的社会服务人才队伍能力培养支持项目和西部城乡社区服务人才队伍能力建设项目，对社会福利机构、康复医院、社会救助、优抚安置、社区服务人才等进行培训，提升他们的业务能力，培训人数达9280人；对低收入家庭经济核对工作人员能力建设的培训人数达1200人，为社会救助公平、准确、科学地运转奠定了基础。在地方上，2014年，重庆市福彩公益金投入700万元开展了针对全市福利机构、社会事务机构管理服务人员和社工人才、社区人才的培训项目。

社会公益类项目注重标准化建设。部本级公益金投入200万元开展福彩公益金使用管理与制度建设项目，在福彩公益金绩效管理制度研究、评估、项目评审等方面开展研究，为福彩公益金资助的项目能够有效开展提供了可量化的标准。重庆市将200万元公益金投入社会福利和殡葬管理标准化建设中。

在残障人和儿童福利类项目方面，2014年福彩公益金投入较为均衡，分别投入15.29亿元和15.88亿元。

这两类项目中的基础设施服务中，康复项目是特色。2014年部本级公益金开展的“福康工程”为残障人士和机构配置了700具普通假肢、20具智能假肢、400具矫形器等辅具产品，为500例左右肢体畸形患者进行免费手术矫正及康复；针对孤残儿童开展的“明天计划”投资7000万元，资助残疾儿童的手术康复，投入3.3亿元在儿童福利机构、残疾儿童和受艾滋病影响的儿童中开展福利服务。山东省开展“齐鲁福彩助残行”，资助1471名城乡低保家庭肢体残疾人安装假肢矫形器，自2009年至2014年，山东省共投入公益金5000万元，帮助8249名残疾人士完成假肢安装、更换；投入1700万元资助16市的17个儿童福利机构开展康复、教育项目，“明天计划”为168名孤儿实施手术，资助低保家庭的79名儿童实施了先天性心脏病的手术。

通过培训提升服务能力。部本级公益金投入1.5亿元建设残疾人实训基地，为残疾人建设辅助技术综合教学楼，设计功能评估、训练、轮椅配置与改造、助听、助视等实训中心，以此提升残疾人服务的水平；投入1300万元开展针对孤残儿童护理员、特殊教育、脑瘫康复、营养配餐、儿童社工等的培训，2014年培训孤残儿童护理员2250人、培训儿童社工232人、培训院长200人、培训营养配餐师50人、培训心理健康辅导员50人、脑瘫康复培训180人、特教技能培训120人。

第五章　福彩公益金使用趋势

一、资金分配渐趋因素法

2014 年，民政部补助地方项目资金主要采取因素法分配，即充分考虑各省份人口数量及结构、地方财力、工作任务及成效等主要因素，将彩票公益金分配各地，由各地结合实际情况分配使用，地方在管理分配公益金时也采取或部分采取了因素法分配。

（一）全面采取因素法分配

2014 年全国各地在福彩公益金的分配中，不同程度地进行了因素法的探索，其中有些地方整体采取了因素法分配。

如安徽省民政厅在省级福彩公益金的使用管理中，即推进了省级福彩公益金管理改革，采取“预算打捆安排、额度因素分配、组织备案项目、资金拨付市县、绩效评价结果”等预算程序管理，在预算执行中，按因素法通知各地额度，组织项目备案，科学分配资金、减少人为干预，采用全面、客观、适用的因素及其比例作为资金分配基础。结合民政重点工作和事业发展总体目标，安徽省民政厅、省财政厅将 2014 年省级福彩公益金分配因素分为重点业务因素和绩效评价因素两大类，分别占 85%、15%。重点业务因素主要是社会福利、社区建设等民政重点业务，在确定相应比例的基础上，分别根据各因素特点予以细化。如社会福利因素细分为老年人口数、社会福利机构建设床位差额、社会办养老机构建设床位数、社会福利机构实际入住人数等 3 级因素，并确定相应比例；社区服务因素细化为开展农村社区服务试点和城乡社区建设一体化试点等 3 级因素，采用标准社区数或服务人群数作为其计算因素值。

2014 年江西省民政厅，按照科学、合理、公平、公正的原则，统筹考虑地方区域发展、人口数量、建设规模、机构布局、资金配套、项目执行进展等因素确定资助额度后，切块分配给各设区市，由各设区市自主分配，充分调动了地方积极性。

（二）部分采取因素法分配

2014 年各地在对因素法分配的探索中，也有部分省份采取了部分因素法分配。

如内蒙古自治区民政厅采取了“分类管理”原则分配下达自治区资助资金。自治区民政部门、财政部门联合印发项目实施办法，对资助对象给予定额补助，而且资助额较小的项目，如老年人日间照料中心、农村牧区互助幸福院、社区建设、大病医疗救助、惠民殡葬以奖代补资金、流浪救助管理机构等级达标奖补等项目按照“因素法”分配下达各盟市，具体项目由盟市民政部门商财政部门确定，并报自治区民政厅备案；对资助对象给予定额补助，而且资助额较大的项目或还未联合印发项目实施办法，对资助对象给予不定额补助较大的项目，如老年养护院、农村牧区敬老院、救灾物资储备库、优抚设施维修改造、新建殡仪馆、农村公益性公墓、流浪未成年人救助和儿童福利等项目，按照各盟市民政、财政部门联合上报的项目申请报告，以“项目法”分配下达资金。

山东省民政厅严格预算管理、规范资金运行。一是实现福彩公益金与一般预算资金的统筹管理、综合使用。福彩公益金纳入部门预算管理，与公共财政预算资金同时编报。在公益金预算编制中，立足事业发展需要，突出基础设施建设，注重发挥公益金杠杆、引领和探索作用，科学、合理、细致审核确定年度资助项目。二是严格项目审批制度。在资金使用上实行自下而上的申报制度，坚持集体研究、民主决策、专款专用、重点使用和公益性、透明性的原则，科学安排彩票公益金资助项目，确保福彩公益金投向合规、运行安全、使用高效。三是下放部分项目资金审批管理权限。对城乡社区、农村幸福院、养老信息平台以及部级公益金资助项目等采用因素法分配资金，由各市根据工作任务和工作开展情况安排具体项目，以减少主观因素，促进补助资金的公平分配。

二、资助项目更加多元化

2014 年福彩公益金资助项目表现出更加多元化的趋势，其中，对老年人福利类项目的资助降低了约 5 个百分点，资金呈更多样化流向其他领域，全盘呈现出更加均衡的局面。

2014 年我国各级民政部门实际分配和使用福彩公益金 249.64 亿元，其中向残障人福利项目投入 17.82 亿元，占投入总额的 7.14%，与 2013 年投入 15.74 亿元，占投入总额的 6.91% 相比小有增长。

向儿童福利类项目投入 17.85 亿元，占投入总额的 7.15%，同比 2013 年投入 16.65 亿元，占投入总额的 7.3% 稳中有升。

投入老年人福利类项目 128.72 亿元，占本年度福彩公益金投入总额的 51.56%，但与 2013 年的 129.67 亿元，占当年投入总额的 56.89% 相比，无论是金额还是比例均有所下降，而按照福利彩票“扶老、助残、救孤、济困”的发行宗旨资助的四大类项目，2014 年增长最明显的是社会公益类，共投入 85.25 亿元，占投入总额的 34.15%，同比 2013 年投入 65.87 亿元，占投入总额的 28.9%，增长较为明显。

近年来，随着我国养老形势的日趋严峻，老年福利类项目资金的投入幅度一度呈逐年递增态势。而 2014 年是近 5 年（2010—2014 年）来老年人福利项目投入比例首次呈下降趋势（仍然达到了 50% 的要求），显示了在落实规划〔2011 年国务院办公厅印发《社会养老服务体系建设规划（2011—2015 年）》〕的同时，在保障了老年人福利项目发展需求的同时，更多资助了其他类型项目，特别是社会公益类项目，在公益金的使用上呈现更均衡的走向。

三、招投标（创投）工作制度化

2014 年，各地积极推进招投标（创投）工作的创新与制度化，建章立制，规范工作，取得了良好的成效。

其中，上海市拟定并下发了《上海市社区公益服务项目目录》，作为市级公益金资助项目的选择和编报预算的依据。根据 2014 年上海市财政局对招投标项目预算下达方式的变化及市审计局对市级公益金提出的更为严格监管要求，拟定并下发《上海市民政局关于实施上海社区公益服务招投标资助项目的通知》，进一步明确招投标项目预算编制、预算执行、项目监管等操作流程，明确市民政局相关处室、市社团局、各区县民政局的相关职责，并规定具体落实考核内容。同时，还筹划召开了2014年上海市社区公益服务招投标（创投）工作会议，通过总结2013年招投标（创投）工作，布置了2014年工作任务；传达了市审计局关于对2011—2013年6月公益金使用管理绩效审计意见及整改措施。同时加大招投标工作经验的推广力度。在上海市推广了杨浦区“搭平台，建机制，求实效，推动政府购买社会组织服务工作规范科学发展”、嘉定区“以需求为导向，完善项目监管”、青浦区“规范项目操作，强化项目监管，助力社会组织发展”等工作经验。

江苏、湖北、广西、海南、陕西等多地均积极采取了公开招标的方式资助公益慈善项目，在满足人民群众需求的同时，引导和扶持了社会组织的发展，不同程度地对社会管理服务模式进行了有益的探索。

四、绩效评估管理工作落地细化

近年来，为了积极推进预算绩效管理工作，各地对彩票公益金的使用管理进行了大胆的尝试和具体的落实。整体呈现以目标导向为原则，以明确项目责任、落实执行进度、规范项目实施、实行绩效评估为手段，提高了效率的同时也不同程度地优化了业绩。

其中，北京市积极探索实践事前评估、项目执行、效果评价、评价结果应用全流程监管机制。首先是事前评估，优选项目，以确保质量。实行事前绩效评估，细化评审内容、合理配置资金。在项目评审环节引入竞争性机制，围绕申报项目的必要性、可行性、绩效目标设置的科学性等方面设计了16项指标，邀请民政主管人员、人大代表、政协委员、财政专家及相关业务专家组成评审组，对参审项目预期效果进行全方位、多层次评议。按照“择优分配”原则将公益金集中到预估效益显著、使用效率高、对民生服务有较强辐射带动作用的项目中；对于通过评审的项目，引入第三方机构，以“不错扣、不浪费一分钱”为原则，通过审核资料，现场踏勘，核对票据等方式对项目申报资金的合理性进行专业审核，提升资金使用的科学性、客观性、合理性。并在项目执行过程中建立绩效跟踪机制，加强对绩效目标完成情况的跟踪管理、督促检查。当执行绩效与绩效目标发生偏离时，及时采取矫正措施。在执行结束后，及时组织绩效自评工作，查找资金使用和管理中的薄弱环节，制定改进和提高工作的措施。尤其是探索评价效果应用，将评价结果作为下一年度公益金配置的重要依据，逐步公布评价结果并建立绩效问责机制，收到了良好的效果。

2014 年上海市民政局（老龄办）制定了《上海市社区标准化老年活动室管理服务评估表（试行）》，并委托第三方对全市社区标准化老年活动室管理服务情况进行了评估，制定并实施“以奖代补”措施，支持老年活动室的运行发展。第三方评估保证了老年活动室运行奖补工作更加科学、规范和公平公正。此外，河北、内蒙古、辽宁、四川、云南等各省份在参照地方实际情况的基础上，正在逐步建立健全完整、科学的绩效评估指标体系，以客观、准确地反映公益金使用绩效。

五、审计监管与社会监督常态化

2014 年 11 月至 12 月，审计署对财政部、民政部及所属中国福利彩票发行管理中心、体育总局及所属体育彩票管理中心，北京、山西、辽宁、吉林、黑龙江、上海、江苏、浙江、山东、河南、湖北、湖南、广东、重庆、四川、云南、陕西、甘肃 18 个省份的省级财政、民政、体育行政等部门及 228 个省市级彩票销售机构、4965 个彩票公益金资助项目 2012 年至 2014 年的彩票发行费和彩票公益金进行了审计。与此同时，各地也开展了对彩票公益金的审计监管与社会监督。

其中，山西省除要求项目审计外，省民政厅还坚持每年将社会福利服务中心建设列入山西省政府目标责任制考核指标，对公益金重点支持项目进行跟踪问效，对项目实施情况、工程质量、社会效益等内容进行考核，并将项目实施情况与公益金拨付结合起来。对资助数额较大的基建项目，严格审查申请单位的自有资金落实情况，项目完成后，向财政、民政部门报送项目中福利彩票公益金使用情况和相关验收材料。

辽宁省财政厅在 2014 年专门下发了《关于印发辽宁省彩票公益金管理办法的通知》（辽财非〔2015〕239 号）、《关于认真做好彩票资金审计整改切实完善彩票管理工作的通知》（辽财非〔2015〕229 号）文件，制定了公益金使用流程图，坚持做到资金使用合规合理，确保资金安全使用。2014 年 11 月下旬至 12 月底，审计署对辽宁省彩票资金进行了专项审计，提出了在资金管理中的一些突出问题和不足，按照审计要求从严格福彩资金适用范围和用途等方面认真整改，取得了较好成绩，目前已专门制定完成了公益金项目专项绩效评价机制。

地方开展的审计监管与社会监督，不仅是彩票资金等民生资金的安全保障，也是对有关部门的管理强化和推进，对提高彩票资金的使用效益有着积极的意义。

第六章　福彩公益金使用建议

一、完善福彩公益金使用管理制度

近年来，随着公益金资金规模的逐年递增，资助项目的日益多元化，以及社会公众对公益金使用关注度的日渐升温，对于现有福彩公益金使用管理制度的健全和完善已经成为切实的需求，各地对出台新的《彩票公益金使用管理办法》呼声较高。彩票公益金主管部门应及时响应需求，根据公益金使用管理的实际情况，加强制度建设，尽快出台新的管理办法。

截至2014年底，大部分省份已建立相关制度或暂行制度，如天津、内蒙古、浙江、安徽、河南、广东、广西、重庆、西藏等，部分省份准备出台相关制度，如北京、上海等。各省份应在新的管理办法基础上，健全和完善地方公益金使用管理办法，并以此为基础逐步建立一套完整的管理制度，使福彩公益金及项目的管理、评审与监督等方面，进一步做到有法可依、有章可循、有据可查。

二、健全绩效评价与跟踪问责机制

福彩公益金取之于民、用之于民，福彩公益金的使用不仅承载着其自身的社会福利与公益慈善责任，而且也肩负着提高公共资金使用效率与透明度的重大责任。各级公益金管理使用部门应根据自身情况进行绩效评价、跟踪问责，主动接受公众监督，以确保福彩公益金的管理和使用更加高效和规范。

建立健全一套完整、科学的绩效评价指标体系，以客观、准确地反映公益金使用绩效，是切实推进绩效评价工作的基础。根据目标导向原则，通过明确项目责任、细化执行进度、规范项目实施过程、实行绩效评估等手段来提高效率、优化业绩是绩效管理的实质，福彩公益金绩效评价体系应基于公益金项目类型选择具体评价方法，以构建动态的、可扩展的科学指标体系。

在建立科学绩效评价指标体系的基础上，各地彩票公益金管理和使用部门应根据地方实际情况，开展公益金项目绩效评价和跟踪问责工作，对评价结果跟踪管理，建立相应的跟踪问责机制。

健全绩效评价体系，建立跟踪问责机制，逐步加大面向公众的开放度，提高资金使用的透明度，增强社会工作参与度，切实体现彩票公益金使用的科学、公正与公开。

三、建立第三方评估长效工作机制

对于福彩公益金的使用而言，建立绩效评价体系是资金科学使用与项目高效开展的基础，而采取第三方评价机构完成相关项目的绩效评价工作则是绩效评价机制公正运行的前提和保障。

各地应加快引入第三方评估机构，对福彩公益金使用绩效进行专业评估，包括项目实施过程、结果及经济社会效益等因素。通过审核资料，现场踏勘，核对票据等方式对项目申报资金的合理性进行专业审核，提升资金使用的科学性、客观性、合理性。

如湖南省自 2013 年起对全省的民政专项资金引入第三方评估机制，聘请省财政备案的新星会计事务所进行民政专项资金的评估，将项目执行情况作为对公益金的年度检查、评估和今后年度民政项目评审、资金安排的重要参考因素。又如辽宁省于 2014 年 2 月，省民政厅、省财政厅联合印发了《关于开展 2013 年度省级福彩公益金绩效评价的通知》（民规财函〔2014〕282 号），明确了评价的范围、内容和方式，并通过政府购买服务，委托第三方评价机构独立开展，并形成了 16 市 2 个省直管县 18 个分报告和全省省级福彩公益金补助市县项目绩效评价总报告。

四、提升福彩项目透明度与美誉度

近年来，福彩公益金的使用情况越来越多地受到各界关注，尤以项目资金使用的透明度为重，直接影响到了福彩项目的公众美誉度。

一是要从源头把控，做好对福彩公益金资助项目可行性和必要性的审核。可根据各地实际情况，组建福彩公益金项目立项评审专家队伍，阵容可包含并不限于社会学、法学等各界专家学者、政府相关部门代表、社区代表等。每年对部分或全部福彩公益金资助项目进行可行性和必要性的科学论证与审核，不仅要考察项目目标与扶老、助残、救孤、济困等社会公益事业的吻合度，更要考核项目成本预算、效率效益等多重因素，给出明确的专家评审意见，为福彩公益金管理部门决策提供科学依据，以确保福彩公益金资助项目走向合规，科学高效，彰显福彩公益金使用的正当、公开性。

此外，应加强对申报单位资质的审查，不仅要考察申报单位是否有相关资质，同时也要考察既往项目的绩效评估情况。

二是要充分考量社会公众对公开福彩公益金使用情况的需求，及时回应社会监督和公众呼声。应健全福彩公益金筹集和使用情况的公开制度，进一步建设公益金资助项目完备信息的报送和公开机制。

各省份可根据实际情况，逐步放开公开内容和范畴，及时公示福彩公益金资助项目的资金分配情况、项目的绩效评估报告等，积极主动地回应社会公众对公益金使用情况的关注，制定科学规范的制度和公开透明的举措，以积极友好的态度和科学高效的项目及效益回馈社会公众。

三是加大福彩公益金使用效果宣传力度。依据《彩票公益金管理办法》规定，应及时落实福利彩票公益金使用情况的社会公示，大力宣传福彩资金的使用效果，以树立福利彩票应有的社会形象。此外，应落实福彩公益金资助项目的标识设立和管理工作，以统一标识体现福彩公益金资助，彰显发行宗旨，做好公众宣传的基础。

福彩公益金的使用效果宣传应更多借鉴市场营销经验，策划多样化的系列福彩公益活动和营销，营造公益福彩销售氛围，建设良好的舆论环境和公众氛围。在宣传渠道上，可不限于传统媒体阵营，进一步拓展新媒体、自媒体等多样化宣传手段。

加强福彩公益金资助项目的公益性宣传是提升福彩公益金公众美誉度的重要组成部分，着力推进福彩公益金使用的宣传力度，深化宣传福彩公益金使用的公益性，夯实社会公众的信任、理解和支持基础，在强化社会公众对福彩公益金的信赖基础上，更多地吸引不同领域的热心公益人士参与到福彩公益事业中。

中　编

2014年度各省份福利彩票公益金使用情况报告汇编

北京市2014年度福利彩票公益金使用情况报告

一、筹集情况

2014年度，北京市福利彩票销售533559.8302万元，其中电脑票442500.3602万元，即开票91059.47万元。按照福利彩票公益金提取比例，筹集公益金175159.6036万元。其中上缴中央财政86110.8131万元，市级留用89048.7905万元。

二、福利彩票公益金使用情况

2014年，北京市依据福利彩票公益金“扶老、助残、救孤、济困”宗旨，结合首都民政事业发展实际，按照“统筹规划、突出重点”的原则，使用各级福彩公益金110990.177944万元，其中中央公益金3875万元，市级公益金107115.177944万元（含往年结余）。

资助项目148个。其中，资助市本级项目22个，投入资金13413.9万元，占公益金总额的12.08566%；资助区县级项目126个，投入资金97576.277944万元，占公益金总额的87.9143%。主要用于扶老、助残、救孤、济困及其他社会公益事业。其中：

（1）老年人福利类投入86889.464944万元，占年度公益金总投入的78.285%；

（2）残障人福利投入972万元，占年度公益金总投入的0.876%；

（3）儿童福利类项目投入1902万元，占年度公益金总投入的1.714%；

（4）困难救助类项目14032.713万元，占年度公益金总投入的12.64%；

（5）其他社会公益类项目投入7194万元，占年度公益金总投入的6.4869%。

三、2014年度公益金管理使用特点

2014年是北京市福利彩票公益金绩效管理年。民政部门配合财政部门不断强化对公益金的支出责任和监管职责，着眼规范管理、调整资金结构两手抓，在公益金配置与项目设计中以科学化管理为前提，以精细化管理为手段，逐步建立资金“分配有目标、执行有监控、完成有评价、评价结果有反馈、反馈结果有应用”的绩效管理机制，借此提高公益金管理使用的科学性、合理性与有效性。

（一）决策、执行、监督三管齐下，促规范

一是统筹规划、科学决策、分配有目标。充分发挥市级部门统筹、引导、协调作用，将公益金嵌入首都社会福利事业发展中长期规划，深入调研、多方评估、民主决策、确定目标、明确重点，有计划、有针对性地将资金投入民众急需、政府当为领域，全市统一部署、统一投入、统一实施，集中财力保障重点。

二是事前评估，优选项目，确保有质量。实行事前绩效评估，细化评审内容、合理配置资金。在项目评审环节引入竞争性机制，围绕申报项目的必要性、可行性、绩效目标设置的科学性等方面设计了16项指标，邀请民政主管人员、人大代表、政协委员、财政专家及相关业务专家组成评审组，对参审项目预期效果进行全方位、多层次评议。按照“择优分配”原则将公益金集中到预估效益显著、使用效率高、对民生服务有较强辐射带动作用的项目中；对于通过评审的项目，引入第三方机构，以“不错扣、不浪费一分钱”为原则，通过审核资料，现场踏勘，核对票据等方式对项目申报资金的合理性进行专业审核，提升资金使用的科学性、客观性、合理性。

三是跟踪检查，及时评价，全程有监督。在项目执行过程中及时对资金拨付、使用情况进行抽查。了解资金到位及项目进展情况，持续督促项目按照计划执行。在结项阶段，会同第三方机构，对项目执行后期的资金支出、执行效果进行了检查，整理、归纳、分析、反馈评价结果，出具专

业性报告，对存在问题研究整改措施。

（二）调整资金投入结构，集中财力，保重点

一是加大对基层投入力度。公益金投入注重向基层倾斜，更广泛、更直接服务老残孤困群体。2014 年投入区县级项目 97576.277944 万元，占资金总额的 87.98569%。

二是加大重点项目投入，集中力量办大事。针对以往公益金项目点多、分散，资金形不成合力问题，2014 年，市民政局研究确定养老、济困领域 4 个专项，在 16 区县统一部署、统一实施，通过强化市级部门对公益金统筹、调节、引导职责，集中力量办大事、攻难点。4 个专项总投入 67172 万元，占公益金总额的 60.52%。

以养老事业为例。针对本市老龄化现状和老年事业发展需要，2014 年涉老投入 86889.464944 万元，占总投入的 78.285%。其中，“九养”专项 36550 万元；养老照料中心专项 24122 万元；其他涉老项目 26217.464944 万元。

四、2014 年福利彩票公益金使用数据与往年数据比对

2012—2014 年公益金资助项目数据比对

类别	项目数（个）			公益金投入（亿元）			占比公益金总额（%）		
	2012	2013	2014	2012	2013	2014	2012	2013	2014
市级项目	49	16	22	3.3	1.84	约 1.4	13.25	14.3	12
补助区县项目	733	419	126	7.6	7.459	约 9.7	86.75	85.7	88

2014 年福利彩票公益金投入比例

类别	公益金投入（亿元）	占比公益金总额（%）
养老专项	8.69	78.3
残障	0.0972	0.876
儿童	0.19	1.714
助困	1.4	12.64
其他公益	0.7194	6.5

福利彩票公益金作为民政事业经费的重要补充，对促进首都民政事业发展提供了有力支撑。2014 年，市民政局进一步厘清思路、完善机制、着眼绩效、规范管理，在资金配置方面，着重统筹规划、明确目标、突出重点；在资金使用方面实践了事前评估、事中检查、事后评价的全流程管控。通过一年实践，从上述表格中可以看出，较之往年，2014 年公益金管理使用“加强统筹、合理规划、侧重基层、强化绩效、集中力量办大事、保重点”的理念基本实现。

五、工作方向

2015 年，北京市民政局将全面贯彻落实民政部“阳光福彩”会议精神，着力构建决策科学、执行准确、监督有力的福彩运行体系，重点抓好福利彩票资金管理，在全国努力实现“管理最规范、制度最健全、信息最公开、运行最公正”四个目标。

（一）费随事转，钱用在刀刃儿上

将公益金的使用嵌入民政事业发展链条，紧密结合首都民政事业发展改革重点和战略方向，挂钩民生服务水平综合评价指标，结合老、孤、残、幼、困等特殊困难群体的基本需要、当前需要和共同需要，确定公益金管理使用总体目标，以项目化运作引导公益金有计划、有重点、有步骤投向民众所需、政府当为领域，不断提高公益金使用效益，充分发挥公益金在提升人民福祉水平中的作用。

（二）探索建立全流程监管机制

探索实践事前评估、项目执行、效果评价、评价结果应用全流程监管机制。一是在项目执行过程中建立绩效跟踪机制，加强对绩效目标完成情况的跟踪管理、督促检查。当执行绩效与绩效目标发生偏离时，及时采取矫正措施。二是执行结束后，及时组织绩效自评工作，查找资金使用和管理中的薄弱环节，制定改进和提高工作的措施。三是探索评价效果应用。将评价结果作为下一年度公益金配置的重要依据，逐步公布评价结果并建立绩效问责机制。

（三）规范管理

一是完善制度。依据中央有关规定，结合北京市工作实际，征询多方意见，研究制定《北京市福利彩票公益金管理使用办法》，对公益金的收缴、分配、使用、宣传等作出明确规定。增强制度的科学性、系统性、执行力，弥补当前法制建设方面存在的欠缺。

二是实现信息化管理。建立公益金项目库，开发建设福彩项目管理系统，完善公益金项目库基础数据录入，对项目类别、内容、名称、支出、申报过程、评审情况等进行记录，实现项目信息精细、动态、持续、系统化管理，为公益金项目全流程督导提供技术支撑，提高资金及项目管理效率。

三是加强宣传。严格按照民政部、市民政局要求，及时汇总公开公益金使用情况，并探索多种渠道宣传公益金使用情况及资助项目情况，公益金管理使用公开、透明；全面开展公益金标志配置、标注工作，树立良好行业形象，充分保障公众知情权、参与权、监督权。

四是加强队伍建设。不断加强福彩发行销售和资金管理使用部门各级领导班子和人才队伍建设。提高从业人员职业道德素养，培育大局着眼、小处着手的务实作风，建立责任倒查追究机制。

（四）加大公益金发行和销售力度

一是加快彩票销售网点建设，方便社会购买彩票；二是完善手机投注、固定电话投注和银行账号购买彩票和网上投注，为民众提供更多元化的购彩方式；三是加强市场调研，研发彩票新品种、新玩法，满足民众购彩需要。

天津市2014年度福利彩票公益金使用情况报告

一、福利彩票销售及公益金筹集情况

2014年，天津市累计销售福利彩票42.63亿元，同比增加12.59亿元，增幅41.92%，筹集公益金12.66亿元，上缴中央6.28亿元，市本级留存6.38亿元。公益金首次突破10亿元大关，书写了天津福彩事业发展的新篇章，实现了跨越式增长。近年来，天津福彩坚持以电脑票为龙头，以中福在线和即开票为两翼，以快速游戏为亮点的营销品牌战略。全年电脑票销售35.32亿元，同比增加10.85亿元，增长44.32%，其中快速游戏销售17.95亿元，同比增加3.88亿元，增长27.56%；中福在线销售4.76亿元，同比增加1.64亿元，增长52.5%；即开票销售2.55亿元，同比增加0.11亿元，增长4.39%。从各项数据来看，均为历史最好成绩，全面刷新了各项纪录，其中销量增幅、人均纯购票额、单机销量、即开票市场份额等数据，均进入全国前列。

二、福利彩票公益金使用情况

2014年，全市福利彩票公益金共资助各类社会福利和公益事业项目63545万元。其中老年人福利类8870万元，占总支出的14%；社区服务类11265.5万元，占总支出的17.7%；殡仪服务设施建设类1260.3万元，占总支出的2%；儿童福利类534万元，占总支出的0.8%；特殊人群生活医疗救助类34923万元，占总支出的55%；危房改造及其他类6692.2万元，占总支出的10.5%。

三、福利彩票公益金使用特点及效果评估

（一）严格资金管理，规范使用程序

天津市高度重视福利彩票公益金使用管理，始终秉持福利彩票“扶老、助残、救孤、济困”的发行宗旨，遵循彩票公益金使用管理规定，严格按照要求编制和执行彩票公益金预算，严格各项审批制度。坚持专款专用、重点使用和公益性、透明性的原则，科学合理安排资助项目，确保了福利彩票公益金运行安全、使用高效。

（二）加强公益宣传，树立公益形象

按照《彩票公益金管理办法》规定，天津市认真落实使用公告制度，每年将福利彩票公益金使用情况向社会公示，宣传资金使用效果，树立福利彩票良好的社会形象。坚持做好福利彩票公益金资助项目标志设立管理工作，福利彩票公益金资助设施建成后，按照分级管理的原则，及时制作并置挂公益金资助统一标志，彰显福利彩票发行宗旨。

（三）发挥资金效益，推进公益事业

1. 大力推进社会救助事业发展

2014 年全市福利彩票公益金用于资助特殊人群生活医疗救助项目 34923 万元，占总支出的 55%，其中优抚对象、城乡低保家庭、低收入家庭和特困供养对象等困难群众医疗救助支出 33734 万元，直接资助 14.6 万人，间接受益 25 万人。这些项目的实施，对于保障特殊困难对象在医疗和生活等方面的权益，健全社会救助机制，维护社会稳定，构建和谐社会，起到了积极的促进作用。

2. 着力扶持社区服务公益事业项目

为大力推进城乡社区办公服务设施提升改造及社会公益事业发展，提升社区服务，2014 年全市福利彩票公益金投入社区服务类 11265.5 万元，占总支出的 17.7%。2014 年完成了 209 个老旧社区办公服务设施提升改造项目。同时，配合规划部门，以新出让地块为中心，在 18 个新出让地块项目中将补建社区用房近 1.4 万平方米，满足周边 45 个社区的需求。这些项目进一步完善了社区服务设施，增强了社区服务能力，有效促进了和谐社区建设。

3. 有效扶持老年人福利事业项目

2014 年全市福利彩票公益金用于资助老年人福利项目资金 8870 万元，占总支出的 14%。对第一老年公寓、第二老年公寓、社会福利院收养老人生活设施设备进行更新，对民办养老机构、社区食堂、托老所、社区配餐中心、社区日间照料中心等项目给予补贴。2014 年，为大力扶持涉老项目，大幅度提高了民办养老机构建设和运营的补贴标准，较上年投入增加 3843.2 万元。通过实施政策性补贴，极大地引导和调动了社会力量投入养老事业的积极性，提高了养老服务能力，改善了机构设施条件。

四、下一步工作安排

按照《彩票管理条例实施细则》，天津市将进一步完善本级福利彩票公益金资助办法，加强对福利彩票公益金的管理使用。一是继续深化改革，加大营销宣传和市场推广，加大公益金筹集力度。二是完善资金使用政策，市本级福利彩票公益金预算安排进一步向基层倾斜，以便于更好地调动基层积极性。三是加大监督力度，保证公益金分配及使用情况的公开性和透明度。对项目实施中遇到的问题及时分析研究，并加强对项目实施情况的监督检查。

河北省2014年度福利彩票公益金使用情况报告

2014年，河北省各级民政系统严格遵守《彩票管理条例》《彩票管理条例实施细则》和《彩票公益金管理办法》，进一步规范和加强福利彩票公益金筹集、分配和使用管理，建立健全福利彩票公益金跟踪问效机制，有效推进了全省民政事业的发展及慈善理念的普及，为促进河北省社会福利事业从补缺型向适度普惠型转变提供了有力支持。

一、福利彩票公益金筹集情况

2014年河北省福利彩票全年共销售80亿元，实现了历史性突破，较2013年增长12.5%，筹集福利彩票公益金22.1亿元，其中上缴中央财政11.1亿元，省级留成4.2亿元，市县留成6.8亿元。

二、福利彩票公益金使用情况

2014年全省共资助老年人福利、儿童福利、残障人福利、其他社会公益等各类项目1392个，福彩公益金投入73504.1万元（资金来源为中央福彩公益金补助和省市县本级留成）。其中基础设施类项目783个，资助非基础设施类项目609个。用于老年人福利方面的资金41392.7万元；用于儿童福利方面的资金4119.1万元；用于其他社会公益方面的资金27154.4万元；用于残障人福利方面的资金837.9万元。

三、福利彩票公益金使用特点

根据福利彩票“扶老、助残、救孤、济困”的发行宗旨，河北省按照

“突出重点、统筹安排、严格管理、规范使用”的原则，重点将福利彩票公益金用于为老年人、残疾人、孤儿，以及革命伤残军人、贫困家庭等特殊困难群体服务的社会福利设施建设和受助对象直接受益的项目。

（一）突出重点项目，统筹民政公共服务设施建设

按照国务院印发的《关于加快发展养老服务业的若干意见》（国发〔2013〕35号）要求，解决好当前养老服务领域的突出矛盾和问题，进一步加快发展养老服务业，河北省将省本级留成福彩公益金2.1亿元用于支持发展养老服务，重点发展民政事业服务中心、农村互助幸福院、老年人日间照料中心等养老服务设施建设。此外，根据民政部和省委省政府工作要点，统筹安排城乡社区、殡葬改革等民政公共服务设施建设。

（二）严格预算管理，牢固树立绩效管理意识

河北省各级民政部门积极与财政部门沟通协调，将福彩公益金列入财政预算，在预算编制及预算执行过程中，要求项目单位强化“用钱必问效、问效必问责、问责效在先”的绩效意识，凡无绩效、低绩效项目一律不予列入预算；凡未确立明确的绩效目标、量化指标，或绩效指标、量化指标设立不科学、不规范的，必须重新编制，否则不予列入预算。对于资助项目申报，要求申报单位必须提供立项文件、项目建议书和确保当年能够实施的相关文件，确保申报项目的可行性、真实性、科学性、合理性。

（三）强化监督检查，确保资金使用依法合规

2014年初，河北省组织11个检查组，对全省各市县2011—2013年中央和省福彩公益金资助的600多个项目进行了全面检查。为确保检查工作不走形式、不走过场，精心设计了《检查工作记录》《检查工作底稿》等制式表格，要求各组认真开展检查工作，每个项目均要有拨款单、支付凭证、中标通知书等完整记录，并实行检查质量终身负责制，检查过的项目如果在以后被查出问题，将追究检查组成员责任。检查工作结束后，河北省将问题列出清单，督促市县整改。目前各地整改工作已顺利结束，并结合建设“阳光福彩”专项行动，展开了新一轮专项整改工作。

四、福利彩票公益金使用成效

通过福利彩票公益金的不断投入，充分发挥了福利彩票公益金的使用

效能，取得了显著的社会效益。

（一）民政公共服务设施建设不断完善

2014 年，省属事业单位共投入福彩公益金 1.9 亿元，用于完善基础设施建设，取得了显著成效。总投资 1.4 亿元、床位 600 张的河北省优抚医院老年公寓楼已正式启用，为优抚对象提供更加优质服务。总投资 1.128 亿元、占地 96 亩的省级救灾物资储备库已投入使用，属于全国信息化、电子化、现代化程度较高的救灾物资储备库。为贯彻中央《关于党员干部带头推进殡葬改革的意见》和落实省委、省政府《关于加强和改进城市社区居民委员会建设工作的意见》，河北省启动了“双五十双一百”工程，利用 2—3 年时间资助全省 50 个殡仪馆新建、50 个殡仪馆改造提升，100 个公益性骨灰堂、100 个示范性城市社区提升改造项目。2014 年对已开工或履行政府采购程序“双五十双一百”项目进行补助，共下达省级福彩公益金补助资金 8850 万元，有效提升了民政公共服务能力和水平。

（二）社会福利事业持续推进

积极实施残疾孤儿手术康复“明天计划”，在民政部公益金补助的基础上，继续加大省级配套力度，为福利机构和家庭寄养病残孤儿实施手术康复 152 例。为提升孤残儿童护理员职业素质和职业技能，省级福彩公益金安排 25 万元，专项用于开展孤残儿童护理员职业技能培训和鉴定，争取建设一支规模适度、结构合理、管理规范的专业化、职业化孤残儿童护理员队伍，全面提高孤残儿童养护水平。针对老龄化程度日趋严峻的形势，资助开展了“助老健康御险”活动和高龄补贴等项目，均取得了较好的社会效益。

（三）社会公益事业有序发展

2014 年河北省继续开展“福彩献真情、爱心助学子”活动，全省共投入 1427 万元福彩助学金，资助了 4443 名品学兼优、家境困难的学生。为提高特殊困难老人晚年生活幸福指数，省本级福彩公益金安排 150 万元，以政府购买社工服务方式实施了关爱困难老人的“暖心续航工程”，在石家庄、保定、秦皇岛陆续建立了暖心续航社工服务中心，开展了关爱残疾老人、独居老人等社工服务试点，切实培养了困难老人积极乐观的生活态度，改善了晚年生活质量。唐山市本级投入 70 万元，在路南区、路北区先行试点，为特殊困难老年群体购买了居家养老服务。秦皇岛市本级投入250万元，开展了“福彩送光明、情暖老人心”白内障复明工程，为全市城乡低保及低保边缘家庭白内障患者免费实施手术，恢复视力健康。

从河北省总体情况来看，各级民政部门对福利彩票公益金使用管理比较严格，大部分投向养老、殡葬、社区、儿童福利和民政事业服务中心等项目建设。全省各级民政部门切实履行了福利彩票“扶老、助残、救孤、济困”的发行宗旨，充分体现了“以民为本、为民解困”的核心理念和“取之于民、用之于民”的科学内涵。今后，河北省将进一步贯彻落实《彩票管理条例》《彩票管理条例实施细则》和《彩票公益金管理办法》，加强福利彩票公益金的管理和使用，使河北省的社会福利事业得到长足的发展。

山西省 2014 年度福利彩票公益金使用情况报告

一、福利彩票销售和公益金的筹集

2014 年，山西省共计销售福利彩票 408477.29 万元，比 2013 年增长 39.32%。全年共筹集公益金 116898.33 万元，比 2012 年增长 32.4%，其中上缴中央 58449.16 万元，省民政厅留成 17420.21 万元，省财政厅留成 6968.08 万元，市级留成 33679.08 万元。

二、省本级公益金使用情况

经省财政厅核准，省民政厅 2014 年使用省级福利彩票公益金 15863 万元，专项用于民政社会福利、社会公益事业。省民政厅依据福利彩票发行宗旨，按照科学、合理、公平、公正的原则，突出重点，统筹考虑区域发展、人口数量、建设规模等因素，重点用于为老年人、残疾人、孤儿等特殊困难群体服务的社会福利设施建设和受助对象直接受益项目。①资助老年福利服务机构（含老年公寓、养老院、敬老院、光荣院、老年人活动中心、老年人日间照料中心等）67 个项目，资助 5478 万元；②资助县级社会福利服务中心项目 19 个，资助 2465 万元；③资助农村老年人日间照料中心建设项目 1012 个，资助 1012 万元；④资助农村乡镇敬老院“霞光计划”项目 14 个，资助 570 万元；⑤资助儿童福利机构项目 14 个，资助 1360 万元；⑥资助社会精神卫生福利机构项目 2 个，资助 1200 万元；⑦资助残疾人福利机构项目 4 个共 1053 万元；⑧资助社会公益殡仪馆建设项目 3 个共 1200 万元；⑨资助残疾儿童手术康复“明天计划”项目 120 万元；⑩资助其他项目 1385 万元。用于省救灾物资储备中心，全省养老机构初、中级养老护理员培训，养老课题及养老宣传费用与组织孵化、志愿服务试点等项目。

三、公益金的管理情况

（一）严格把握福利彩票公益金发行使用宗旨

山西省公益金的使用始终严格遵循“扶老、助残、救孤、济困”的发行宗旨，维护福彩发行的社会公益形象，充分发挥公益金使用效益，弥补地方财政对社会福利和社会公益事业投入不足，在推进民政基础设施建设、提高救助水平、保障和改善民生方面发挥有效作用。

（二）规范资金运行机制

遵循“规范、科学、公开、透明”的评审程序。明确省本级公益金资助项目申报程序和申报材料。要求各地申报资助项目要符合福彩公益金八字宗旨，不得随意申报项目等。在资金的使用上实行自下而上的申报制度，将申请安排的彩票公益金项目经过初步筛选后，和省财政厅等相关部门共同商定。坚持做到公益金项目的安排公平公正，公益金资金的使用合规合理，确保公益金使用的效果高效安全。

（三）统筹兼顾、重点使用

山西省立足当前、着眼长远，对项目的类型进行统筹规划和合理配置。一是以社会养老福利项目为主，其他项目类型为辅。2014 年全省用于养老服务体系建设的福彩公益金占福彩公益金总投入的 65%；二是以基础设施建设为主，非基础设施建设为辅。坚持公益金专款专用、重点使用和公益性、透明性的原则，按照轻重缓急，统筹兼顾各类社会福利和公益项目，突出重点项目，加大对养老服务体系建设、社区建设、社会福利基础设施的投入。

（四）加强公益金资助项目的监管

除要求项目审计外，省民政厅还坚持每年将社会福利服务中心建设列入省政府目标责任制考核指标，对公益金重点支持项目进行跟踪问效，对项目实施情况、工程质量、社会效益等内容进行考核，并将项目实施情况与公益金拨付结合起来。对资助数额较大的基建项目，严格审查申请单位的自有资金落实情况，项目完成后，向财政、民政部门报送项目中福利彩票公益金使用情况和相关验收材料。省民政厅每年给福利彩票公益金建成的资助项目置挂统一的“中国福利彩票”公益金资助标牌，彰显福利彩票发行宗旨，扩大社会影响力。

四、下一步工作方向

（一）深化改革、加大发行力度、积极筹集公益金

要不断深化销售体制改革，全面夯实站点销售体系，加大发行销售力度，进一步扩大销售网点，创新机制和加强管理，确保销量持续快速增长，筹集更多的公益金，为社会福利事业发展提供有力支撑。

（二）加强公益金的审计和社会监督

加强同财政、审计、监察等职能部门的配合，积极发挥各级职能部门作用，强化各级彩票公益金使用监督。坚持向社会公示公益金使用的情况。将当年资助项目情况和公益金使用情况在当地主要媒体或民政网站上公示，主动接受社会公众监督。

内蒙古自治区 2014 年度福利彩票公益金使用情况报告

一、福利彩票公益金筹集情况

2014 年，内蒙古自治区民政厅认真贯彻落实《彩票管理条例》和《内蒙古自治区福利彩票公益金使用管理办法》，严格执行“扶老、助残、救孤、济困”的彩票发行宗旨，销售各类福利彩票 49.61 亿元，比 2013 年增长 28.45%；筹集福利彩票公益金共计 15.09 亿元，比 2013 年增长 26.04%，其中上缴中央财政 7.37 亿元，省级留成 3.59 亿元，盟市级留成 4.13 亿元。

二、福彩公益金分配管理情况

按照福利彩票公益金分配政策及使用范围的相关规定，内蒙古自治区民政厅高度重视，及时组织实施，会同财政部门严格把关、认真核实，确保福利彩票公益金的使用达到预期效益。具体做法如下：

一是 2014 年根据新预算法要求将自治区本级福彩公益金纳入了预算管理。与公共预算资金同步进行编制，自治区本级福彩公益金按批准的项目资金预算使用分配。

二是按照“分类管理”原则分配下达自治区资助资金。自治区民政部门、财政部门联合印发项目实施办法，对资助对象给予定额补助，而且资助额较小的项目，如老年人日间照料中心、农村牧区互助幸福院、社区建设、大病医疗救助、惠民殡葬以奖代补资金、流浪救助管理机构等级达标奖补等项目，按照“因素法”分配下达各盟市，具体项目由盟市民政部门商财政部门确定，并报自治区民政厅备案；对资助对象给予定额补助，而且资助额较大的项目或还未联合印发项目实施办法，对资助对象给予不定额补助较大的项目，如老年养护院、农村牧区敬老院、救灾物资储备库、优抚设施维修改造、新建殡仪馆、农村公益性公墓、流浪未成年人救助和儿童福利等项目，按照各盟市民政、财政部门联合上报的项目申请报告，以“项目法”分配下达资金。

三是严格审批程序。对盟市上报项目，业务处筛选、初审后提出分配方案，经分管领导同意后商财政部门达成一致，并经厅务会议研究通过，上报财政下达指标，确保了资助项目公开、公平、公正。

四是按照《福彩公益金管理办法》的要求，认真做好福彩公益金使用的宣传公告工作。每年将公益金使用情况进行公示，自觉接受社会公众监督。

五是开展了2012—2014年福彩公益金资助项目的督查工作。在盟市自查的基础上，自治区民政厅与财政厅组成联合检查组开展了2012—2014年福彩公益金资助项目专项督查。通过查检，及时发现和纠正了使用管理中存在的突出问题，确保了福彩公益金安全使用和有效管理。

三、福彩公益金使用情况

2014年，内蒙古自治区共支出福利彩票公益金7.45亿元，主要用于城市综合福利服务机构设施建设、农村互助养老幸福院设施建设、流浪乞讨人员救助补助、殡葬设施建设和设备更新、社区建设、老年人日间照料服务设施建设、城乡低保对象医疗补助、零散烈士墓修缮及福利院、光荣院的设备购置及设施维护等。具体支出情况如下。

（一）国家级福彩公益金资助15928万元

2014年，国家级福彩公益金共补助内蒙古自治区15928万元，其中用于老年人社会福利、残疾人福利、儿童福利、社会公益等项目52个，补助资金5939万元；农村幸福院建设项目648个，补助资金1944万元；专项资助呼伦贝尔精神病人福利机构项目资金3000万元；城乡医疗救助补助资金5045万元，累计救助21.4万人次。

（二）自治区民政厅本级公益金使用30205万元

2014年，内蒙古自治区民政厅用于本级福利彩票公益金拨付使用数额为30205万元，重点支持社会养老服务体系建设项目及优抚对象、孤残儿童等特殊群体社会福利设施建设项目，适当支持符合规定的其他社会公益服务、慈善救济服务项目，具体使用情况如下。

1. 老年人和残疾人福利类项目情况

2014年，拨付使用老年人和残疾人福利类项目资金16098万元，占总使用额的53.3%。重点保障老年人、残疾人等社会福利服务对象的供养、康复、照料等工作，促进社会福利事业发展。

（1）老年人社会福利机构建设项目4837万元。为了应对日益严峻的老龄化趋势，加强全区各级养老福利机构基础设施建设，增加床位和服务设备，满足人民群众日益增长的养老服务需求，投入4837万元用于老年人社会福利机构建设。其中，投入2170万元资助了1个自治区级、11个旗县级的老年养护院及福利中心机构建设，投入500万元资助综合养老示范设施和老年活动中心建设，投入1937万元资助社会办养老机构，投入230万元用于养老护理员培训。

（2）全区农村牧区互助养老幸福院建设项目3950万元。为解决全区贫困农村牧区留守、空巢、独居老年人养老问题，建立“集中居住、分户生活、统一管理、互帮互助”的农村牧区养老新模式，实施农村牧区幸福院建设工程，投入3950万元用于建设互助养老幸福院。

（3）农村牧区“五保”供养服务设施建设项目2460万元。为加强全区农村牧区五保供养服务设施建设，完善设施功能，满足农村牧区五保供养对象的机构供养需求，投入2460万元资助了全区67个农村牧区五保供养服务设施建设和维修项目。

（4）社区老年人日间照料中心建设项目2900万元。为了推进社区居家养老服务体系建设，满足日托老人生活照料、保健、休闲娱乐等方面的基本需求，充分发挥社区养老的依托作用，投入2900万元用于建设社区老年人日间照料中心。

（5）光荣院维修改造项目230万元。为了进一步保障孤老优抚对象权益，更好地发挥光荣院职能，投入230万元用于全区4所光荣院维修改造。

（6）“12349”便民为老服务平台建设项目490万元。为了进一步推动居家养老服务体系建设工作，提高便民为老服务能力，投入490万元资助了15个盟市、旗县（市、区）“12349”便民为老信息服务中心。

（7）全区敬老“孝星”评比表彰经费及乐龄工程配套资金426万元。为了弘扬孝敬父母、关爱老人，促进公民思想道德建设和社会主义精神文明建设，投入330万元在全区开展敬老“孝星”评选活动，命名表彰3300名敬老“孝星”，给予每名1000元奖励；为了改善基层老年协会条件，提高为老年人服务的能力，更好地维护老年人权益、组织老年群众参与经济社会建设及社会公益事务、开展文体活动，投入老年人乐龄工程配套资金96万元。

（8）残疾人福利服务建设项目805万元。投入200万元为全区公办社会福利院、老年养护院、综合福利中心、敬老院、光荣院的老年人和残疾人免费配置康复辅具；投入20万元为自治区盲人按摩培训中心配置教学设备；投入180万元为自治区荣誉军人康复医院配置康复设备，投入405万元用于全区农村牧区贫困残疾人危房改造。

2. 儿童福利类项目情况

2014年，拨付使用儿童福利类项目资金752万元，占总使用额的2.49%。其中，投入152万元重点支持儿童福利机构孤残儿童“明天计划”手术项目，对社会福利机构中的残疾孤儿实施手术矫治和康复；投入600万元用于儿童福利中心、福利院建设项目。

3. 社会公益类项目情况

2014年，拨付使用社会公益类项目资金13355万元，占总使用额的44.21%。主要用于支持社会公益事业发展，推进以改善民生为重点的社会建设，提高基本公共服务水平。

（1）救灾物资储备库建设项目5530万元。为了保障突发灾害地区受灾群众生存、生活需要，投入2000万元用于自治区本级救灾物资储备库建设，投入3530万元用于全区35个盟市、旗县级物资储备库建设。

（2）社区建设项目2600万元。为了推动社区建设，完善社区服务内容和模式，满足社区居民多样化服务需求，投入2000万元用于社区服务项目建设，投入600万元用于示范性社区建设。

（3）殡葬服务设施建设项目2475万元。为了改善全区殡葬基础设施条件，满足群众基本丧葬需求，为实施惠民殡葬政策提供载体，推进殡葬公共服务均等化进程，投入2475万元资助了全区22所殡仪馆、火化设备及公益性公墓基础设施建设项目。

（4）重特大疾病慈善医疗救助1000万元。为了进一步推进城乡困难群众重特大疾病医疗救助工作，保障困难群众基本医疗需要，投入1000万元专项用于重特大疾病慈善医疗救助工作。

（5）烈士纪念建筑物维修项目220万元。为了做好零散烈士纪念设施的建设、管理、保护工作，投入220万元用于全区4处烈士纪念设施建设管理工作。

（6）流浪未成年人救助保护中心设备更新项目160万元。投入160万元，重点资助了2个流浪救助机构（未成年人保护中心），更新了设施设备，进一步提高了救助保护能力。

（7）慈善超市建设项目160万元。投入160万元资助全区16个慈善超市，用于店面的规范化建设，配置网络化管理的软硬件和捐赠物资的消毒、清洗、加工等设备，提高慈善超市的造血能力。

（8）福利彩票公益性宣传、社会工作专业人才培训项目和居家养老等政府购买服务等1210万元 。

（三）盟市级公益金投入28419.4万元

1. 老年人和残疾人福利项目情况

2014年盟市共投入公益金18828万元，支持769个老年人和残疾人福利项目，重点用于保障老年人、残疾人等社会福利服务对象的供养、康复、照料等工作，促进老年人和残疾人社会福利事业发展。

2. 儿童福利类项目情况

2014年盟市级共投入公益金1838.4万元，支持23个儿童福利项目，重点支持儿童福利机构，完善孤残儿童养育特殊教育，为相关困境儿童健康成长提供必要的资金保障和服务保障。

3. 社会公益类项目情况

2014年盟市共投入公益金7753万元，支持251个社会公益项目，推进以改善民生为重点的社会建设，提高基本公共服务水平。

综上所述，2014年全区共使用各级福利彩票公益金7.45亿元，资助各类项目1806个，属于基础性设施投入的项目年内基本已完工或正在收尾，属对象补助的支出也落实到人，充分发挥了资金使用的应有效应。

四、下一步工作安排

一是加大福彩公益金使用效果宣传力度。内蒙古自治区要继续加强福彩公益金资助项目的公益性宣传，进一步赢得社会各界的信赖和支持，并对资助项目进行社会公示，坚持“诚信、公平、廉明”的运行机制，使福彩公益金成为社会公众积极参与的慈善公益平台。

二是建立绩效评价体制和跟踪问责机制。对各级公益金使用情况进行绩效评价、跟踪问责，定期公布年度公益金使用情况，自觉接受社会监督，进一步加大监督管理力度，确保福利彩票公益金使用和管理更加科学、规范和高效。

辽宁省2014年度福彩公益金使用情况报告

一、筹集情况

2014年度辽宁省彩票销售1065603万元，比上年增长14%，筹集福彩公益金306867亿元，其中上缴中央150949万元，省本级留成66158万元（含弃奖资金4969万元），市级以下分成89760万元。

二、使用情况

2014年辽宁省各级民政部门共使用福彩公益金107642万元，重点加大对养老、孤残儿童、社会公益、残疾人福利等事业投入。

（一）老年人福利类

2014年全省共投入资金153157.3万元，其中福利彩票公益金71859.3万元，地方财政75496万元。资助县级农村敬老院、城镇养老院、社区日间照料站等基础设施建设类项目1100个，建筑面积27.3万平方米，新增床位7120张。资助幸福院、居家养老、养老机构运营补助和农村常见病托管中心等非基础设施类项目1919个，直接受益人群58万人。

（二）儿童福利类

2014年全省共投入资金10670万元，其中福利彩票公益金4170万元，地方财政6500万元，资助省孤儿学校、市级儿童福利院、流浪未成年人救助中心等基础设施类项目32个，建筑面积32000平方米，床位1500张。资助“明天计划”、福利院、孤儿基本生活保障等非基础设施类项目53个，直接受益人群3.6万人。

（三）残疾人福利类

2014 年全省共投入资金 18185 万元，其中福利彩票公益金 8725 万元，地方财政 9460 万元。资助城镇养老院、农村敬老院、残疾人功能区及康复中心等基础设施类建设项目 26 个，建筑面积 1.6 万平方米。资助残疾人生活补助等非基础设施类项目 32 个，直接受益人群 8.94 万人。

（四）其他社会公益类

2014 年全省共投入资金 65083 万元，其中福利彩票公益金 26987 万元，地方财政 38096 万元，资助城乡社区、殡仪馆、救灾库、省民政厅直属事业单位等基础设施类改造项目 356 个，建筑面积 33.6 万平方米。资助农村低保补助、城乡医疗救助、困难大学生新生入学救助、优抚对象医疗救助等非基础设施类项目补助项目 261 个，直接受益人群 148.9 万人。

三、使用特点及效果

2014 年紧紧围绕“创新提高、优化结构”的思路，积极适应新形势下市场需求，不断调整管理机制和管理方式，对外打造品牌形象，对内加强自身建设，实现了辽宁福彩销售过百亿元的新高度，位居全国前五。

（一）认真执行预算管理制度，严格落实资金运行机制

2014 年，辽宁省福彩销售呈现历史最好时期，筹集的公益金数额也成倍递增。在资金使用上坚持三个原则：一是落实预算管理原则。严格执行“收支两条线”管理，彩票公益金按照政府性基金预算，纳入财政管理，所有彩票资金全部由省财政厅统一结算，按时上缴，资金运行规范安全，确保了专款专用，结余结转下年继续使用。二是落实制度管理原则。2015 年，辽宁省财政厅专门下发了《关于印发辽宁省彩票公益金管理办法的通知》（辽财非〔2015〕239 号）、《关于认真做好彩票资金审计整改切实完善彩票管理工作的通知》（辽财非〔2015〕229 号）文件，制定了公益金使用流程图，坚持做到资金使用合规合理，确保资金安全使用。三是落实项目管理原则。在项目使用上坚持先批后用的原则，2014 年落实项目 1546 个，突出重点项目，加大对养老、社区、儿童福利、社会公益等事业建设和投入，并把项目管理变成全过程跟踪监督，促进使用公开透明。

（二）认真落实整改审计问题，牢固树立绩效管理意识

2014 年 11 月下旬至 12 月底，审计署对辽宁省彩票资金进行了专项审计，提出了在资金管理中的一些突出问题和不足，按照审计要求从严格福彩资金适用范围和用途、严格福彩资金使用程序、严格福彩资金绩效评价、严格业务办公用房建设、严格津贴补贴奖金发放 5 个方面认真整改，取得了较好成绩。目前已专门制定完成了公益金项目专项绩效评价机制，该机制能有效提高公益金使用效益和效率。

（三）积极开展公益宣传，进一步提升社会公益形象

开展助学、助医、敬老、救灾等项目。特别是助学项目已发展成品牌项目。2004 年至 2014 年，省本级合计支出 9000 万元，开展“福彩助学子 · 大学圆梦行动”，按照辽宁省民政厅《关于印发 2013 年“福彩助学子 · 大学圆梦行动”实施方案的通知》。凡考入二本以上普通高等学校的城乡低保户家庭的学生，均可申请福彩助学资助。到 2006 年又扩展为福彩助学子系列行动，即在“福彩助学子 · 大学圆梦行动”基础上，加入了“福彩助学子 · 就学希望行动”和“福彩助学子 · 快乐校园行动”。几年来，累计投入福彩公益金 7692. 35 万元，资助了 32486 名当年考取大学的城乡低保户和农村特困户家庭的子女上大学。

四、建议

辽宁为老工业基地，为了振兴东北，全省各地也都在积极争取项目，可近两年财政资金非常紧张，投入民政事业的资金十分有限，福彩公益金成为民政事业建设的重要来源，2014 年辽宁省共销售彩票 1065603 万元，上缴中央公益金 150949 万元，省本级留成 66158 万元（含弃奖资金 4969 万元），民政部下拨辽宁省公益金资助项目 9502 万元，下拨率 6. 3%。为了调动地方积极性，完成好各项工作任务，建议公益金留成比例向地方倾斜，加大下拨公益金资助项目比例。

吉林省 2014 年度福利彩票公益金使用情况报告

2014 年吉林省民政厅共筹集彩票公益金 28563 万元，经省级财政部门审核拨付，当年支出彩票公益金总额为 26856 万元。依据《彩票公益金管理办法》（财综〔2012〕15 号），坚持福利彩票“扶老、助残、救孤、济困”的发行宗旨和科学、合理、公平、公正的原则，将福彩公益金重点用于为老年人等特殊困难群体服务的社会福利设施建设和公益事业，共资助 4 大类 13 个项目。现将具体情况报告如下。

一、彩票公益金使用情况

（一）老年福利类项目使用彩票公益金情况

为满足吉林省人民群众日益增长的养老服务需求，深入贯彻落实《吉林省人民政府关于加快养老服务业发展的实施意见》（吉政发〔2014〕9 号）、《吉林省社会养老服务体系建设规划（2011—2015 年）》（吉政办发〔2012〕54 号）的部署要求和省政府关于健全省、市、县、乡、村五级养老服务网络的工作目标，2014 年用于老年人福利类项目的彩票公益金为 20960 万元，占资金总额的 78.05%。具体包括：

（1）用于老年人福利机构建设补助资金 15900 万元，重点资助 1 个省级、5 个市级和 28 个县级老年人福利机构建设。

（2）用于农村社会福利服务中心建设补助资金 1000 万元，支持 100 所农村社会福利服务中心进行维修和改扩建。

（3）用于农村居家养老服务大院（幸福院）建设补助资金 1500 万元，支持 500 个农村居家养老服务大院（幸福院）建设。

（4）用于城市社区养老服务设施建设补助资金 1900 万元，支持 21 所城市居家养老服务中心和 20 所城市老年人日间照料中心建设。

（5）用于养老从业人员培训资金 600 万元，支持养老机构一线管理及护理人员培训工作开展。

（6）用于养老机构管理服务平台配套设备采购资金 60 万元。

（二）儿童福利类项目使用彩票公益金情况

为进一步完善儿童福利机构配套设施建设，提高孤残儿童养护的科学化水平，2014 年用于儿童福利项目的彩票公益金为 400 万元，占资金总额的 1.49%。具体用于儿童福利机构建设补助资金 400 万元，支持省级儿童福利机构设施建设。

（三）残疾人福利类项目使用彩票公益金情况

为提高吉林省残疾人福利机构的救治康复能力，2014 年用于残疾人福利类项目的福彩公益金为 4496 万元，占资金总额的 16.74%。具体包括：

（1）用于省级残疾人福利机构建设资金 2996 万元，支持省肢体伤残康复医院和省第二荣复军人医院建设。

（2）用于“爱心助行”工程资金 500 万元，对困难残疾人装配假肢进行资助。

（3）用于市级民政精神卫生机构建设资金 1000 万元，支持吉林市脑康医院门诊楼建设。

（四）社会公益类项目使用彩票公益金情况

为推进以改善民生为重点的社会建设，提高吉林省基本公共服务水平，2014 年用于社会公益类项目的彩票公益金为 1000 万元，占资金总额的 3.72%。具体包括：

（1）用于医疗救助资金 800 万元，作为中央下拨吉林省医疗救助资金省级配套的一部分。

（2）用于支持“万家社区图书室援建和万家社区读书活动”资金 100 万元。

（3）用于社工培训资金 100 万元，资助社会工作人才培训工作的开展。

二、公益金使用的主要特点

随着募集福彩公益金总额的不断增加，福彩公益金使用也更加趋于科学规范，较以往呈现出更为鲜明的特点。

（一）使用重点更加突出

按照民政部关于“十二五”时期福彩公益金要重点投向社会养老体系建设的要求，2014 年度吉林省用于老年人福利项目的福彩公益金占当年拨付使用资金总额的比例高达 78.05%，比上一年度高出约 5 个百分点。项目涵盖了养老服务机构、日间照料中心、农村敬老院、农村幸福院、养老护理员培训等多个方面，为加快提升全省老年人福利设施建设和服务水平，促进城乡养老统筹发展发挥了至关重要的作用。

（二）资助结构更加优化

吉林省在 2014 年福彩公益金的使用上，除了优先向养老事业投入外，其余资金本着统筹兼顾、突出效益的原则，力争将资金投放到需求最迫切的地方，努力扩大受益人群规模。2014 年投入残疾人福利的福彩公益金占当年支出总额的 16.74%，在很大程度上推动了残疾人福利事业发展，特别是进一步加快了民政精神卫生机构建设，有效缓解了床位的供需矛盾。同时，对于儿童福利机构建设，以及社会公益事业中的社工人才培养，也都积极投入资金，这样既促进了社会福利事业的均衡发展，也更加突出了福彩基金的社会公益性质，产生了良好的社会反响。

（三）审批管理更加规范

吉林省将福彩公益金纳入了政府性基金预算管理，在预算编制和项目审批过程中，除了坚持福彩公益金“扶老、助残、救孤、济困”的发行宗旨和突出受助人直接受益的资助目标外，每个项目都要求有国家政策依据，相关部门的立项批复，项目实施方案，资金管理办法，项目所在地民政和财政部门联合上报的申请文件等基本要件，并且由民政厅厅长办公会集体研究决定，使资金使用做到了更加规范、科学、透明。

（四）发挥效果更加显著

通过福彩公益金向设施建设、人员培训、救助资金等各方面的投入，不仅使一大批社会福利机构的设施建设提升到了一个新的水平，而且有效提高了福利机构从业人员和社会工作人员队伍的整体素质，特别是福彩公益金的直接和间接受益人群规模得到了进一步的扩大。这既有力推动了福利事业快速发展，又间接起到了对福利彩票发行进行宣传和动员的作用，使全省福利彩票发行量呈现出快速上升的良好态势。

三、下一步工作打算

下一步，吉林省在积极做好福利彩票发行工作，扩大基金募集规模的同时，将重点加大福彩公益金使用的监督和管理力度，提升科学化、规范化水平。

（一）完善法规制度

研究制定《福彩公益金资助社会福利项目申报办法》等省级层面加强福彩公益金管理的政策文件，为强化福彩公益金管理提供制度支撑，使资金分配和使用工作做到有法可依、有章可循、有据可查。

（二）强化项目管理

在进一步规范项目的申请审批程序基础上，对于资助额度较大，有一定社会影响的重大项目，将通过专家论证等方式确保资金投向科学，并进一步加强实施过程监管工作的跟进，做到防患于未然。

（三）加强监督检查

进行省级福彩公益金使用情况公示，强化社会监督，并组织开展省级福彩公益金管理使用情况的自查和重点检查，做好对发现问题的整改工作。

黑龙江省2014年度福利彩票公益金使用情况报告

一、省本级和地方福利彩票公益金留成情况

2014年，黑龙江省不断加强福利彩票发行管理工作，加大福利彩票发行的正确引导和宣传，确保公益金发挥最大效能，为全省社会福利和社会公益事业发展作出了巨大的贡献。

全年，全省共计发行福利彩票517108.72万元，提取公益金总额为157275.40万元，上缴省财政公益金总额为79864.98万元。其中，省本级福利彩票公益金留成34901万元、地市级福利彩票公益金留成29912万元、县级福利彩票公益金留成15052万元。

此外，2014年，民政部、财政部中央彩票公益金补助黑龙江省社会福利事业发展资金5092万元；补助黑龙江省农村幸福院建设资金2211万元。

二、福利彩票公益金的使用情况

黑龙江省切实加强社会福利彩票公益金的管理和使用监督，保证了彩票公益金在规定范围内使用，发挥最大社会效益。严格执行行政权力运行规定，对公益金使用按项目单位申请、省民政厅福善处主管业务人员A、B角初审、副处长复审、处务会议研究、专家评分、厅务会议研究确定、报省财政厅会签、报省政府办公厅、省政府主管省长审批、财民2家联合行文下达项目单位等程序，对过程进行行权轨迹登记，每年在省内主要新闻媒体和民政信息网上公示。

2014年，黑龙江省通过省本级福利彩票公益金共支持省级项目32项、

投入资金18889.2万元，补助地方社会福利和社会公益项目1070项、投入资金17174.59万元；通过中央彩票公益金支持省级项目4项、投入资金433.5万元，补助地方社会福利和社会公益项目91项、投入资金4658.5万元；支持全省农村幸福院建设项目737项、投入资金2211万元。主要用于老年人、儿童、精神病院等社会福利机构和社区建设、农村敬老院（幸福院）新建和改造项目，以及全省养老机构民办补助补贴、社区减灾项目补助、贫困对象医疗救助及城乡大病救助项目等。市地级公益金共投入31670万元，用于市本级及所属区（县、市）的社会福利及社会公益等方面的基础设施建设及各类救助补贴资金。2014年度，省本级公益金结余6000万元、市地级公益金结余5460万元、县级公益金结余4250万元。

2014年，黑龙江省及地方福彩公益金共支持全省社会福利和社会公益事业基础设施类建设项目1186项、投入资金131251万元，非基础设施类项目108项、投入资金4877.2万元，直接受益人数达75万人以上。老年福利设施、儿童“蓝天计划”项目、社区建设、居家养老、农村敬老院改造、农村大病救助等社会福利项目得到了彩票公益金的资助，确保了这些项目得以顺利完成，极大地推进了全省社会福利事业的快速发展。

上海市 2014 年度福利彩票公益金使用情况报告

一、福利彩票发行和公益金筹集分配情况

2014 年，上海市福利彩票销售额为 48.2 亿元，筹集福利彩票公益金 15.5 亿元（包括弃奖 0.5 亿元）。其中上缴中央 7.5 亿元，各区县留成 2.3 亿元，市本级留成 5.7 亿元。

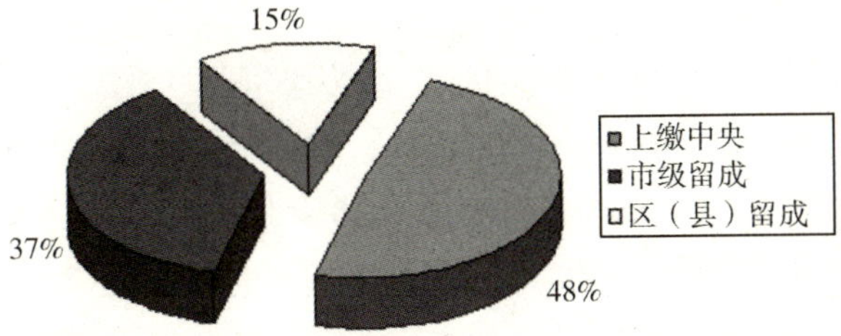

二、福利彩票公益金使用情况

（一）福利彩票公益金投入情况

2014 年全市福利彩票公益金共计投入使用 65872.1 万元。其中市级 45993.7 万元，占总投入的 69.8%；区县 19638.4 万元，占总投入的 29.8%；民政部 240 万元，占总投入的 0.4%。

1. 按项目实施单位类别分类

公办单位实施项目 51320.5 万元，占总投入的 77.9%；民办单位实施项目 14551.6 万元，占总投入的 22.1%。

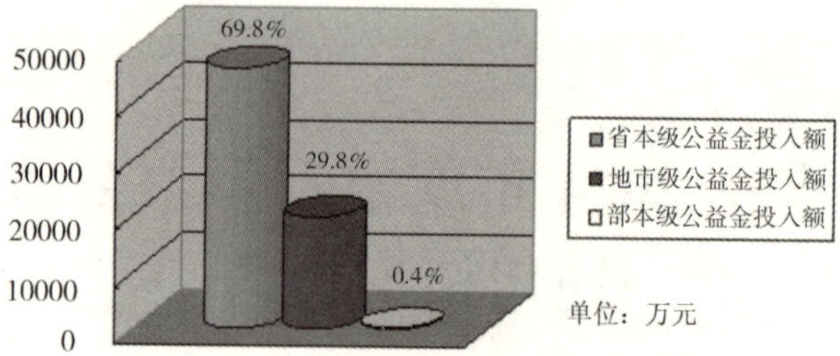

2. 按项目实施单位性质分类

政府部门实施项目38466.8万元，占总投入的58.4%；事业单位实施项目10300.9万元，占总投入的15.6%；社会组织实施项目15272.9万元，占总投入的23.2%；人民团体实施项目56.9万元，占总投入的0.1%；其他机构实施项目1774.6万元，占总投入的2.7%。

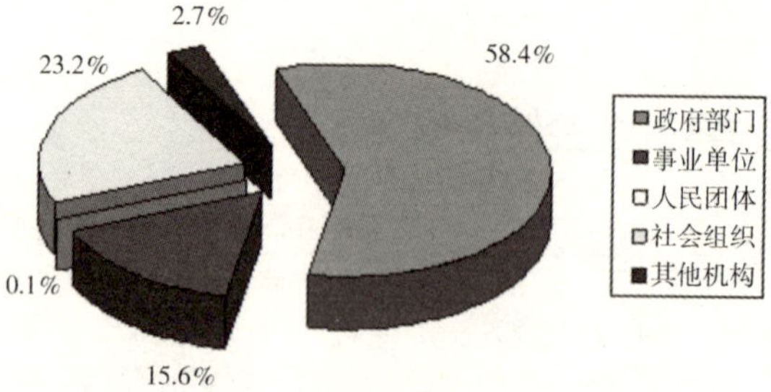

3. 按项目类型分类

资助基础设施项目129个，投入资金19682.1万元，占总投入的29.9%；资助非基础设施项目541个，投入资金46190.0万元，占总投入的 70.1%。

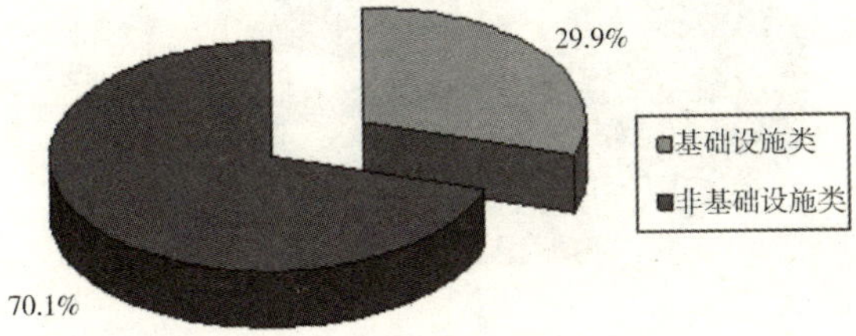

4. 按项目类别分类

资助老年人福利类项目 41816.6 万元，占总投入的 63.5%；资助残疾人福利类项目 3676.1 万元，占总投入的 5.6%；资助儿童福利类项目 1870.6 万元，占总投入的 2.8%；资助其他社会公益类 18508.8 万元，占总投入的 28.1%。

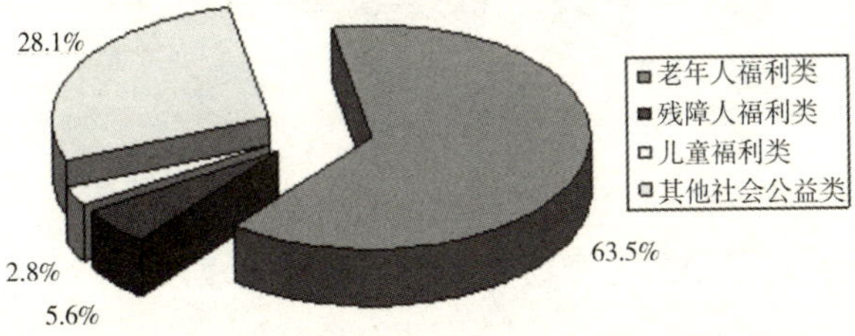

5. 按项目性质分类

新建项目 7363.1 万元，占总投入的 11.2%；改扩建项目 7594.7 万元，占总投入的 11.5%；添置设备项目 4383.9 万元，占总投入的 6.7%；直接资助项目 18258.1 万元，占总投入的 27.7%；服务类项目 21902.3 万元，占总投入的 33.2%；其他项目 6370 万元，占总投入的 9.7%。

6. 按项目领域分类

资助社会服务项目 30195.3 万元，占总投入的 45.84%；资助救灾项目 8 万元，占总投入的 0.01%；资助教育项目 315 万元，占总投入的 0.48%；资助医疗康复项目 4452.1 万元，占总投入的 6.76%；资助社区

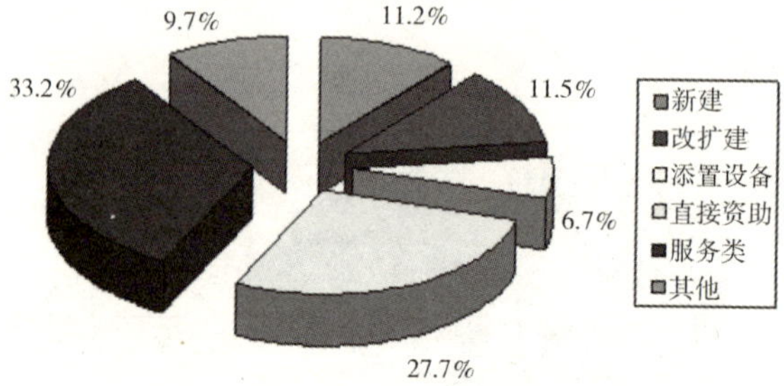

服务项目 14419. 2 万元，占总投入的 21. 89%；资助文化项目 515. 1 万元，占总投入的 0. 78%；资助扶贫项目 5151. 1 万元，占总投入的 7. 82%；资助其他项目 10816. 3 万元，占总投入的 16. 42%。

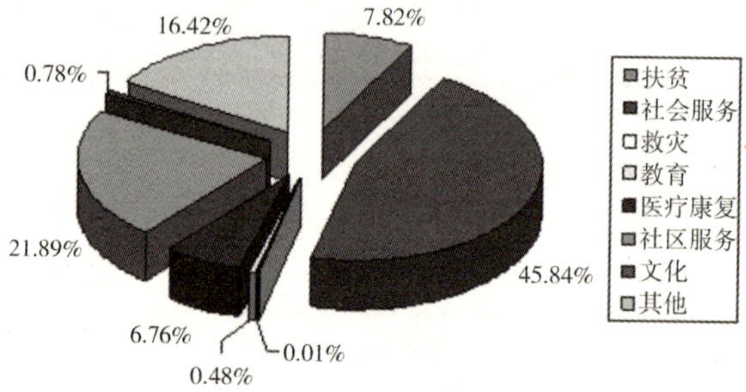

（二）福利彩票公益金资助主要项目及使用成效

1. 老年人福利类项目

累计资助 41816. 6 万元，主要项目及成效如下。

（1）新（改）建标准化老年活动室及老年活动室运行奖补项目。全年完成新建 100 家，改建 200 家老年活动室，截至 2014 年底全市老年活动室共计 6296 家，使用面积达 176. 86 万平方米，其中标准化老年活动室 5307 家。为进一步推动全市老年活动室规范运作，提升服务品质，2014 年首次制定并实施“以奖代补”措施，支持老年活动室的运行发展。为保证老年活动室运行奖补工作更加科学、规范和公平公正，市民政局（老龄办）制定了《上海市社区标准化老年活动室管理服务评估表（试行）》，并委托第三方对全市社区标准化老年活动室管理服务情况进行评估，在评估基础上确定获得“奖补”的标准化老年活动室具体名单。2014 年，经初评、复评、审定和网上公示，共评出2899家标准化老年活动室。市级福利彩票公益金投入3000万元 。

（2）新增养老机构床位。2014年新增养老床位5829张，比上年增加6%。福利彩票公益金配套资助4524万元。截至2014年底，全市养老床位数共计11.5万张，约占全市户籍老年人口的3%。

（3）为29万名老年人提供社区居家养老服务。截至2014年底，全市居家养老服务中心共计175家，社区助老服务社共计224家，服务人数共计29.54万人，比上年增加4.8%，其中享受养老服务补贴的人数为13万人。福利彩票公益金资助资金达6000万元。

（4）新建20家老年人日间服务中心。2014年新建20家老年人日间服务中心，目前全市老年人日间服务中心达到381家，服务人数共计1.4万人，比上年增加16.7%。市级福利彩票公益金投入1590元。

（5）新设立40个社区老年人助餐服务点。目前，全市共拥有社区老年人助餐服务点576个，比上年增加43个，受益老人达6万人。市级福利彩票公益金资助资金投入276万元。

（6）为低保困难老年人家庭提供居室适老改造服务。2014年福利彩票公益金投入2000万元。通过慈善基金会、老年基金会等社会组织，实施对1000户低保困难老年人家庭的适老性改造。

（7）存量养老机构改造项目。2014年继续开展养老机构设施改造，长宁、虹口、嘉定、金山等区的8个项目启动改造，总投资额约6571万元，市级福利彩票公益金补贴1891万元。

（8）养老机构消防安全改造项目。至“十二五”末，全面推进本市养老机构设施消防安全改造工作，力争使全市养老机构消防安全环境有较大改善。2014年内，4个区及市属中心的36个养老机构项目启动消防安全改造，同时，5个区的32个养老机构消防改造项目完成收尾，市级福利彩票公益金共资助931.89万元。

（9）市属福利院修缮和设备更新等项目。为改善市属福利院软硬件设施，为老人休养提供更好、更舒适的养老环境，福利彩票公益金资助1352.4万元。

2. 残疾人福利类项目

累计资助3676.1万元，主要项目及成果如下。

（1）市医保办城镇重残人员医保项目。城镇重残人员参加居民医保，福利彩票公益金资助1746.5万元。

（2）市属精神卫生中心修缮和设备更新项目。为了给休养病人提供安全、优质的康复环境，全年福利彩票公益金资助329.9万元，主要用于房屋修缮、设备购置及维修。

3. 儿童福利类项目

累计资助1870.6万元，主要项目及成果如下。

（1）残疾儿童特教康复项目。福利彩票公益金资助100万元，主要用于为全市盲、聋、智障、自闭症、脑瘫等残疾儿童提供康复、送教上门等医教结合多种服务。

（2）市儿童福利院房屋及基础设施修缮项目。福利彩票公益金资助278.6万元，用于房屋改造修缮、设备购置及维修，为孤残儿童提供良好的成长环境。

福利彩票公益金资助1295.2万元，用于3个儿童救助类项目：家庭寄养经费项目、家庭寄养工作站经费项目和机构寄养服务费项目。

4. 其他社会公益类项目

累计资助18508.8万元，主要项目及成果如下。

（1）社区市民综合帮扶项目。截至2014年底，市、区、街镇三级帮扶组织开展社区市民综合帮扶共支出帮扶资金达11414.03万元，较上年同期上升14.7%。帮扶对象达43745人次，较上年同期减少9.7%。其中，个案帮扶22812例，支出资金8403.19万元，人均帮扶3683.67元；项目帮扶20933例，支出资金3010.84万元，人均帮扶1438.32元。全年福利彩票公益金共资助2600万元，其中2000万元用于个案、项目等综合帮扶，100万元用于应急救助，500万元用于医疗救助一卡通项目。

（2）社区综合风险评估示范点补贴项目。至2014年底，在徐汇、长宁、静安、闸北、杨浦、浦东、松江、青浦、黄浦、普陀、奉贤等11个区县的全部街镇开展社区风险评估工作，取得了一定的成效。年内“上海社区风险评估体系研究”申报科技进步奖并入围，被民政部推荐参与亚洲社区综合减灾合作项目。经过5年的探索，社区风险评估工作已经初见成果，成为民政系统社区减灾工作的重要抓手。全年福利彩票公益金共资助710万元。

（3）扶老、助残、救孤、济困等社区公益服务招投标（创投）项目。为进一步规范社区公益服务项目招投标、创投项目运作，着力社会管理服务模式的创新，坚持人民群众需求导向，引导扶持社会组织参与社区公益事业和民生服务，努力为社区群众提供最好的公益服务，2014 年市招投标平台共完成自行采购项目 149 个，涉及资金 4307 元；对合计 208 个项目，涉及资金 7622 万元实施事中、事后项目监管，进一步提高社区公共管理和服务水平，提高福彩公益金使用效益。

除以上项目外，福彩公益金还资助了“关爱功臣”试点、骨灰撒海补贴等项目。此外，福利彩票公益金还资助了上海市总工会、共青团、妇联和计生委系统困难群体救助项目，以解决青少年、重症妇女、老三八红旗手和独生子女等困难家庭的救助问题。

三、福利彩票公益金管理和创新

（一）加强福利彩票公益金监督管理

一是加大对福利彩票公益金监督力度，健全完善福利彩票公益金管理制度，定期或者不定期对区县民政局、下属福利事业单位、社会组织进行检查，发现问题，及时整改，确保福利彩票公益金使用更加安全、规范、高效。

二是严格按照社区公益服务招投标（创投）相关文件执行，加大项目监管力度，全年共委托审计事务所对已完成 383 个项目实施全覆盖审计，并依据审计评估结果进行项目整改。

（二）加强福利彩票公益金绩效管理

根据市财政相关要求，每年对福利彩票公益金开展绩效跟踪和绩效评价工作，由市民政局计财处牵头，局各相关业务处室、下属福利事业单位分别积极配合第三方评价机构完成相关项目的绩效跟踪或绩效评价工作。

（三）开展市级福利彩票公益金结转结余资金统计工作

根据市财政局的要求，为进一步激活市级福利彩票公益金存量资金，提高资金使用效益，各部门（单位）、各区（县）定期将市级福利彩票公益金结转结余情况上报市民政局，同时要求各部门（单位）、各区（县）要全面掌握市级福利彩票公益金使用情况和结转结余情况，对于存在对外委托项目的，应跟踪监控对外委托的市级福利彩票公益金的使用情况，要求被委托单位定期对资金使用情况和结转结余情况进行反馈。

（四）报送和公告年度公益金使用管理情况

按照信息公开要求，完成向民政部报送2014年度上海市公益金使用管理情况的报告，并向社会公告，组织编印《2014年福利彩票公益金使用情况报告》。

（五）建章立制，规范公益招投标（创投）工作

借鉴委托课题成果，拟定并下发《上海市社区公益服务项目目录》，项目目录作为今后市级公益金资助项目的选择和编报预算的依据。根据2014年市财政局对招投标项目预算下达方式的变化及市审计局对市级公益金提出的更为严格的监管要求，拟定并下发《上海市民政局关于实施上海社区公益服务招投标资助项目的通知》，进一步明确招投标项目预算编制、预算执行、项目监管等操作流程，明确市民政局相关处室、市社团局、各区县民政局的相关职责，并规定具体落实考核内容。

（六）总结推广公益招投标工作经验，及时传达市审计局绩效审计意见

一是认真筹划召开2014年上海市社区公益服务招投标（创投）工作会议，会议总结了2013年招投标（创投）工作，布置2014年工作任务；传达市审计局关于对2011—2013年6月公益金使用管理绩效审计意见及整改措施。

二是加大招投标工作经验的推广力度。在全市推广了杨浦区“搭平台，建机制，求实效，推动政府购买社会组织服务工作规范科学发展”、嘉定区“以需求为导向，完善项目监管”、青浦区“规范项目操作，强化项目监管，助力社会组织发展”等工作经验。

四、加强上海市福利彩票公益金管理的工作打算和建议

（一）进一步健全完善福利彩票公益金管理制度

根据审计报告提出的审计意见，福利彩票公益金在使用管理制度上还存在缺失，建议加强制度建设，尽快出台《上海市福利彩票公益金使用管理办法》，并以此为基础逐步建立一套完整的管理制度。

（二）建立健全福利彩票公益金使用管理机构

随着福彩公益金规模越来越大、管理要求越来越严，为高效规范使用公益金，确保资助项目有效建设，完善福利彩票公益金分配、使用管理环节，拟成立专门的福利彩票公益金管理中心（或者授权局属某个事业单位以管理职能），专职管理市级公益金项目的申请受理、审核、拨付、项目监督等各项工作以及加强对区县福彩公益金使用管理的指导和监督，建立更加规范的管理机制。

（三）进一步加强对福利彩票公益金资助项目可行性和必要性的审核

邀请社会学及社会工作知名学者、政府相关部门负责人、社区代表、财政和审计专业人士，组建福利彩票公益金评审委员会专家团队，每年对一定比例资助项目的可行性和必要性进行科学论证和审核，着重审核其项目内容是否与规定的“扶老、助残、救孤、济困等社会公益事业，以及其他社会公益事业”资助宗旨相一致，同时也对项目的成本耗费、社会效益、经济效益、预算真实性进行审核。

（四）建立项目申报组织资质审查机制

对申报公益金资助项目的组织进行资质审查，对于不符合申请条件的组织予以驳回；要求以往申报项目绩效评估不合格的组织限期进行整改，整改后再评估，合格的方能申报新的资助项目。

江苏省2014年度福利彩票公益金使用情况报告

一、福利彩票销售及福利彩票公益金筹集情况

2014年，江苏省福利彩票全年实现销售139.09亿元，其中电脑票35.69亿元，电脑票“快3”59.95亿元，电脑票（3D）1.91亿元，即开票9.91亿元，中福在线31.63亿元。全年共筹集公益金38.8亿元，其中中央19.12亿元、省本级3.67亿元、市县16.01亿元，取得了显著的经济效益和社会效益。

二、福利彩票公益金使用情况

按照财政部、民政部印发的《社会福利基金使用管理暂行办法》的有关规定和福利彩票“扶老、助残、救孤、济困”的发行宗旨，全省福利彩票公益金主要用于资助为老年人、残疾人、孤儿等特殊困难群体服务的社会福利事业项目，由各级民政行政主管部门提出福利彩票公益金年度使用计划并组织项目实施，纳入同级财政预算管理。2014年全省福利彩票公益金安排支出190885万元，具体情况如下。

（1）用于社会福利院、儿童福利院、敬老院和精神病院等社会福利收养单位建设68288万元。

（2）用于优抚医院、光荣院等优抚类收养单位建设3802万元。

（3）用于生活无着人员救助单位和流浪儿童救助保护场所设施建设6287万元。

（4）用于乡镇、街道社区服务配套设施建设16089万元。

（5）用于殡葬类单位建设 17511 万元。

（6）用于助学、助残、助老等专项资助支出 48990 万元。

（7）用于城乡困难群众大病医疗救助 14210 万元。

（8）用于防灾救灾、对口支援、慈善事业等支出 13067 万元。

（9）用于烈士纪念建筑物维修改造支出 2641 万元。

三、福彩公益金使用特点及效果评估

江苏省各级民政部门紧密结合《江苏民政事业发展第十二个五年规划》，高度重视贯彻落实《彩票管理条例》《彩票管理条例实施细则》和《彩票公益金管理办法》，始终秉持福利彩票“扶老、助残、救孤、济困”的发行宗旨，狠抓福彩公益金的使用管理，严格遵循福彩公益金使用原则，从以下几方面着手，力求使福彩公益金的使用做到规范有效。

（一）严格实行预算管理，规范资金运行机制

在资金的使用上，江苏省坚持三个原则：一是实行预算管理。严格遵循“收支两条线”，每年在及时、足额将福彩公益金缴入中央和省级财政的基础上，年初编制公益金使用计划，年中待相关部门批准后，再实际使用。二是严格项目审批制度。在资金的使用上实行自下而上的申报制度，将申请安排的彩票公益金资助项目经过初步筛选后，和省财政等相关部门共同审定。坚持做到公益金项目的安排公平公正，公益金资金的使用合规合理，确保公益金使用的效果高效安全。三是严把使用关。坚持公益金专款专用、重点使用和公益性、透明性的原则，按照轻重缓急，统筹兼顾各类社会福利和公益项目，突出重点项目，加大对养老服务体系建设、社区建设、社会福利基础设施建设的投入，充分发挥公益金使用效益。

（二）积极开展宣传推介，提升社会公益形象

按照《彩票公益金管理办法》的要求，江苏省认真做好福利彩票公益金使用的宣传公告工作，每年将公益金使用情况在当地主要媒体或民政网公示，自觉接受社会公众的监督。为充分宣传福利彩票公益金使用效果，体现福利彩票的公益性质，2013 年江苏省举行了多场福彩广场节日义卖活动，对树立福利彩票的良好社会形象发挥了积极作用。2014 年，江苏省民政厅给所有建成的福利彩票公益金资助项目置挂统一的公益金资助标牌，

彰显福利彩票发行宗旨，扩大社会影响力。

（三）注重落实审计检查，实施绩效评价

江苏省十分重视福利彩票公益金使用绩效，按照有关规定认真做好公益金资助项目绩效评价工作。采取民政部门自评、会同财政部门联合评价、财政部门单独评价等多种方式，每年有重点地确定几个项目实施绩效评价。近年，还接受了省级审计部门对福彩公益金使用情况的专项审计，审计人员通过“听汇报、查资料、实地查看资助项目”，对江苏省的福彩资助项目展开了全面审计，尤其对省本级的福利彩票公益金资助项目进行了重点检查。通过此类审计检查，进一步规范了江苏省福彩公益金的使用管理。

四、主要成效

近年，江苏省重点打造了一批福彩公益金品牌项目，提高社会影响力的同时，提升了社会正能量，使民政工作“以民为本、为民解困、为民服务”的工作特点深入人心。以下是四例 2014 年使用公益金重点活动、项目报告。

（一）省本级社区公益服务资助项目

该项目为养老助残帮困等服务领域的社区公益性社会组织提供资金、管理以及技术支持，2014 年通过省政府采购中心公开招标的方式，共资助 122 个社区公益项目（为老年人服务项目 30 个，为青少年服务项目 41 个，助残服务项目 20 个，救助帮困服务项目 21 个，其他社区公益服务项目 10 个），在老年人、困境儿童、残疾人等困难群众得到帮助的同时，提升了社会组织自我发展、自我管理的能力。

（二）江苏省老年精神关爱项目

江苏省积极应对人口老龄化挑战，为老年人安享晚年生活提供物质保障的同时，努力丰富他们的精神生活。近年来，江苏省把老年人精神关爱工作摆上突出位置，安排专项经费，推动老年精神关爱工作创新，在提高老年人精神文化生活方面取得了一定的成效。2014 年省级投入 500 万元主要用于为困难老年人、老年重点优抚对象、老年组织、农村养老服务机构订阅报刊，为社区老年活动场所添置影视网络设备，开展关爱独居空巢高

龄病残老年人活动以及老年文化活动、心理咨询、社区老年教育、心理热线、老年服务志愿者队伍建设等一系列老年精神关爱活动；支持江苏老年电视961频道开办10多档栏目，制作《老年春晚》、《老年好声音》等1000多期节目，宣传党和政府的惠老政策，丰富老年人精神文化生活。

（三）省救灾物资储备中心建设

省发改委2012年批复同意省救灾物资储备中心建设项目，总投资概算18067.69万元。所需建设资金从省级福利彩票公益金中安排解决。省救灾物资储备中心项目总建筑面积33708.08平方米，包括救灾物资储备仓库、救灾训练综合楼和救灾业务综合楼三幢建筑，是集救灾物资储备、减灾卫星工程、防灾宣传文化教育、救灾培训和指挥平台为一体的救灾减灾综合基地。新建的救灾物资储备仓库地上三层，建筑面积6987.33平方米，主要用于救灾物资的储备；新建的救灾训练综合楼建筑面积22508.05平方米，地上十五层，地下一层，主要用于灾害信息员的培训、防灾减灾卫星工程和重大自然灾害的应急指挥；救灾业务综合楼属于旧楼改造，共六层，面积为4062.70平方米，主要用于防灾减灾文化宣传教育。

（四）南京市青龙山老年（脑）康复中心项目

青龙山精神病院始建于1952年，系南京市民政局直属全额拨款福利事业单位，为江苏省一级民政精神病院、国家卫生二级专科医院，主要收治低保、“三无”、优抚以及社会流浪等民政对象精神病人以及严重肇事肇祸的精神疾病患者。该院位于江宁区青龙山南麓，占地180亩，总建筑面积45797平方米，现有床位1442张。依据国家发改委、卫生部和民政部联合发布的《精神卫生防治体系建设和发展规划》（发改社会〔2010〕2267号）文件要求和南京市人民政府（宁政发〔2011〕89号）文件精神，根据南京市社会福利机构“十二五”发展规划，为有效解决当前及未来一定时期内民政服务对象精神疾病患者住院治疗难的问题，南京市民政局在青龙山精神病院西院区新建老年（脑）康复中心。该项目功能定位是收治老年精神病患者，占地77亩（自有土地52亩，计划征地25亩），建筑面积31500平方米，新建床位500张，总投资约13200万元，资金来源为市财政5850万元、中央及省专项补助600万元、省市公益金4300万元、其余资金由该院自筹。项目于2013年1月开工建设，2015年9月建成。

青龙山老年（脑）康复中心主要以老年精神病患者为服务对象，是专业的老年精神病人医疗、康复机构，项目建成后新增500张床位，将大大缓解南京市精神病收治床位严重不足的矛盾，特别是很大程度上满足老年精神病患者的医疗、康复需求，对提升全市的社会福利水平、建设和谐社会具有重要意义。

浙江省2014年度福利彩票公益金使用情况报告

一、福利彩票销售及福利彩票公益金筹集情况

2014年全省共发行福利彩票137.77亿元，其中电脑彩票84.82亿元，中福在线即开票42.58亿元，网点即开票10.37亿元。全年共筹集福利彩票公益金38.19亿元，其中上缴中央公益金18.79亿元，省级留成6.78亿元，市级留成6.88亿元，县级留成5.74亿元。

二、福利彩票公益金使用情况

2014年全省福利彩票公益金共资助各类社会福利和公益事业项目1.2万个，资助公益金163752.30万元。主要是：①资助县（含县）以上社会福利院、社会福利中心、老年公寓等项目176个，资助资金40362.34万元。②资助县以下养老服务中心、居家养老服务照料中心、敬老院、老年电大等项目7005个，资助资金49909.27万元。③资助养老服务补贴项目370个，资助对象8.44万人，资助资金5068.76万元。④资助烈士纪念设施等优抚事业项目38个，资助资金4442.91万元。⑤资助社区服务设施项目1563个，资助资金12331.02万元。⑥资助避灾安置场所、救灾储备仓库等项目1365个，资助资金7691.65万元。⑦资助医疗救助、生活救助等项目394个，资助对象28.57万人，资助资金19491.44万元。⑧资助儿童福利机构和“残疾孤儿手术康复明天计划”、贫困残疾儿童抢救性康复项目61个，资助资金4022.66万元。⑨资助残疾人事业设施设备和“福彩助我行”（为城市“三无”、农村五保和低保等困难残疾对象装配假肢、矫形

器等康复辅具）项目467个，资助资金6607.87万元。⑩资助救助类单位、殡葬事业、社会组织公益项目等584个，资助资金13824.38万元。

三、福利彩票公益金管理使用特点

（一）严格管理，规范使用

长期以来，浙江省各级民政部门始终坚持福利彩票“扶老、助残、救孤、济困”的发行宗旨，严格遵循彩票公益金使用规定，加强福利彩票公益金的使用管理。认真编制和执行彩票公益金预算，做到严格预算管理、严格审批制度和严格使用原则。坚持集体研究、民主决策、专款专用、重点使用和公益性、透明性的原则，合理安排彩票公益金资助项目，做到资金使用公开公正，确保彩票公益金投向合规、运行安全、使用高效。

（二）强化公示，加大宣传

多年来，浙江省认真落实福利彩票公益金使用公告制度，宣传使用效果，树立福利彩票良好的社会形象。一是每年将福利彩票公益金使用情况在当地媒体或民政网公示，浙江省民政厅连续10多年坚持每年在《浙江日报》公告上年度全省福利彩票公益金筹集和使用情况。二是在《浙江福利彩票社会责任报告》上公布福利彩票公益金分配使用和资助项目情况。三是将浙江省下达的福利彩票公益金资助项目明细表在民政厅门户网上公开。通过这些形式公告福利彩票公益金使用情况，自觉接受社会公众的监督。同时，加强福利彩票公益金资助标志工作。福利彩票公益金资助设施项目建成后，及时置挂公益金统一标志，彰显福利彩票发行宗旨。

（三）实施评价，注重绩效

浙江省十分重视福利彩票公益金的使用绩效，加强预算绩效管理，做好资助项目绩效评价工作。连续多年浙江省民政厅每年有重点地确定资助项目实施绩效评价，2014年着重对省级福利彩票公益金资助“2010—2013年残疾孤儿手术康复明天计划”项目实施绩效评价。通过绩效评价，进一步促进了福利彩票公益金使用效益和管理水平的提升。

（四）合理安排，发挥效益

一是重点用于各类社会福利设施建设。2014年全省各级福利彩票公益金用于资助各类社会福利和公益项目新建、改扩建、修缮及设备购置等设施类项目12.76亿元，占公益金总投入的77.9%，新建、改扩建及修缮房屋671余万平方米，添置设备5.8余万台，间接受益1200余万人。全年省级福彩公益金转移支付市、县（市、区）资金5.88亿元，其中用于设施设备类项目5.71亿元，占转移支付资金数的97.02%。同时对省本级大型福利设施建设给予重点资助，通过逐年安排共计投入省级福彩公益金资助省荣军医院迁建及医疗设施设备项目1.64亿元，为在院残疾军人和优抚对象以及社会群众提供了更好的服务条件。近几年来，全省各级福利彩票公益金加大对社会福利设施建设的投入，大力推进了浙江省社会福利基础设施的建设，一大批社会福利机构建成并投入使用，浙江省社会福利设施整体水平大幅提升，有效地促进了社会福利事业的快速发展。

二是重点用于资助养老服务项目。2014年全省福利彩票公益金用于资助社会福利院、福利中心、老年公寓、老年活动中心、敬老院、居家养老照料中心、老年电大、为老服务等老年人福利类项目9.18亿元，占公益金总投入的56.1%。全年省级福利彩票公益金转移支付市县（市、区）老年人福利类项目3.89亿元，占省级公益金转移支付市县（市、区）的66.1%。在养老服务体系建设中，浙江省把居家养老服务照料中心建设作为重点工作，2014年省级福利彩票公益金资助2.26亿元，重点推进城乡社区养老服务照料中心建设。目前，全省居家养老服务基本覆盖城市社区和2/3的农村社区，已建成社区居家养老服务照料中心1.5万个，日间照料床位近16万张，750万老年人享受到各类居家养老服务，有服务人员2.5万名。

三是继续用于资助社区服务体系建设。为完善城乡社区服务功能，提升社区服务水平，从2008年起，浙江省民政厅逐年安排省级福利彩票公益金用于城乡社区服务设施建设，至2014年共计资助2.07亿元。据统计，7年来全省各级投入福利彩票公益金6.82多亿元用于社区服务设施建设，资助1万多个项目，大力推进了城乡社区服务中心建设，完善了社区服务设施，增强了社区服务管理能力。目前，全省建成76个96345社会公共服务信息平台，覆盖89个县（市、区），全省“联网工程”正在实施中；乡镇（街道）社区服务中心全覆盖；建成村级社区服务中心19135个，覆盖25196个村，覆盖率90%，比上年增长3.2个百分点。

四是继续用于社会救助和慈善事业发展。2014 年全省福利彩票公益金用于资助扶老济困助残、社会公益服务等非基础设施项目 3.62 亿元，直接资助 50 万人，受益 240 余万人。浙江省民政厅连续多年安排省级福利彩票公益金用于资助“残疾孤儿手术康复明天计划”“福彩助我行”、困难群体资助、儿童大病医疗救助等非设施类项目。2014 年安排资助省本级非设施类项目 3180 万元，完成“明天计划”项目 168 例，为 8100 多名伤残军人、“三无”、五保和低保等困难残疾对象以及社会福利机构老人安装送配假肢、矫形器、康复辅具，为低保对象等困难群体 400 人实施白内障复明手术，资助贫困儿童大病医疗 300 人，助困助学助残 9000 余人。其中困难群体救助项目，浙江省民政厅自 2005 年开始，逐年安排省级福彩公益金共计资助 5200 余万元，对特困家庭的学生、困难的孤寡老人、残疾人、受灾特困户、遭遇困难急需帮助等对象实施专项救助，据统计，仅 2011—2014 年为 3.2 余万困难对象提供了帮助，得到了全社会的广泛赞誉。

上述项目的实施，对保障孤残儿童和社会残疾人以及特殊困难对象在生活、医疗等方面的权益，健全救助机制，维护社会稳定，构建和谐社会作出了重要贡献。

安徽省2014年度福利彩票公益金使用情况报告

一、福利彩票公益金筹集情况

2014年全省发行福利彩票693312.8万元，提取公益金191362.4万元（不含电脑票弃奖转入公益金2703.4万元）。其中：上缴中央95681.2万元，省本级留用26639.8万元，返还市、县71744.8万元。

二、省级福利彩票公益金管理情况

在省级福彩公益金中，省财政厅、省民政厅积极贯彻落实中央关于深化预算管理改革要求，率先推进省级福彩公益金管理改革，完善"预算打捆安排、额度因素分配、组织备案项目、资金拨付市县、绩效评价结果"等预算程序管理，并实行"当年发行筹集入库，当年预算安排使用"收支管理。

按"预算打捆安排"要求，在预算编制时，省本级项目及金额确定的，列为省本级具体预算项目；省民生工程配套的，列为补助市县具体预算项目。可支配收入除上述项目外，全部暂列入"省级福彩公益金补助市县社会福利等事业发展专项"。在预算执行中，按因素法通知各地额度，组织项目备案。

（一）完善管理环节

按照省财政厅、省民政厅《安徽省省级福彩公益金使用管理暂行办法》（财社〔2013〕1979号），省级福彩公益金管理环节主要包括预算打捆安排、额度因素分配、项目备案反馈、资金直接拨付、使用绩效评价等。结合贯彻省政府办公厅《关于印发安徽省财政一般性转移支付资金管理办法和安徽省省级财政专项资金管理办法的通知》（皖政办〔2014〕29号），省民政厅深化对预算管理改革认识，主动适应形势发展，在资金分配、使用和监督上，自觉服务大局，严格执行省政府及有关部门资金管理相关政策规定。

（二）科学设定因素

全面、客观、适用的因素及其比例是科学分配资金、减少人为干预的基础。结合民政重点工作和事业发展总体目标，省民政厅、省财政厅将2014年省级福彩公益金分配因素分为重点业务因素和绩效评价因素两大类，分别占85%、15%。重点业务因素主要是社会福利、社区建设等民政重点业务，在确定相应比例的基础上，分别根据各因素特点予以细化。如社会福利因素细分为老年人口数、社会福利机构建设床位差额、社会办养老机构建设床位数、社会福利机构实际入住人数等3级因素，并确定相应比例；社区服务因素细化为开展农村社区服务试点和城乡社区建设一体化试点等3级因素，采用标准社区数或服务人群数作为其计算因素值。

（三）组织项目备案

市（县）在可用额度内统筹安排并组织项目，报省民政厅、省财政厅备案。为在“下管一级”条件下，有效引导基层资金投入数量和投入方向，结合福利彩票发行原则和相关使用政策，省财政厅、省民政厅就2014年省级福彩公益金补助项目备案提出原则性要求。主要内容是：各市（县）在通知额度内，结合实际统筹安排并备案省级福彩公益金备案项目。各市省级福彩公益金补助额度不超过备案项目投资总额40%，市级项目补助额度不超过全市额度50%，各重点业务之间保持适当的比例，已纳入中央、省资助和省民生工程补助的部分，不得重复补助。

（四）开展绩效评价

绩效评价结果是资金分配的重要因素之一，科学的评价指标能有效引导资金投向。为做好省级福彩公益金绩效评价，2014年2月，省民政厅、省财政厅联合印发了《关于开展2013年度省级福彩公益金绩效评价的通知》（民规财函〔2014〕282号），明确了评价的范围、内容和方式，要求在县自评的基础上，市级以额度为权重考评并形成报告。省民政厅、省财政厅根据各市考评情况组织重点评审，以市为单位核定评价等次。为提高评价质量，使评价结果更为客观，省民政厅、省财政厅通过政府购买服务，委托第三方评价机构独立开展，并形成了16市2个省直管县18个分报告和全省省级福彩公益金补助市县项目绩效评价总报告。

（五）完成资金拨付

在资金拨付过程中，省民政厅通过厅长办公会专题汇报、相关处室主要负责人和预算经办人集中学习等方式，多次汇报深化预算改革相关政策要求，统一民政资金规范管理、提高绩效、确保安全思想认识，更加注重资金管理与民政重点工作和总体目标要求相结合，更加注重业务指导和资金分配、使用基本原则、补助标准的确定，更加突出监督基层资金使用方向、投入重点和对使用绩效的评价，杜绝干预具体项目的安排和实施，为进一步规范管理、提高效益打下了坚实基础。

三、福利彩票公益金使用情况

2014年全省使用福利彩票公益金94420.1万元。其中：中央资金21718万元，省级资金26784万元，市、县资金45918万元。

（一）中央拨付福利彩票公益金使用情况

2014年，中央拨付福利彩票公益金14140万元。主要用于城乡医疗救助7079万元；老年社会福利项目4341万元，资助项目230个；儿童福利项目1266万元，资助项目35个；残疾人福利项目697万元，资助项目4个；其他社会公益项目577万元，资助项目28个；明天计划项目经费180万元。

（二）省级福利彩票公益金使用情况

2014年省级福利彩票公益金支出23360.8万元，主要用于资助为老年人、残疾人、孤儿、有特殊困难等人群服务的社会福利设施建设和补助救助，以及社区、殡葬设施和其他社会公益项目。

（1）养老服务体系建设经费13478.6万元，用于资助各地养老机构建设、社区养老服务设施建设，以及配套省民生工程项目农村五保供养机构建设、社会养老服务体系建设。主要是：农村五保供养机构建设床位20000张，补助金额3460万元；补助公办养老机构、养老设施和其他社会福利机构项目207个，建设床位1.6万张，补助金额9018.6万元；补助社会办养老机构、社区养老项目、社会办养老机构贷款贴息项目1000万元（配套资金）。

（2）社区建设经费2954万元，用于补助城乡社区建设。共补助项目207个。

（3）优抚机构和设施建设经费396.8万元，补助光荣院维修、烈士陵园维修改造项目17个。

（4）医疗救助经费1200万元，配套省民生工程项目城乡医疗救助，主要用于资助低收入群体参保参合，以及大病救助。

（5）生活无着人员救助经费2000万元，用于流浪乞讨人员救助站建设和生活、医疗、返乡等救助。

（6）临时救助配套资金700万元，用于对因特殊情况造成基本生活出现暂时困难的家庭，给予非定期非定量生活救助。

（7）救灾仓储设施建设经费262.6万元，用于省级区域性仓库、省级救灾物资代储点新建及装备购置和维修加固。其中：新建设仓储设施项目5个，补助金额142.4万元；维修（护）项目2个，补助金额45.2万元；救灾仓库设备购置项目4个，补助金额75万元。

（8）殡葬设施维修改造经费322万元，用于补助殡仪设施维修（护）和公益性公墓建设项目26个。

（9）政府购买服务经费1366.6万元，主要用于购买公益类、培训类服务。其中："福满江淮"项目2个，为困境白血病儿童、困境先心病儿童提供医疗、生活等救助的项目实施服务，金额4万元；"江淮社工行动"项目23个，金额198.2万元，为城市流动儿童、农村留守儿童、社会救助群体提供专业社工服务；"爱邻联盟"项目66个，金额328.8万元，开展社区社会服务；"福满江淮老有所依"项目19个，金额164.4万元，为部分低收入社区老人提供居家养老服务；"公益组织家园"项目8个，金额79.9万元，为社会组织提供孵化服务；"三社联动示范项目"20个，金额195.7万元，为社区社会组织提供综合服务，并指导开展社区公益慈善活动。培训类、评估类、课题类等项目28个，金额395.6万元，主要对养老、社区、社会组织从业人员培训，专项资金绩效评价，以及专项规划编制等。

（10）其他社会福利和公益项目支出680.2万元，主要用于省特教学校建设经费200万元、对口支援边疆省份社会福利事业150万元、慈善救助100万元、扶持省级社会福利企业100万元，以及困难家庭儿童特殊病种救助、资助省妇女儿童维权基金、社会工作专业人才队伍建设经费等。

（三）市、县级福利彩票公益金使用情况

2014年，市、县级福利彩票公益金使用45918.1万元，会同省级以上福彩公益金，累计资助基础建设类项目1003个，非基础建设类项目817个，直接资助154.1万人。

福建省2014年度福利彩票公益金使用情况报告

一、2014年彩票发行与公益金筹集情况

根据财政部门的通知要求，从2014年起，当年彩票发行筹集的公益金在当年安排使用（以往的做法是当年筹集次年安排使用），但由于年初预算已经批复，所以2014年度筹集的公益金实际上只能结转到2015年度才能安排使用，在此特作说明。

（一）彩票发行

根据省福利彩票发行中心提供的数据，2014年度，福建省共发行福利彩票50亿元。按游戏品种分为："双色球"16.26亿元、"七乐彩"0.85亿元、"15选5"0.38亿元、"快3"12.47亿元、"3D"1.26亿元、"东方6+1"0.12亿元、"刮刮乐"6.64亿元、"中福在线"12.02亿元。

（二）公益金筹集

按照彩票公益金提取和分成比例，2014年度，福建省共筹集彩票公益金14.03亿元，其中上缴中央财政6.91亿元、上缴省级财政7.12亿元。

二、彩票公益金分配与使用情况

（一）地方留成公益金分配情况

2014年度，省、地、县三级共留成7.12亿元，其中省本级3.01亿元、地市本级3.35亿元、县本级0.76亿元。

（二）转移支付情况

2014年度，民政部本级补助地方彩票公益金10006万元。其中：中央

专项补助农村幸福院建设公益金2664万元、中央专项支持精神病人福利机构项目2000万元、民政部下达地方补助5342万元；省级补助地方公益金63593.35万元；地市补助地方公益金2008.31万元。

（三）2014年度结余结转

2014年度，省、地、县三级共结转91375.1万元（包括2014年当年度筹集的公益金7.12亿元），其中省级结余18317.04万元（含民政部下达补助资金5342万元）、地市结余42978.11万元、县级结余30079.95万元。

三、彩票公益金使用特点及成效

优先安排重点民生及养老项目，尤其是各级党委、政府确定的为民办实事项目。2014年，省级彩票公益金安排用于省委、省政府确定的项目2.29亿元，占预算总量的33%，如补助市县社会福利中心建设4500万元、乡镇敬老院建设11020万元、省民政社会福利综合项目5000万元；资助民政基础设施类项目4.13亿元，占预算总量的59.6%，如投入农村“幸福院”建设19057万元、救灾物资储备库和避灾点建设8360万元、殡仪馆设施设备更新改造6250万元、国家级和省级烈士纪念设施及重点优抚对象供养服务机构维修改造3000万元、市县民政精神卫生机构建设3000万元、救助管理站设施更新改造1600万元。

体现“扶老、助残、救孤、济困、赈灾”彩票发行宗旨，实施民政部统一部署的“明天计划”“肢残助行工程”“关爱功臣”等社会福利和优抚项目。2014年，省级公益金安排扶老助残优抚济困项目资金占当年公益金安排总量的4.5%。

资助部分公益慈善团体实施有关民生服务项目，开展走访慰问基层困难群众活动，推进民政事业建设协调发展。2014年，省级公益金安排其他社会公益项目资金占当年公益金安排总量的2.9%。

四、加强彩票公益金管理的措施

一是严格落实《彩票管理条例》《彩票管理条例实施细则》《彩票公益金管理办法》等有关规定，贯彻省政府专项资金管理办法，按照彩票公益金项目管理要求，进一步完善项目资金管理办法。

二是加强同财政、审计、监察等职能部门的配合，积极发挥各级职能部门作用，按照民政部要求开展管理使用情况检查，确保彩票公益金管理使用安全高效。

三是及时向社会公布公益金管理使用情况，主动接受社会公众监督。

江西省2014年度福利彩票公益金使用情况报告

一、福利彩票发行和公益金筹集情况

2014年，江西省福利彩票发行量再创历史新高，总量达到614656.19万元，筹集公益金185663.92万元，上缴中央92831.96万元，上缴省财政92831.96万元，其中省财政下拨市、县留成公益金27896.22万元。

二、福彩公益金使用情况

（一）部本级福彩公益金补助情况

2014年，中央福彩公益金补助江西省6553万元，共资助项目146个，涵盖老年人福利、残障人福利、儿童福利和社会公益四类。

（二）省级福彩公益金使用情况

经省财政厅核准使用的省级福利彩票公益金为59140万元。一是用于省本级项目26400万元。其中省老年福利服务中心建设项目16000万元，省荣誉军人康复医院南昌院区建设项目3000万元，省救灾物资储备库迁建补助项目2000万元，省假肢中心综合机加工基地项目1000万元，社会组织公益创投和购买社工服务1180万元，省“青苗关爱工程”项目800万元，社会服务人才素质提升工程项目1000万元，福利彩票公益宣传项目400万元，福利机构健身器材配备项目180万元，贫困家庭残疾人矫形器补助项目180万元，孤残儿童手术康复“明天计划”项目280万元，社区图书室援建项目100万元，民政部门标准化100万元，其他社会福利事业项目180万元。二是用于补助地方建设项目32740万元。其中，公办养老机构建设项目17600万元，资助项目264个；民办养老机构补助项目1540万元，资助项目85个；城镇社区居家养老服务中心（站）项目1240万元，资助项目80个；农村养老服务平台建设项目2810万元，资助项目278个；儿童福利机构建设项目3000万元，资助项目24个；救助管理站（未成年人救助保护中心）建设项目1150万元，资助项目43个；婚姻登记场所标准化建设项目100万元，资助项目15个；城乡公益性骨灰安放设施建设项目1000万元，资助项目221个；社区示范点建设项目1200万元，资助项目248个；赣南等原中央苏区和罗霄山连片特困地区基础设施等扶贫项目2000万元，资助项目51个；农村医疗救助项目500万元。

（三）市、县福彩公益金使用情况

2014年，江西省地市级福彩公益金支出9242万元，县级福彩公益金支出13052万元。

三、福彩公益金使用特点和效果

（一）集中性资助

根据《国务院关于加快发展养老服务业的若干意见》中关于“地方各级政府用于社会福利事业的彩票公益金，要将50%以上的资金用于支持发展养老服务业”的要求，2014年度省级福彩公益金用于老年福利项目达到39490万元，占当年安排资金总额的比例高达66.7%，项目涵盖了公办、民办养老机构，城镇社区居家养老服务中心（站）、农村养老服务平台和养老护理员培训等多个方面，极大地促进了全省养老服务事业发展。

（二）因素法分配

按照科学、合理、公平、公正的原则，统筹考虑地方区域发展、人口数量、建设规模、机构布局、资金配套、项目执行进展等因素确定资助额度后，切块分配给各设区市，由各设区市自主分配，充分调动地方积极性。

（三）制度化管理

会同省财政厅出台了省级福彩公益金资助公办养老机构、民办养老机构、慈善超市示范化建设等项目管理办法14个和省级福彩公益金购买服务实施方案6个，实现“一项资金、一个项目管理办法（方案）”，确保每项资金规范管理。

（四）绩效法评估

按照《省政府关于全面推进预算绩效管理的实施意见》要求，在预算阶段，及时将200万元以上项目纳入预算绩效目标管理，接受省财政厅评审组对项目设置的必要性、实施计划的可行性、绩效目标的合理性、绩效指标的明确性、绩效指标与预算申请的匹配性等方面进行评审；执行阶段，再次对预算项目支出开展绩效评价，并将其作为改进预算管理和以后年度预算安排的重要依据，切实增强预算项目支出的科学性。

四、下一步工作方向

进一步完善福利彩票公益金管理制度体系：一是制定完善福彩公益金资助项目管理办法。针对分配、使用、评价及监督等关键环节，完善管理制度，规范资金使用流程。二是完善福彩公益金民主决策机制。坚持按照充分协商、集体决策、因素分配为主的原则安排项目资金，提高资金使用效益。三是加强公益金使用情况监督。建立公益金项目绩效评价制度，纳入财政预算、支出绩效评价体系，绩效评价结果与资金分配、项目立项相挂钩；加快引入第三方评估机构，对福彩公益金使用绩效进行专业评估；完善项目资金使用的日常监管制度，建立责任追究制度。建立项目单位公益金使用管理情况督查机制，会同有关部门定期对公益金项目实施和资金使用情况进行督查；主动接受审计、监察等部门以及新闻媒体和公众的社会监督。

山东省 2014 年度福利彩票公益金使用情况报告

一、福利彩票销售及公益金筹集情况

2014 年，山东省福利彩票销售额为 1478072.70 万元，同比增长 9.95%。其中，电脑票销售额为 979259.44 万元，同比增长 10.67 %；“中福在线”销售额为 334438.07 万元，同比增长 20.35%；即开型彩票销售额为 164375.19 万元，居全国第二位。

2014 年，山东省共筹集福利彩票公益金 412214.48 万元，其中上缴中央 201912.06 万元，省本级留成 64620.21 万元，市以下分成 145682.21 万元。

二、福彩公益金使用情况

2014 年，山东省各级民政部门共使用福利彩票公益金 183103.92 万元，重点用于为老年人、孤残儿童、残疾人等特殊困难群体服务的社会福利设施建设和受助对象直接受益项目，其中部级福彩公益金 29014.00 万元，省级福彩公益金 46575.87 万元，市县级福彩公益金 107514.05 万元。

（一）部级福彩公益金使用情况

2014 年，中央拨付山东省福彩公益金 29014.00 万元（含 2013 年结转 7557.00 万元），其中老年人福利类项目 16197.14 万元，主要资助农村幸福院、老年福利机构、敬老院建设、改造及设备购置等；其他社会公益类项目 6906.24 万元，主要资助殡仪馆改造及设备购置、城乡困难群众和优抚对象医疗救助等；儿童福利类项目 2403.62 万元，主要资助流浪未成年人救助保护中心、儿童福利机构建设、改造和设备购置，以及残疾孤儿手术康复“明天计划”、孤儿查体补助等；残障人福利类项目3507.10万元，主要资助精神卫生福利机构、民政康复辅具机构建设、改造及设备购置等。

（二）省本级福利彩票公益金使用情况

2014年，省民政厅本级共使用省级福利彩票公益金46575.87万元，其中老年人福利类项目28234.00万元，主要资助县级养老服务信息平台、农村幸福院、社会福利中心和优抚医院等基础设施建设和医疗设备购置等；其他社会公益类项目14625.00万元，主要资助烈士纪念设施、救灾物资储备库、城乡社区和县级救助站基础设施建设，以及医疗救助、社会组织综合服务平台、购买公益慈善类社会服务项目等；儿童福利类项目2110.87万元，主要资助残疾儿童手术康复“明天计划”和儿童福利机构设备购置等；残障人福利类项目1606.00万元，主要资助“齐鲁福彩助残行动”和省假肢矫形康复中心为残疾军人和“齐鲁福彩助残行动”购置服务车辆及假肢生产设备等。

（三）市、县级福彩公益金使用情况

2014年，山东省共投入市级福彩公益金92390.83万元，县级福彩公益金15123.22万元，共107514.05万元，主要用于农村幸福院、日间照料中心、老年公寓、敬老院、城乡社区、救助站、殡仪馆等基础设施建设项目，以及高龄贫困老人生活救助、城乡困难群众和优抚对象医疗救助、临时困难救助等非基础设施项目。

三、福彩公益金管理情况

山东省各级民政部门高度重视福彩公益金使用管理，始终秉承福利彩票“扶老、助残、救孤、济困”的发行宗旨，严格遵循彩票公益金的使用原则，狠抓福彩公益金的使用管理，力求福彩公益金使用规范有效，确保福彩公益金在加快民政基础设施建设、提高救助水平、保障和改善民生、推进民政事业不断发展中发挥重要作用。

（一）严格预算管理、规范资金运行

一是实现福彩公益金与一般预算资金的统筹管理、综合使用。福利彩

票公益金纳入部门预算管理，与公共财政预算资金同时编报。在公益金预算编制中，立足事业发展需要，突出基础设施建设，注重发挥公益金杠杆、引领和探索作用，科学、合理、细致审核确定年度资助项目。二是严格项目审批制度。在资金使用上实行自下而上的申报制度，坚持集体研究、民主决策、专款专用、重点使用和公益性、透明性的原则，科学安排彩票公益金资助项目，确保福彩公益金投向合规、运行安全、使用高效。三是下放部分项目资金审批管理权限。对城乡社区、农村幸福院、养老信息平台以及部级公益金资助项目等采用因素法分配资金，由各市根据工作任务和工作开展情况安排具体项目，以减少主观因素，促进补助资金的公平分配。

（二）积极开展宣传推介，提升社会公益形象

按照《彩票公益金管理办法》要求，认真做好福利彩票公益金使用的宣传公告工作。每年将民政部门省级福彩公益金使用情况在省民政厅门户网站进行公示，自觉接受社会监督。为充分宣传福利彩票公益金使用效果，对用福利彩票公益金资助的项目置挂公益金资助标志，彰显福利彩票发行宗旨，扩大社会影响力。

（三）注重落实审计检查，大力推行绩效评价

山东省高度重视福利彩票公益金使用绩效，按照有关规定认真做好福彩公益金资助项目绩效评价工作。采取民政部门自评、会同财政部门联合评价等多种方式，重点确定几个项目实施绩效评价。2014 年，接受了省审计厅和审计署对福利彩票资金使用情况的专项审计，并按照审计意见的要求，加大工作力度，强化措施，进一步规范山东省福利彩票公益金的使用管理。

河南省2014年度福利彩票公益金使用情况报告

一、福利彩票销售及公益金筹集情况

2014年河南省福利彩票发行销售总量达到65.20亿元（2014年1月至2014年12月），其中22选5为1.98亿元、双色球21.55亿元、3D3.79亿元、新3D1.94亿元、30选7为0.40亿元、幸运彩9.26亿元、快三2.51亿元、中福在线17.37亿元、网点即开6.40亿元。2014年河南省共筹集福利彩票公益金18.41亿元，上缴中央财政9.205亿元，省级留成9.205亿元。

二、福利彩票公益金使用情况

2014年河南省共筹集福利彩票公益金18.41亿元，省级留成9.205亿元。按照《河南省人民政府办公厅关于印发〈河南省彩票公益金管理办法〉的通知》（豫政办〔2013〕15号）规定，其中省本级留成3.68亿元，占河南省公益金留成的40%；省财政厅统筹1.38亿元，占河南省公益金留成的15%；返还市县4.14亿元，占河南省公益金留成的45%。

（一）河南省民政厅本级福利彩票公益金使用情况

省级福彩公益金的使用应秉承福利彩票“扶老、助残、救孤、济困”的发行宗旨，遵循突出重点、统筹兼顾、公平公开的原则。2014年河南省民政厅本级留成37807万元，重点用于老年人福利、残疾人福利、儿童慈善福利、社会公益等四个方面。其中资助老年人福利类24项，安排资金22304万元，占60.60%；资助儿童慈善福利类9项，安排资金3635万元，占9.80%；残疾人福利类5项，安排资金2008万元，占5.43%；社会公益类22项，安排资金9860万元，占26.79%。

（二）民政部本级福利彩票公益金补助河南省情况

根据《财政部民政部关于下达2014年用于社会福利事业的彩票公益金的通知》（财社〔2014〕170号），财政部向河南省下拨了2014年度民政部本级彩票公益金补助地方项目资金11039万元。分别用于支持老年人、残疾人、儿童福利类和社会公益项目事业。

老年人福利类项目4786万元。主要用于城镇老年社会福利机构、城镇社区养老服务设施、农村五保供养服务设施、光荣院、优抚医院以及城乡社区为老服务信息网络平台等改扩建及设施设备更新改造。

残疾人福利类项目2088万元。主要用于资助民政精神卫生康复类福利机构以及民政康复辅具机构建设与设备配置。主要资助民政精神卫生康复类福利机构配置安防监控系统、改建或配置消除安全隐患的设施设备、改建无障碍设施以及为增强医疗服务能力，参与医院等级评定所需的设施设备改造、配置。在民政康复辅具机构建设与设备配置方面，主要是用于资助机构提高康复辅具产品研发应用、配置服务、康复训练、专业人员实训等示范功能的建设以及服务设施设备的购置。

儿童福利类项目3446万元。主要用于儿童福利机构设施设备改扩建及更新改造以及残疾儿童和受艾滋病影响儿童养治教康项目、残疾孤儿手术康复“明天计划”项目。

社会公益类719万元。主要用于流浪未成年人救助保护中心、殡葬基础设施改扩建和更新改造，以及社会捐赠体系建设。

（三）市、县级彩票公益金使用情况

2014年度省级彩票公益金返还市、县4.14亿元；民政厅本级公益金留成3.68亿元，其中用于市、县项目资金2.13亿元，占58.88%。

2014年度中央彩票公益金资助河南省11039万元，其中用于市、县项目资金10032万元，占90.88%。

2014年度部、省两级彩票公益金用于补助市、县1655个项目，其中补助老年类项目1007个，用于儿童福利类项目131个，用于残疾类项目27个，社会公益类项目490个。

三、使用管理效果

（一）使用管理更加规范

除了坚持福利彩票公益金“扶老、助残、救孤、济困”的发行宗旨和突出受益人或直接受益的资助目标外，每个项目都要求有国家政策依据、相关部门的立项批复、项目实施方案等，审核程序逐步规范，由项目申报单位申请，通过各业务处室审核、评审委员会评审、并且由厅长办公会集体研究决定，使资金使用做到了更加规范、科学、透明。

（二）使用重点更加突出

按照民政部关于“十二五”时期福利彩票公益金要重点投向社会养老体系建设的要求，河南省厅本级公益金资助老年人福利类项目占60.60%，有了很大提高，项目涵盖了养老服务机构、县级综合性福利机构养老床位建设、日间照料中心、乡镇敬老院、农村幸福院、养老护理员培训等多个方面，为提升全省老年人福利设施建设和服务水平，促进养老事业发展发挥了重要作用。

（三）使用效果良好

通过社会福彩公益金资助社会福利事业和社会公益活动，改善了全省国办社会福利机构、儿童福利院、救助站、未成年人救助保护中心、敬老院、养老福利机构等一大批社会福利机构的基础设施建设；实施“明天计划”“蓝天计划”“霞光计划”“儿童福利指导中心”“幸福院”“慈善超市创新示范”“支持社会组织开展社会服务”等项目，为推动河南省社会福利和社会公益事业全面发展提供了强有力的保障，受到了社会各界的好评。

四、下一步工作安排

一是进一步建章立制规范福彩公益金的使用管理。贯彻落实民政部《建设“阳光福彩”专项行动方案》，在全省民政系统及福彩系统开展“阳光福彩”专项行动，全面贯彻实施河南省《建设“阳光福彩”专项行动实施方案》，健全完善福彩销售管理制度设计、机制创新和程序规范，进一步规范公益金管理使用工作，加大福彩信息公开力度，加强福彩系统队伍建设和作风建设，全面提升福彩法制化、规范化、科学化管理水平。

二是严格规范福利彩票公益金申请程序和监督机制。制定《河南省民政厅省级福利彩票公益金使用管理办法》，规范河南省各级民政部门福利彩票公益金使用管理工作；定期开展福彩公益金使用管理专项检查，确保福彩公益金使用管理规范、安全准确。

三是做好福彩公益金项目绩效评价工作。对各级公益金使用情况进行绩效评价、跟踪问责，定期公布年度公益金使用情况，自觉接受社会监督。

湖北省2014年度福利彩票公益金使用情况报告

一、公益金筹集情况

2014年，湖北省福彩工作以“深化改革创新，强化市场作用”为主题，强化管理精细化，推进发行市场化，实现了福利彩票安全运行和最佳增长。全年福利彩票销售总额达到84.49亿元，同比增长14.49%，比上年增加10.69亿元。

根据彩票公益金分配政策，彩票公益金在中央和地方之间按50：50的比例分配。湖北省地方留成的福利彩票公益金，按照省级统筹、按比例分成的原则管理和分配。福利彩票公益金省与市县分成比重为46：54。从2012年3月起，按照《彩票公益金管理办法》规定，弃奖奖金全部留归地方使用。依照上述政策计算，2014年湖北省筹集福彩公益金238966.80万元，其中上缴中央117169.67万元、地方留成121797.12万元，筹集公益金再创新高。地方留成公益金中，省本级留成54300.94万元，分配市县67496.18万元。

省本级当年福利彩票公益金收入54300.94万元，加上2013年初结转36854.27万元，共计91155.21万元；本年支出44761.24万元；年末结转结余46393.97万元。

二、公益金使用情况

湖北省本级2014年福利彩票公益金计划使用额度为4.859亿元。按照福利彩票“扶老、助残、救孤、济困”的发行宗旨和彩票公益金使用基本原则，重点支持社会养老服务体系建设项目；保障农村低保对象、城乡孤儿基本生活，城乡困难群众医疗救助；服务优抚对象、孤残儿童等特殊群体社会福利设施建设项目；适当支持符合规定的其他社会公益服务、慈善救济服务项目。

（一）省本级福彩公益金使用情况

1. 省本级项目 14367 万元

（1）社会福利类项目 12224 万元。①荣军养老康复医疗设备购置和荣军供养康复基础设施维修改造经费 5954 万元。为加强省本级优抚事业单位能力建设，改善省本级集中供养荣军居住条件，为全省集中疗养治病优抚对象提供更加优质的医疗服务，购置医疗专用设备，并对荣军供养康复基础设施进行维修改造。②残疾儿童康复训练及设施配套改造经费 200 万元。为贫困残疾儿童及福利院语言能力障碍儿童进行康复训练和购置康复训练保障设备。③贫困儿童大病慈善救助基金 580 万元。对身患重病的贫困家庭儿童进行医疗救助，共救助各类白血病儿童 188 人、先心病儿童 126 人。④福彩助学经费 1415 万元。共资助特困特优高中生“慈善阳光班”学生 450 人、贫困“励志班”学生 1380 人、孤儿大学生 1202 人，帮助贫困学生顺利完成学业。⑤孤儿教学基础设施及附属工程建设改造补助经费 4075 万元。为进一步做好全省适龄孤儿教育培训工作，对武汉民政职业学院孤儿教学基础设施及附属工程进行建设改造。

（2）社会公益类项目 2143 万元。①残疾军人假肢安装维修经费 456 万元。完成全省重度残疾军人假肢、代步三轮车等辅助器械的配置、更新、维修。②服务残疾军人假肢科研、康复辅具更新改造和“爱心助残行动”经费 1147 万元。开展假肢矫形产品科研，满足全省伤残军人需求，并为 228 名贫困肢体残疾人免费装配假肢康复器具。③北斗减灾示范工程配套经费 340 万元。国家北斗减灾示范工程建设配套经费，进一步提高湖北省综合防灾减灾和灾害应急救助的科技支撑水平。④养老服务和社工培训补助经费 200 万元。开展全省社会工作管理人才、养老服务人才及专业人才继续教育及培训。

2. 省级补助地方项目 34223 万元

（1）社会救助类项目 11900 万元。①城乡困难群众医疗救助经费 4050

万元。②农村最低生活保障经费3000万元。③农村分散五保户危房改造经费2000万元。④城乡孤儿生活保障资金1850万元。⑤灾害紧急救援区域性仓储设施建设补助经费1000万元。根据《湖北省综合防灾减灾“十二五”规划》和《湖北省救灾物资储备库项目建设规划》，对7个县级救灾物资储备库建设给予补助。

（2）社会福利类项目17323万元。①社会养老服务体系建设与运营补助经费6833万元。根据《湖北省民政事业发展“十二五”规划》《湖北省社会养老服务体系建设“十二五”规划》《湖北省老龄事业发展“十二五”规划》，以及省政府2014年为民办实事的有关要求，资助全省建设426个城市社区居家养老服务中心和435个农村互助照料活动中心，支持20个公办城市养老机构改、扩建项目，对全省181家社会办养老机构床位营运给予补贴，对4个省级社会福利培训基地进行补助。②农村福利院维修改造补助经费7310万元。支持全省166所农村福利院开展维修改造，消除安全隐患，完善基础设施，提升管理服务水平。③对口帮扶援建经费1395万元。根据中央、省委、省政府一系列对口帮扶文件要求，安排贫困地区、少数民族地区和三峡库区对口帮扶点城乡社会福利机构等建设项目经费。④光荣院维修改造补助经费900万元。用于全省11所光荣院维修改造，改善集中供养优抚对象生活条件。⑤城乡福利院健身器材采购经费400万元。⑥县级儿童福利机构建设配套补助400万元。资助人口规模在40万左右，孤儿人数较多的4个县（市）建设儿童福利机构。⑦残疾孤儿手术康复“明天计划”配套经费85万元。用于全省福利机构具有手术适应证的残疾孤儿实施康复手术。

（3）社会公益类项目5000万元。①社区公共服务站建设经费2000万元。根据省政府2014年为民办实事的有关要求，对全省城乡社区公共服务站建设项目进行补助。②殡葬改革补助经费1200万元。根据中共中央办公厅、国务院办公厅《关于党员干部带头推动殡葬改革的意见》（中办发〔2013〕23号）要求，对全省非经营性殡仪馆新（迁）改扩建和更新设施设备，新建城乡公益性公墓进行补助。③其他民政管理事务项目补助经费900万元。主要用于减灾示范社区补助、贫困地区勘界地名公共服务工程补助、社会工作人才队伍建设试点项目补助、军供站设施设备维修购置、社区社会组织孵化等支出。④社会组织培育引导资金300万元。用于支持社会组织承接社会服务试点项目、社会工作服务示范项目、基层社会组织培育发展示范项目、社会组织人员培训项目。⑤省残联残疾人康复经费350万元。⑥省红十字会人道救助经费200万元。⑦省司法厅司法援助基金50万元。

（二）市州县福彩公益金使用情况

2014年市州县福彩公益金投资共投入106968.05万元。

1. 按照项目类型分类

非基础设施类项目投资7997.13万元，基础设施类项目98970.92万元。

2. 按项目类别分类

（1）残疾人福利类项目投资1727.93万元。主要用于新建和改扩建以服务生活困难和失能失智老年人为主的城镇老年社会福利机构、供养孤老优抚对象的光荣院、对伤病残退役军人供养终身的优抚医院以及城乡社区为老服务信息网络平台等。

（2）儿童福利类项目投资4512.26万元。主要用于残疾儿童、受艾滋病影响儿童养治教康及县级儿童福利机构建设项目。用于资助儿童福利机构改善特教环境，更新特教设备，购置学习用品用具；购买、维修和更新脑瘫儿童康复训练设备器材及脑瘫儿童康复训练费用。

（3）老年福利类项目投资61704.2万元。主要用于新建和改扩建以服务生活困难和失能失智老年人为主的城镇老年社会福利机构、城镇社区养老服务设施、农村五保供养服务设施、对伤病残退役军人供养终身的优抚医院以及城乡社区为老服务信息网络平台等。

（4）其他社会公益类项目投资39023.66万元。主要用于市县未成年人救助保护中心建设和滞留受助人员临时安置场所建设；用于殡葬基础设施建设和殡葬设备更新改造，包括殡仪馆维修、火化设备更新改造和公益性骨灰存放设施建设；用于社区公共服务设施建设和社会救助等。

三、公益金使用特点及效果评估

在近28年的发展历程中，湖北省福利彩票以社会筹资的形式为社会福利和社会公益事业的发展持续提供资金支持，取得了巨大成绩，创造了良好的经济和社会效益。

一是筹集规模不断增长。从1987年发行伊始至2014年，28年来，湖北省福利彩票累计发行销售507.83亿元，筹集公益金超过156亿元，省内留存公益金超过80亿元。通过扩大福利彩票发行，2014年，省内年筹集可用的福彩公益金已超12亿元。极大缓解了社会福利与社会公益事业发展面临的资金压力。

二是受益范围不断拓展。福彩公益金最初主要用于老年人、残疾人、孤残儿童、灾困人群等社会困难群体的供养、康复、救济等社会救助和福利工作，随着我国社会福利制度从补缺型向适度普惠型转变，福彩公益金的使用范围也逐步覆盖到流浪乞讨儿童、在校特困学生等群体。在直接资助外，公益金还不断突破原有适用范围，为教育、医疗、社会组织、法律援助等社会公益事业提供了大力支持，尤其是对红十字基金及社会保障基金的投放使得越来越多的普通人享受到了福彩公益金的温暖。

三是管理越发规范透明。从福彩设立初始，福彩公益金专项管理办法就不断得到完善，相关财务制度也纷纷建立，公益金管理日益规范化。湖北省通过对公益活动的大力宣传弘扬以及对公益金使用情况作的社会公报都极大地增加了公益金的透明度，彰显了公益金使用的正当性和公开性，巩固了福彩公益金公开、公平、公正、公信的社会形象。

四、下一步工作方向及相关建议

目前福彩公益金资助了大批公益项目，极大促进了社会救助、社会福利和社会公益事业的发展，但是毋庸讳言，福彩公益金仍存在种种效益不高的问题。重资金分配、资金争取，却忽视使用效果，项目审批和资金分配受领导人意志影响较大，福彩公益金使用分散、多数与财政资金配套使用，由于缺乏一套行之有效的绩效评价方法体系和标准体系，结果造成支出结构和使用不合理，致使有限的财力不能发挥应有的作用。在目前公益金的管理总体上仍偏重于提取和分配的现状下，要逐步将注意力转移到对公益金使用的管理上来，加快推行公益金绩效管理，需要的不仅是一些管理手段和技术的转变，更是一个涉及管理理念、运行机制、管理技术和法制建设的系统工程。为此，有以下建议。

（一）树立绩效管理理念

福彩公益金来自社会捐赠，是一种特殊的社会捐款和公共资金，社会对彩票公益金寄予着公益性的要求，期待产生良好的社会效益。这就要求我们摒弃传统的、落后的管理思维，把福彩公益金的使用效益放在首要位置，切实树立绩效管理的理念。在申报福彩公益金项目时，要对申报程序特别是项目绩效作出明确要求，项目预算单位必须做到实现规划项目的绩效目标，并严格按照项目设定的目标管理和使用资金。要树立公正、透明、高效的理念。建立公益金资助项目信息报送和公开制度，及时公开公益金资助项目资金数量及绩效情况。主动回应社会对公益金使用的关切，制定和完善公开透明、规范高效的制度和措施，以较高的社会透明度和良好的社会效益取信于社会。

（二）完善福彩公益金使用的审批和监管制度

目前，福彩公益金的管理制度还不够健全和完善，影响到了公益金分配的公平性，也不利于根据公益金项目建设的情况实施有效监督。要在公益金的使用中体现公平、效率和效益，就需要进一步改革和完善公益金的使用和监管制度，建立从项目审批、资金分配到跟踪监管、评估的一整套有效的制度。一是应当建立和完善一套从公益金项目征集、立项、招标、投标、评审、公示、评估在内的公益金创投管理审批制度，杜绝资金分配的随意性和人为因素。二是应当适度引入市场竞争机制，通过政府购买服务的方式，引导鼓励社会组织承担公益金项目的建设，提高公益金对社会多元公共服务需求的满足程度。三是建立对公益金项目的跟踪问责制度。对公益金项目实施动态管理和分期拨款程序，引入第三方评估，对项目实施过程、结果及经济社会效益进行评估。四是建立福彩公益金资助项目公示制度。通过网络等媒介，定期向社会发布福利彩票社会责任报告、公益金使用情况及绩效评估结果，提高公开性和透明度。

（三）建立绩效评估指标体系

福彩公益金绩效评估指标体系是将内在联系的、代表性的关键绩效指标科学地、有机地组成指标系统。绩效管理的实质是根据目标导向原则，通过明确项目责任、细化执行进度、规范项目实施过程、实行绩效评估等手段来提高效率、优化业绩，因此，建立健全一套完整、科学的绩效评估指标体系，以客观、准确地反映公益金使用绩效，是做好绩效评估工作的关键。福彩公益金绩效评估体系应当根据公益金项目的不同类型选择恰当的评价方法，构建动态、可扩充的指标体系，明确各类支出的绩效目标、评价指标和评分依据，通过实践不断加以补充完善，分类设立评价指标库，形成完整的评价方法和指标体系，并将其向评价对象和社会公众公布，以便于针对不同项目、不同评价内容选取相应的绩效评价方法、指标。

湖南省 2014 年度福利彩票公益金使用情况报告

一、福利彩票销售及公益金筹集情况

湖南省福彩公益金始终践行“扶老、助残、救孤、济困”的发行宗旨和“公开、公平、公正”的发行原则，福彩销售呈现了安全运行、稳步增长的发展态势。2014 年，全省共销售福利彩票 72.9 亿元，同比增长 16.4%，总量位居全国第 10 位。按现行政策规定的公益金提取比例，共筹集福利彩票公益金 20.09 亿元。其中上缴中央 9.87 亿元，上缴省级财政 10.22 亿元，按比例分成后，省、市州、县市区留成公益金 8.0143 亿元（其中省级本级留成 3.7943 亿元，市州本级留成 2.64 亿元，县市区本级留成 1.58 亿元）。

二、福利彩票公益金管理情况

（一）遵循发行宗旨

湖南省福彩公益金严格遵循“扶老、助残、救孤、济困”的宗旨，凡不符合宗旨的项目一律不予考虑；维护福彩公益金发行的社会形象，发挥公益金社会使用效益，提升福彩公益金在保障民生、推进民政事业全面发展方面发挥重要的作用。

（二）注重项目整合

省级福彩资金、省级财政预算、中央专项资金安排、发改委项目资金等通盘考虑资金的整合；集中财力办民生大事，避免重复建设和撒“胡椒面”。

（三）完善项目申报

按照“十二五”湖南省民政事业发展规划要求，项目安排要符合民政专项建设规划的具体安排，要根据各地政府年度民政工作任务的需求，明确项目年度、项目单位、项目名称、项目类别、项目建设状态、项目优先级、项目规模、资金来源、项目附件资料等内容。除分阶段实施项目外，凡在以前年度已获得上级部门补助或完成施工建设的项目不得再重复申报。

（四）规范项目评审

由省民政厅业务部门牵头、厅纪检监察、厅财务参与、聘请专家或请第三方机构一并对资助项目的可行性和资质及社会效益和资助金额等方面进行评估评审，并严格规范项目审批程序。

（五）强化绩效评价

严格按“一个项目、一个办法”的要求安排资金、落实项目；实行绩效评价，将资金的使用范围、申报方式、分配过程、分配结果、使用效益等情况要逐步向社会公开。

三、福利彩票公益金使用情况

2014 年，湖南省省级福利彩票公益金使用额度为 37943 万元，资助范围主要集中在老年人福利类、残疾人福利类、儿童福利类和社会公益类四大类，具体情况如下。

（一）老年人福利类

为满足湖南省人民群众日益增长的养老需求，切实提高和完善全省养老服务机构的服务保障机制。为此，湖南省继续加强养老基础设施建设，加大全省的敬老院、福利院（日间照料中心）和城乡养老服务示范化建设等几个领域的工作力度，2014 年用于老年人福利类项目的福彩公益金为 26460 万元，占资金总额的 69.74%。具体包括：

（1）用于全省乡镇敬老院新建和改扩建项目补助资金 9487 万元，重点完成 166 所敬老院新改扩建为民办实事任务，其中新建 152 所，改扩建 14 所。

（2）用于全省县以上福利院（中心）改扩建项目补助资金 11025 万元，重点完成全省县以上福利院（福利中心）、老年公寓建设 72 个项目的新建和改扩建。

（3）用于全省农村幸福院建设项目补助资金 1015 万元，重点完成全省农村 333 个农村幸福院建设。

（4）用于全省城乡养老服务示范点（日间照料）建设项目补助资金 2498 万元，按“十二五”民政事业发展规划需求，重点在全省新增城乡养老示范点日间照料床位数 2000 张，建立 500 个城乡养老示范点建设。

（5）用于全省光荣院和优抚医院建设项目补助资金 2435 万元，重点支持全省 28 所光荣院改扩建和 5 所优抚医院医疗设备添置。

（二）残疾人福利类

为加强湖南省残疾人福利机构建设，2014 年已列入湖南省重点民生实事项目，扶老助残一直以来是湖南省民政工作的重要内容，湖南省始终坚持“扶老、助残、救孤、济困”的宗旨。2014 年用于残疾人福利类项目的福彩公益金为 1930 万元，占资金总额的 5%。具体包括：

（1）用于全省特困脑瘫儿童抢救性康复救助项目补助资金 1000 万元，为切实帮助全省特困脑瘫儿童尽可能回归社会，省残联、省民政、省卫生、省财政联合实施全省特困脑瘫儿童抢救性康复救助项目。重点用于对全省福利机构中近 1000 名脑瘫儿童实施抢救性康复救助项目。

（2）用于湖南省假肢矫形康复中心项目补助资金 500 万元。重点资助机构落实《民政部关于进一步加强民政直属假肢矫形康复辅具机构建设与发展的意见》（民发〔2012〕7 号）要求，具备康复辅具产品研发应用、配置服务、康复训练、专业人员实训等示范功能。

（3）用于其他专项救助补助资金 430 万元，安排项目 9 个，重点用于特困上访对象生活救助、金秋惠老专项救助，湖南省福利彩票中心开展的公益活动，提升湖南福彩“福泽潇湘”公益品牌形象，扩大社会影响，助推湖南省福彩事业持续健康发展等。

（三）儿童福利类

为进一步完善全省儿童福利机构配套设施建设，提高福利机构工作人员专业素质，提升福利机构管理服务水平，2014 年用于儿童福利类项目的福彩公益金为200万元，占资金总额的0.52%。具体包括：

用于全省城乡各类社会福利机构“明天计划”项目补助资金200万元，安排项目35个，重点补助全省城乡各类社会福利机构（包括儿童福利院、社会福利院、乡镇敬老院及其他收养性福利单位）中0—18周岁具有手术适应证的残疾孤儿。

（四）社会公益类

为加强改善以民生为重点的社会公益服务，让越来越多的人享受到与经济社会发展水平相适应的基本公共服务，提升湖南省基本公共服务水平，2014年用于社会公益类项目的福利彩票公益金为9353万元，占资金总额的24.65%。具体包括：

（1）用于全省殡仪馆建设项目补助资金1895万元，安排项目26个，重点用于全省各市州、县市区推动环保型火化设施的改造，标准化悼念厅的建设，乡镇公益性墓地建设。

（2）用于全省救助管理站建设项目补助资金1100万元，安排项目26个，重点用于全省各市州、县市区流浪乞讨人员救助管理服务站进行新改扩建，改善救助服务条件，完善救助服务内容。

（3）用于全省城乡社区建设项目补助资金3253万元，安排项目670个，重点用于全省各市州、县市区城乡社区服务设施，完善“扶老、助残、救孤、济困”配套服务设施。

（4）用于廉政文化进社区示范创建项目补助资金400万元，安排项目67个，重点用于加强社区廉政文化建设，调动人民群众反腐倡廉的积极性，打造群众参与监督的廉政机制，建设廉政和谐社区。

（5）用于综合减灾避灾示范社区创建项目补助资金500万元，安排200个社区开展综合减灾示范社区建设。重点用于全省综合减灾避灾示范社区建设，防灾、减灾、避灾知识普及，避灾预案制订演练，紧急避灾场所建设等内容，达到有效降低灾害造成的损失、加强社区防灾减灾避灾工作、增强“自救”“互救”能力的目的。

（6）用于全省慈善超市建设项目补助资金305万元，安排项目76个，重点用于超市购买物资救助社会困难群众。慈善超市救助的对象，包括城乡低保户、高于低保标准的边缘户和因突发事件造成生活困难的其他居民；同时，湖南省政府将加快慈善超市建设列为湖南省绩效考核的目标，还纳入政府为民办实事的具体范围。

（7）用于省级救灾物资储备库建设项目补助资金1000万元，重点用于3个市州、2个县的省级救灾物资储备库建设。

（8）用于支持社会组织参与社会服务项目补助资金500万元，安排项目53个，重点为推动湖南省政府购买服务工作的深入开展，资助社会组织开展扶老助老、扶残助残、赈灾济困、扶贫救孤、社区公益服务等项目。

（9）用于全省社工人才队伍建设项目补助资金400万元，安排项目54个，重点根据中组部、财政部、民政部等18部委联合下达的《关于加强社会工作专业人才队伍建设的意见》（中组发〔2011〕25号文件）的精神，按照湖南省“十二五”社工人才队伍建设的要求，加大社工人才队伍建设工作力度，开展社工人才培训工作以提高社会工作者及志愿者为老、残、贫人群的服务水平和技能，帮助这部分社会特殊人群提高生活质量，将党和政府的关怀于细微之处得以彰显。

四、下一步工作安排

（一）加强福彩公益金信息公开

按照建设“阳光福彩”专项行动的要求，及时公开发行销售、福彩发行费和公益金使用管理情况等相关信息，以信息公开促进福彩发行销售和彩票公益金使用管理的良性互动。

（二）加大福彩公益金宣传力度

安排更多的福彩公益金开展系列福彩公益活动和市场营销活动，努力构建“以公益促进销售、以销售带动公益”的营销宣传机制，为促进福彩销售、建设“阳光福彩”营造了良好的工作环境和舆论氛围。

（三）提升福彩公益金筹集手段

通过实施动态管理，拓宽销售渠道，深挖资源潜力，加强技术保障等手段切实提高福彩销量和市场份额，筹集更多公益金，造福于慈善公益事业。

（四）强化福彩公益金使用管理监督

强化对公益金资助资金使用的及时性、合规性及对项目建设情况进行监督检查；加强对各级公益金使用情况进行绩效评价；定期公布年度公益金使用情况，自觉接受纪检、审计、财政、社会公众的监督检查，更好地发挥福彩公益金的使用效益。

（五）全面开展第三方评估工作

湖南省从2013年以来，对全省的民政专项资金引入第三方评估机制，聘请省财政备案的新星会计事务所进行民政专项资金的评估，在评估工作中，采取政府购买服务的方式。2014年，湖南省将进一步扩大范围，对老年人福利类、残疾人福利类、儿童福利类和社会公益类等项目通过引入第三方机构开展评估工作，保证评估工作独立开展，提高评估结果的公平、准确和公正客观；并将项目执行情况作为对公益金的年度检查、评估和今后年度民政项目评审、资金安排的重要参考因素。

五、几点建议

（一）进一步规范和明确福彩公益金的使用范围

多年来，湖南省的福彩公益金都是按照省民政厅《关于进一步加强民政专项资金管理的通知》（湘民办发〔2007〕52号）文件要求及结合福彩“扶老、助残、救孤、济困”的发行宗旨进行项目投入，为全省社会福利事业的发展提供了保障。但是随着形势的发展，在实际工作中发现原有的文件规定并不十分完善，如殡仪馆的建设，本属于社会福利事业，没有纳入使用范围；社区建设过于宽泛，没有明确福彩公益金投入的具体建设内容；等等。建议民政部考虑各地工作实际及民政基础设施建设的需要，进一步完善顶层设计，切实规范和明确福彩公益金的使用范围。

（二）恳请部本级福利彩票公益金对罗霄山片区加大倾斜帮扶力度

湖南省内罗霄山集中连片特困地区，是著名的革命老区，片区民政基础设施薄弱、基础差，经济欠发达，恳请民政部牵头推进罗霄山片区扶贫，发挥片区民政扶贫牵头作用，在福彩公益金安排时对湖南省罗霄山片区予以大力倾斜和特殊照顾；加大湖南省罗霄山片区的资金项目扶持，建议扶持1—2个民政示范点，打造出片区民政项目扶贫攻坚的样板。

广东省2014年度福利彩票公益金使用情况报告

一、福利彩票公益金筹集情况

广东省福利彩票公益金留成分三级：

第一级：根据财政部和民政部有关规定，广东省筹集的公益金50%上缴中央。

第二级：根据《财政部关于调整彩票公益金分配政策的通知》（财综字〔2006〕7号），广东省从2005年起对社会福利彩票公益金分配政策进行了调整，除上缴中央外，地方留成部分按100%计，省级专项公益金6%、省级留成公益金24%、市以下留成70%。

第三级：根据《广东省实施〈中华人民共和国残疾人保障法〉办法》和广东省人民政府《关于帮助困难群众解决“看病难”问题的通知》（粤府〔2002〕47号），各级留成社会福利彩票公益金的20%作为残疾人事业专项资金，从财政专户划拨省残疾人联合会分配使用，20%的比例安排作为基本医疗救助金。除去上述两项，地方（含省级、市以下）留成占用60%。

2015年，广东省福利彩票实际销售206.8亿元（其中深圳市销售33.6亿元），筹集公益金59.88亿元，除上缴中央外，地方留成23.74亿元，其中省级留存6.06亿元、地级市以下留存17.68亿元。

二、福利彩票公益金分配情况

2000年起，公益金纳入财政专户管理，实行“收支两条线”管理；

2009年起，公益金纳入财政预算管理。为规范公益金管理，广东省先后制定了《广东省省级社会福利基金项目实施办法》《广东省省级社会福利基金筹集、管理和使用规定》《广东省福利彩票公益金残疾人事业专项资金管理办法》《广东省彩票专项公益金使用管理暂行办法》。

市以下留成公益金，由省财政部门按当期销售入库按比例拨付地级市财政。省级留成公益金按比例分配提留后，由省财政厅、省残联、省民政厅分别提出方案。省只公示省级公益金使用情况，地级市以下的由市组织公示。

地方留成部分6%的由省级财政统筹的专项公益金，具体分配由各地级市财政局和省有关部门向省财政厅提出申请，由省财政厅直接下达，无须知会民政部门。

地方留成部分20%的作为残疾人事业专项资金的公益金，由残联提出分配方案报财政部门、会同民政部门下达。

地方留成部分20%的基本医疗救助金按公益金实收比例，划入财政专户，与财政预算安排统筹使用。

除专项公益金、残疾人事业专项资金和基本医疗救助金外，用于传统福利基金使用的实际只有地方留成部分的60%。

省级公益金（可供民政分配使用的）分配根据《彩票公益金管理办法》规定的使用范围，以及民政工作重点，经省民政厅福彩公益金评审委员会研究讨论，提出省级留成公益金资助项目切块方案，报省财政部门列入年度财政预算。经省财政部门批复同意后，再由各业务主管处室提出具体分配方案，并经省民政厅福彩公益金评审委员会通过，报省财政部门审核下达。

三、福利彩票公益金使用情况

2014年全省福利彩票公益金支出24.7亿元，其中用于老年人福利76562万元、残疾人福利35775万元、儿童福利11524万元、其他社会福利和公益事业123639万元。其中省级公益金的支出71740万元，包括2014年省级财政统筹的专项公益金支出14340万元，主要用于医疗急救、红十字备灾救灾与重大疾病防治（艾滋病、白血病、先天性心脏病等）、社会保障、特殊教育、贫困村公益性建设、社会福利与全民健身，以及农村垃圾处理设施建设。2014 年残疾人事业专项资金的公益金支出 11500 万元，主要用于补贴残疾人教育、职业培训费用，资助残疾人康复，扶持残疾人用品用具开发，兴建残疾人综合服务设施，购置残疾人服务机构所需设备，推动残疾人特殊艺术发展，支持残疾人艺术团工作，资助残疾人法律援助，补助残疾人体育事业等。2014 年可供省级民政部门分配使用的公益金 45900 万元。其中，基本医疗救助金支出 11500 万元、社会福利公益金支出 34400 万元，主要用于地市、厅本级及直属单位老年福利事业、儿童福利事业、社工人才事业、社会事务、基层政权及社区服务等其他与社会福利及公益事业相关的支出。

以上数据是根据各地市报送的情况及省民政厅掌握情况进行汇总填报，具体以财政系统报送的数据为准。

四、福利彩票公益金管理情况

广东省民政厅一直以来严格执行财政、民政部门的有关规定制度，坚持按福利彩票“扶老、助残、救孤、济困”的发行宗旨确定分配原则，把社会效果作为检验福利彩票公益金使用的标准，科学合理使用福利彩票公益金，进一步规范福利彩票公益金管理。

（一）制定和完善相关专项资金管理办法

根据广东省人民政府《关于印发广东省省级财政专项资金管理办法的通知》（粤府〔2013〕125 号）的有关规定，省级福利彩票公益金属于财政资金，与省级财政专项资金统一管理。2014 年 4 月，省财政厅、省民政厅联合下发了《广东省福利彩票公益金使用管理办法》，对福彩公益金的使用范围、申报程序、拨付流程以及绩效评价和监督检查等进行了详细规定。其资金分配方案在省级财政部门专项资金管理平台向社会公示。同年，广东省民政厅印发了《广东省民政厅省级福利彩票公益金使用管理细则》。

（二）规范项目申报审批执行程序

一是制定了公益金项目申报评审流程，推行公平申报，科学评审，透明使用。广东省民政厅福利彩票公益金评审委员会，讨论和决定省级福彩公益金的使用计划，检查和监督福彩公益金的使用管理。二是精心编报公益金预算和资助计划，严把项目立项关、申报关，做到业务部门归口申报、财务部门审核汇总、厅党组集体决策，按时按要求上报省财政部门审定。三是严把预算执行关，严格执行财政部门下达的预算，不随意调整项目和比例，做到按财政部门规定要求调整项目预算。

（三）强化资金监督管理

一是实行定期公示制度。每年将福利彩票公益金资助项目的使用情况通过报刊、网络等媒体向社会公布，接受监督。二是坚持跟踪问责制。各相关业务部门定员定岗，指定专人负责，对资助项目实施全过程进行管理监督，及时反映、研究解决项目实施中遇到的问题，加强对项目实施情况的监督检查。

五、下一步工作重点

一是加强福利彩票公益金制度建设。根据民政部、财政部有关规定，结合实际，会同省财政厅完善省级福利彩票公益金资金使用管理办法。二是强化各级福利彩票公益金使用管理的检查与监督。对资金使用的及时性、合规性及项目建设情况进行监督落实。三是加强绩效评价工作。对各级福利彩票公益金使用情况进行绩效评价、跟踪问责，定期公布年度公益金使用情况，自觉接受社会监督。

广西壮族自治区 2014 年度福利彩票公益金使用情况报告

一、2014 年福利彩票公益金筹集、分配和使用的总体情况

（一）福利彩票公益金筹集情况

2014 年广西壮族自治区福利彩票全年销售 708822.45 万元，其中电脑彩票 557925.52 万元，网点即开型彩票 45038.17 万元，中福在线 105858.76 万元。按国家有关规定共提取公益金 202113.02 万元，其中电脑彩票按 35% 计提公益金 171933.65 万元，即开型彩票按 20% 计提公益金 9007.63 万元，中福在线按 20% 计提公益金 21171.74 万元。

（二）福利彩票公益金分配情况

福利彩票公益金的分配采取中央与地方按 1∶1 的比例分配，上缴中央 101056.51 万元，自治区 101056.51 万元（其中市县即开型福利彩票公益金 12987.96 万元）。

（三）彩票公益金使用情况

全区彩票公益金收入 81648.37 万元，其中补助市、县 78573.16 万元，自治区本级使用 11043.53 万元，年末彩票公益金结余 1690.08 万元。结余的主要原因是有的项目在开展项目前期工作或有的项目按进度拨款。

二、福彩公益金资助项目的组织实施情况和执行进度

遵循福利彩票“扶老、助残、救孤、济困”的发行宗旨，2014 年，广西壮族自治区继续为老年人、残疾人、孤儿和弃婴等特殊困难群体服务的

社会福利事业进行资助，并安排了救灾仓库、流浪乞讨人员救助等专项资金。自治区本级共安排彩票公益金资助项目6631个，资助金额85187.37万元，各个项目均按计划组织实施，并按项目资金管理要求，根据项目实施进度下拨到项目所在单位，多数项目已经完成。

三、福彩公益金资助项目资金使用情况

2014年，自治区本级福利彩票公益金共安排彩票公益金资助项目6631个，项目资金共计85187.37万元。具体安排如下。

（1）五保村、敬老院维修改造项目3299个，资助金额17600万元。

（2）城乡风貌改造工程项目83个，资助金额500万元。

（3）城乡低保子女教育项目112个，资助金额700万元。

（4）光荣院项目24个，资助金额1000万元。

（5）烈士纪念建筑项目1个，资助金额200万元。

（6）复退军人医院项目1个，资助金额250万元。

（7）民办养老机构建设补贴项目166个，资助金额2000万元。

（8）1521社会福利园区项目11个，资助金额2490万元。

（9）儿童福利机构项目8个，资助金额1800万元。

（10）农村幸福院项目1395个，资助金额4500万元。

（11）社会养老服务体系及社会福利机构建设等项目133个，资助金额12345万元。

（12）城乡社区服务设施建设项目88个，资助金额3200万元。

（13）殡葬基础设施项目37个，资助金额5060万元。

（14）救助类单位项目34个，资助金额3000万元。

（15）救灾仓库项目40个，资助金额4450万元。

（16）村级老年协会示范点扶持项目750个，资助金额2250万元。

（17）自治区配套社区为老服务项目88个，资助金额176万元。

（18）政府购买居家养老等服务项目经费项目64个，资助金额1795万元。

（19）市县即开型福利彩票公益金项目269个，资助金额15257.16万元。

（20）全区养老服务机构及老年协会订阅老年书报补助项目1个，资

助金额180万元。

（21）居家养老服务试点项目1个，资助金额30万元。

（22）社会工作培训项目1个，资助金额100万元。

（23）政府购买社会工作服务项目1个，资助金额100万元。

（24）全区民政服务领域社会工作示范项目1个，资助金额400万元。

（25）养老服务机构入住老人意外伤害保险项目1个，资助金额100万元。

（26）残疾孤儿手术康复“明天计划”配套经费项目1个，资助金额50万元。

（27）福利彩票维稳爱心基金项目1个，资助金额450万元。

（28）其他项目20个，资助金额5204.21万元。

四、福彩公益金资助项目社会效益

（一）收养类服务设施建设持续加强

加大对收养类单位公共服务设施建设的投入，完成3000多个农村五保供养服务机构建设和维修改造项目。截至2014年年末，全区共建农村养老服务机构8200多个。通过实施彩票公益金资助项目，有效地改善了五保供养对象的居住环境，加快了广西壮族自治区构建和谐社会的进程，取得了很好的社会效益。

（二）城乡老年服务能力稳步提高

2014年，全区投入2.3亿元实施社会福利院、老年养护楼、老年公寓、老年活动中心、社区日间照料中心等养老服务设施建设项目200多个，推动22个公办养老机构实行公建民营改革，养老床位增长2.08万张，进一步提高社会基本养老服务的保障能力。同时，在全区全面推进居家养老服务工作，初步形成“政府主导、部门支持、社会参与、社会中介组织市场化运营”的社区居家养老工作机制和公办民营、民办公助、公办民助等居家养老机构运行模式，全区有20多万名老年人享受到了居家养老服务。投入2250万元扶持750个村级示范性老年协会建设，受扶持的村级老年协会组织机构健全、章程制度规范、基础设施完善、活动开展正常，充分发挥了农村养老辐射作用，丰富了农村老年人的精神文化生活，实现“老有所养、老有所学、老有所医、老有所为、老有所乐”。

（三）流浪乞讨人员救助能力不断提升

2014 年，广西壮族自治区福利彩票公益金资助救助类项目建设 34 个，资助资金 3000 万元，主要用于各地市、县流浪未成年人救助保护中心新建项目。目前，已建成项目 16 个，在建项目 7 个，未动工项目 11 个。通过实施这些项目，广西壮族自治区的市、县救助管理站、流浪未成年人救助保护中心等机构基础设施得到进一步夯实，救助机构环境明显改善，规范化管理进一步加强、救助管理工作方式和专项救助行动进一步深化，极大地方便了临时困境人员的求助，充分发挥了救助管理工作作为托底性民生保障体系有机组成部分的作用，切实保障了流浪乞讨人员的基本生存权益，为流浪乞讨人员提供了更好的救助环境，体现了福利彩票“扶老、助残、救孤、济困”的宗旨。

（四）全区殡葬改革深入推进

2014 年投入 5060 万元推进殡葬基础设施建设，主要用于殡仪馆的新建、火化炉改造、馆容馆貌改造以及殡仪馆其他设施改造等，年度完成殡葬基础设施项目建设和维修改造项目 26 个，在建项目 4 个，未动工项目 7 个。通过近年来彩票公益金对殡葬事业的持续投入，使广西壮族自治区殡葬服务基础设施得到明显改善，服务水平显著提高，有效改善了殡仪馆服务环境和工作条件，最大限度地满足了人民群众的殡葬服务需求，有效推动了人们丧葬风俗观念的进步，推动了城乡结合部殡葬改革的文明进程，取得了较好的社会效益。全区遗体火化率持续提高，对节约土地资源、保护生态环境发挥了积极的作用。

（五）农村幸福院建设项目扎实开展

2014 年，彩票公益金资助的 1395 个农村幸福院项目已全部建设完成。解决了农村老年人日间生活照料、文娱活动、情感交流的场所需求，满足了农村老年人在日间吃饭、休息和开展文化娱乐等方面的需求，充分保障了农村老年人获得物质帮助、享受社会服务和社会优待等各项合法权益，健全了农村老年人关爱服务体系，有效破解了农村养老服务难题，填补了农村养老服务的短板。

（六）其他各项社会福利事业得到蓬勃发展

一是继续为养老服务机构13698名入住老人购买意外伤害险，投入项目资金143.83万元。创新性地开展全区养老机构入住老人意外伤害保险工作，使老年人合法权益得到保障，避免了养老机构的经济损失，提高了养老机构抗风险能力，极大地促进了养老服务事业的健康发展。二是实施残疾孤儿手术康复明天计划项目110个，项目资金50万元，为全区社会福利机构的残疾孤儿实施手术矫治康复，为他们回归家庭，走向社会创造条件，唤起社会的慈善意识，提升社会的文明程度。三是开展为养老服务机构订阅老年书报活动，共赠阅1.8万份报纸。四是实施社会工作培训项目，举办社区社会工作、社会工作实务、全国社会工作者职业水平考试考前培训、儿童社会工作培训、“三区”社会工作培训等培训班，共计15期。项目的实施有效提高了社会工作者和社会工作从业人员的专业服务能力，提高了全国社会工作者职业水平考试通过率。五是政府购买社会工作服务项目，通过公开招标的方式，完成向3个民办社会工作服务机构购买3个社会工作服务项目，项目期限1年。项目实施点在两个社区，为社区老年人、残疾人、青少年等困境群体提供专业社会工作服务；探索社区社会工作和“三社联动”服务机制，为推动社区社会工作发展起示范作用。

五、福利彩票公益金管理使用过程中存在的问题

当前，广西壮族自治区福彩公益金管理使用过程中存在的主要问题有：一是由于彩票销售进度等原因，部分彩票公益金项目资金下拨较晚，影响项目的推进；二是一些获得彩票公益金资助的项目，由于前期工作准备不足，如没有落实土地或配套资金落实不到位等，导致下拨的彩票公益金项目资金迟迟不能按时使用；三是彩票公益金使用管理的监督制约机制还不够健全完善等。

六、规范和加强福利彩票公益金分配和使用的建议

（一）严格界定福利彩票公益金的使用范围

福利彩票公益金是通过发行福利彩票筹集的社会福利资金，其使用范围必须严格遵循福利彩票“扶老、助残、救孤、济困”的发行宗旨，主要

用于资助为老年人、残疾人、孤儿和弃婴等特殊困难群体服务的社会福利事业，兼顾公众关注、有利于弘扬社会主义精神文明的其他社会公益事业和慈善事业。福利彩票公益金必须坚持专款专用，严禁违规使用。

（二）及时拨付和使用福利彩票公益金

近几年自治区本级福利彩票公益金安排了一些较大的专项资助活动，成效比较显著。但是，由于资金拨付、项目规划、项目报建、征用土地等前期准备工作所需时间较长，个别项目不能按时投入使用。今后要加快项目资金拨付和项目建设进度，项目资金一经财政部门或者上级民政部门划拨到账，各单位都必须严格按照使用计划及时、足额拨付资金，不得滞留积存。

（三）加强对项目资金的绩效考核和监督检查

对按时完成项目建设，及时投入使用，且项目产生良好社会效益的县（市、区），建议在公益金分配上予以一定的倾斜。对于项目迟迟未能开工建设，导致彩票公益金闲置的县（市、区），建议在下一年度酌情减少公益金分配额度。加强建章立制，制定细化彩票公益金使用管理办法，开展一次彩票公益金使用管理的大检查，对违反资金使用规定的现象及时纠正，并严肃处理。

海南省2014年度福利彩票公益金使用情况报告

一、福利彩票公益金筹集情况

2014年，海南省销售福利彩票165725万元，筹集福利彩票公益金39166万元，其中上缴中央福利彩票公益金19291万元，省本级留成福利彩票公益金11321万元，市县留成福利彩票公益金8554万元。以上中央、省、市县级彩票公益金已按规定上缴、下拨到位。同时，中央下拨福利彩票公益金2665万元，用于支持海南省老年人福利类、儿童福利类、残疾人福利类和社会公益类等社会福利事业项目。

二、福利彩票公益金使用情况

（一）2014年中央福利彩票公益金用于社会福利事业的使用情况

2014年中央福利彩票公益金用于社会福利事业共安排了34个项目，涉及金额2665万元。具体安排项目如下。

1. 老年人福利类

用于老年人福利类项目26个，涉及资金1770万元。

（1）海南省托老院：主要用于老年人福利机构设施设备改扩建及更新改造，项目资金于6月24日下拨至省托老院，目前该院正加紧办理招标采购手续。

（2）澄迈县养老中心护理楼：主要用于老年人福利机构设施设备改扩建及更新改造，项目资金于8月20日下拨至澄迈县民政局，目前该院正加紧办理项目建设手续。

（3）琼海市博鳌镇社会福利院：主要用于老年人福利机构设施设备改扩建及更新改造，项目资金于9月29日下拨琼海市民政局，目前该院正加紧办理项目建设手续。

（4）东方市大田镇罗旺村老年人日间照料中心：主要用于城镇社区养老服务设施设备改扩建及更新改造，项目资金于8月20日下拨至东方市民政局，目前该院正加紧办理项目建设手续。

（5）万宁市万城集庄村老年人日间照料中心等22家日间照料类养老项目：用于日间照料类养老服务设施购置养老服务设施设备，每个项目资助10万元，目前项目资金于4月27日下拨各相关市县，预计11月底前完成项目设施购置工作。

2. 儿童福利类

用于儿童福利类项目4个，涉及资金426万元。

（1）海口市儿童福利院：主要用于儿童福利机构设备设施改扩建及更新改造，以及残疾儿童康复辅助设备配套设施采购，项目资金于6月24日下拨至海口市民政局，目前海口市福利院正加紧办理设备采购和建设工作。

（2）海口市琼山区儿童福利院：主要用于儿童福利机构设备设施改扩建及更新改造，以及残疾儿童康复辅助设备配套设施采购，项目资金于6月24日下拨至海口市民政局，目前海口市琼山区福利院正加紧办理设备采购和建设工作。

（3）琼海市儿童福利院：主要用于儿童福利机构设备设施改扩建及更新改造，项目资金于9月29日下拨琼海市民政局，目前该局正加紧办理设备采购和建设工作。

（4）儋州市儿童福利院：主要用于儿童福利机构设备设施改扩建及更新改造，以及残疾儿童康复辅助设备配套设施采购，项目资金于4月27日下拨至儋州市民政局，目前儋州市正加紧办理设备采购和建设工作。

3. 残疾人福利类

用于残疾人福利类项目2个，涉及资金271万元。

（1）海南残疾人假肢矫形康复中心：主要用于假肢矫形康复机构设施设备改扩建及更新改造，项目资金于6月24日下拨至海南省民政厅，海南省民政厅于7月16日与海南残疾人假肢矫形康复中心签订委托协议，目前海南残疾人假肢矫形康复中心按照协议要求进行项目设备购置招投标工作。

（2）海南省人民医院假（义）肢矫形科：主要用于假肢矫形器康复机构设施设备改扩建及更新改造，项目资金于6月24日下拨至海南省人民医院，目前正办理项目设备购置工作。

4. 社会公益类

用于社会公益类项目2个，涉及资金198万元。

（1）海口市救助管理站：主要用于流浪未成年人救助保护中心改扩建和更新改造，项目资金于4月27日下拨至海口市民政局，目前海口市流浪未成年人救助保护中心改扩建及更新改造工程已申报海口市发改委立项，待完善手续即可动工建设。

（2）三亚市救助管理站：主要用于流浪未成年人救助保护中心改扩建和更新改造，项目资金于4月27日下拨至三亚市民政局，目前三亚市救助管理站对原流浪未成年人救助保护中心改扩建及更新改造工程正在进行中。

（二）2014年省本级福利彩票公益金用于社会福利事业的使用情况

2014年度，省本级福利彩票公益金用于社会福利事业共安排了13个项目，涉及金额10316万元。具体安排项目如下。

1. 福利彩票公益宣传活动75万元

主要用于制作印有“彩票公益金资助——中国福利彩票”牌匾、设置慈善宣传栏、开展慈善宣传讲座和购置慈善读本、开展慈善进校园活动等，宣扬中国福利彩票“扶老、助残、救孤、济困”的宗旨和福彩公益金用于社会养老服务事业的作用。

2. “明天计划”手术配套资金18万元

主要用于2014年为儋州、东方、文昌、定安等市县12名孤残儿童开展唇腭裂、先天性肌无力、畸形等疾病的康复手术费用及康复营养费用。“明天计划”手术为帮助福利机构的孤残儿童解除疾患的折磨，帮助他们增强生活自理自立能力，同时孤残儿童大病得到救治康复后，为其实现家庭收养奠定了基础，解决了收养家庭的后顾之忧。

3. 流浪未成年儿童救助保护39万元

主要用于未成年儿童救助保护中心护理人员清洁、陪护等劳务护理费、社保等人员支出；受助儿童日常伙食费、医疗费、生活用品用具等生活支出；护送、接领受助儿童返乡路费等救助支出；儿童救助保护中心日常水电费、用品维修等维护支出。

4. 农村幸福院项目 2164 万元

用于在全省范围内开展以“村级主办、互助服务、群众参与、政府支持”的新型农村养老模式，充分利用农村闲置的学校、村民住宅等设施，由政府资助村委会建设村民自我管理、自我服务、自我发展的互助型农村幸福院，为农村老年人提供文化娱乐、自助用餐、精神抚慰等互助式服务。截至目前，海南省立项建设农村幸福院 768 个，2014 年配套省级福彩公益金 2164 万元用于 2014—2015 年 2 个年度幸福院项目建设，其中 2014 年度 296 个幸福院项目已基本建设完成，2015 年度 472 个幸福院项目正加紧建设中。

5. 市县救灾物资储备中心建设 2100 万元

用于海南省救灾物资储备体系建设，其中海南东部（万宁）救灾物资储备仓库补助 600 万元，目前项目建设主体工程已封顶，建设进度约占工程总量的 75%，计划 2015 年 9 月完工；海南西部（儋州）救灾物资储备仓库补助 900 万元，目前项目建设进度约占工程总量的 20%；海南中部（五指山）救灾物资储备仓库补助 600 万元，目前项目建设进度约占工程总量的 65%，计划 2015 年 9 月完工；海南省救灾应急避难中心（原项目名称为海南省救灾物资储备中心）补助 300 万元，目前已投入使用。目前已基本形成了以省级和万宁（东部）、儋州（西部）、三亚（南部）、海口（北部）、五指山（中部）救灾物资储备仓库为依托，其他市县救灾物资储备点为补充的救灾物资储备体系，待该救灾物资储备体系建成后，能在自然灾害发生 12 小时内，保证受灾困难群众能够得到基本生活救助。

6. 社区老年人日间照料中心建设经费 478 万元

用于补助海南省 5 个城乡社区老年人日间照料中心项目建设。项目遵循“整合资金、统筹安排、重点使用”的原则，根据市县财政困难程度和工作进展情况等，专项补助城乡社区老年人日间照料中心的新建、改扩建和设备购置；专项经费管理，专款专用。目前，已有一个项目完成建设投入运营，4 个项目正在施工建设中。项目全部建成后，将为日常生活需要照料的社区老年人，特别是空巢老人、独居老人和半失能老人提供生活照料、膳食供应、文化娱乐、精神慰藉等服务，社区养老服务功能得到加强，社区受益人数均达5万人。

7. 农村社区服务中心建设经费338万元

为有关市县建设一栋不少于300平方米的集办公和活动为一体的楼房，主要解决农村社区办公用房老旧和村民无活动场所问题，直接受益的村民近4.5万人。

8. 农村敬老院建设资金2760万元

该项资金主要用于资助昌江县石碌敬老院、白沙牙叉镇敬老院等15个敬老院项目建设，目前项目正在建设中，项目建成后能较好地满足当地特困人员集中供养需求。

9. 城乡医疗救助专项补助300万元

主要用于补助2014年各市县医疗救助补助资金和工作经费。该项经费有效地维持了城乡医疗救助制度的运转和实施，有效缓解了城乡困难群众就医难题，切实提高了城乡困难群众健康水平，维护了社会的稳定。

10. 社区养老设施建设配套资金77万元

主要用于补助龙华区海垦街道滨濂社区老年人日间照料中心、儋州市峨蔓镇峨蔓村老年人日间照料中心、定安县雷鸣镇同仁村老年人日间照料中心等3个城乡社区老年人日间照料中心项目的建设。目前3个项目中1个已投入运营，1个正在试运营，1个正在购置设施设备。项目的建设进一步推动了社区居家养老服务工作的开展，较好地满足了社区老年人养老服务需求，社区有约3万人受益。

11. 社区服务设施建设项目配套247万元

主要用于建设临高县社区服务体系项目（建设1个社区服务中心）、定安县社区服务体系项目（建设1个社区服务中心和3个社区服务站）、澄迈县社区服务体系项目（建设1个社区服务站）。项目建成后将解决城市社区居委会办公用房老旧和社区居民无活动场所问题，方便群众办事。

12. 社会养老服务体系建设试点项目配套1420万元

主要用于补助中央预算内投资项目琼中县养老中心养护楼720万元、屯昌县新兴镇养老服务中心350万元、琼海市养老中心养护楼350万元，目前3个项目都已开工建设，预计年底前主体工程完工。以上市县中心养老院项目以提供养老服务为重点，集孤老供养、日间照料、社会养老等功能于一体，主要面向城镇“三无”人员（无劳动能力、无生活来源、无法定抚养人和赡养人）、五保人员和具有社会养老服务需求的老年人，提供生活照料、家政服务、康复护理、精神慰藉、文化娱乐等服务。

13. 社会组织工作300万元

用于购买社会服务开展养老、教育、医疗等服务，其中用于海口市金福源老年公寓，海口市龙华区阳光居家养老服务中心，儋州市康乐居家养老服务中心，儋州市残疾人康复综合服务中心，儋州市那大东风社区温馨居家养老服务中心，海南省摩尼宝养老院等养老机构开展社会养老服务150万元；用于海南省青少年希望基金会，海南成美慈善基金会，儋州市传爱教育基金会，海南华侨中心教育发展基金会等开展孤儿教育服务100万元；用于海南成美慈善基金会，海南省医药行业协会开展困难群众医疗帮扶50万元。

三、使用特点及效果评估

（一）老年福利事业快速发展，老年人生活质量进一步提高

福利彩票公益金用于老年福利事业共计8651万元，包括省托老院建设、敬老院建设、养老服务体系项目、农村幸福院项目、社区养老设施等养老服务设施建设。其中，省级福彩公益金每年安排2760万元用于各市县农村敬老院建设，这些项目较好地满足了当地优抚对象、五保对象和社会“三无”对象的养护需求，截至目前，海南省农村五保供养服务机构共161所，床位5541张；用于社会养老服务体系建设项目配套资金共计1420万元，目前每个市县至少建设一所综合性中心养老服务机构的格局已基本形成，项目建成后将为城镇“三无”人员、五保人员和具有社会养老服务需求的老年人，提供生活照料、家政服务、康复护理、精神慰藉、文化娱乐等服务，并为各乡镇养老机构提供示范和培训指导工作；用于农村幸福院项目2164万元和社区老年人日间照料中心建设555万元，主要由城乡社区老年人日间照料中心和村委会建设，村民自我管理、自我服务、自我发展的互助型农村幸福院，为城乡社区老年人提供文化娱乐、日间照料、精神抚慰等互助式服务。

（二）孤残流浪儿童救助保障力度不断加大，救助环境不断改善

孤残儿童、流浪未成年人是社会救助保护工作中的重点关注对象，应当得到全社会的关爱。2014 年，海南省用于孤残流浪儿童救助保障工作资金 483 万元，其中用于流浪儿童救助保障工作经费 39 万元，为孤残儿童回归家庭、回归社会创造条件，更有利于流浪儿童救助工作的开展和流浪儿童生活质量的改善；用于“明天计划”手术项目补助 18 万元，“明天计划”的实施为帮助福利机构的孤残儿童解除疾患的折磨，帮助他们增强生活自理自立能力，同时孤残儿童大病得到救治康复后，为其实现家庭收养奠定了基础，解决了收养家庭的后顾之忧；安排儿童福利机构设备设施购置和更新改造 426 万元，重点解决儿童福利机构设备设施老旧，特教设备、脑瘫康复训练设施不足等问题。

（三）困难群众医疗救助问题得到缓解，为民解困力度不断增强

以“扶老、助残、救孤、济困”为宗旨的福彩，在发展上突飞猛进的同时，也加大了对困难群体医疗救助和受灾群众救济帮扶力度，省级福彩公益金共安排救助资金 2700 万元。其中：在医疗救助方面，安排 300 万元用于城市和农村特困居民医疗救助，切实帮助城乡特困群众解决治病难问题；安排 2100 万元用于灾区救助和各市县救灾物资储备中心建设，确保在自然灾害发生 12 小时内，使受灾困难群众能够得到基本生活救助；安排 300 万元用于购买社会服务开展养老、教育、医疗等服务，满足困境儿童、孤寡老人、困难群众的各项需求。

（四）福利彩票公益金资助结构不断优化，社会公益类支出比重增加

在福彩公益金的使用上，海南省统筹规划、突出重点，优先安排社会福利事业基础设施建设，在资金分配上，重点向贫困地区、基层和农村倾斜，充分发挥福利彩票公益金的社会效益。海南省利用福彩公益金发展其他社会公益事业共支出 1129 万元，包括农村社区图书室援建、农村社区建设、支持残疾人福利机构和未成年人救助保护机构更新改造等。其中用于农村社区图书室援建和农村社区建设资金 585 万元，为各市县村委会建设一栋不少于 300 平方米的集办公和活动为一体的楼房，主要解决农村社区和城市社区居委会办公用房老旧和社区居民无活动场所问题，方便群众办事；安排 271 万元用于假肢康复矫形康复机构进行设备更新改造，为海南

省残疾人提供更加完善、高质量的假肢康复服务；安排198万元用于海口、三亚市救助管理站完善未成年人救助保护机构，为两市开展困境未成年人救助保护试点提供了保障。

近年来，海南省在管理和使用福利彩票公益金工作中虽然取得了一定的成绩，但是仍存在着项目推进缓慢，资金使用透明度不高，彩票公益金资助项目种类少等问题，在下一步工作中，将重点研究予以解决。

四、下一步工作方向

（一）加强项目建设管理，提升福彩公益金使用水平

随着各级彩票公益金补助配套项目的增加，对资金安全使用、项目有序实施的要求越来越高。下一阶段，海南省将重点加强养老服务、社会救助、社区服务建设等方面项目的管理和实施，确保项目资金的合理使用，保证项目如期完成并投入使用。一方面落实项目建设和实施工作的责任分工。在项目申报、资金下达前，根据项目隶属关系，加强与地方发改、财政、国土、规划等部门的沟通，明确项目建设工作的组织领导，指定专人负责跟踪实施项目前期工作，对项目使用情况、配套资金申报，项目前期管理等工作切实负起责任，确保申报内容真实有效。另一方面，加强福彩公益金补助项目建设管理，深入开展对市县项目实施情况的督查检查，指导各市县民政局严格落实好项目质量领导责任制。严格落实建设项目法人责任制、招标投标制、工程监理制和合同管理制。认真执行财务管理有关规定，确保各级福彩公益金在使用过程中得到有效监管。

（二）加强和改进福彩公益金使用管理

福彩发行的最终目的就是筹集公益金，取之于民，用之于民，发挥更大的社会效益。管好用好福彩公益金，对福利彩票发行起到积极的促进作用。第一，海南省将根据《彩票管理条例》及其实施细则，制定完善福彩公益金的使用管理办法，对使用范围、对象、额度等作出具体规范，公益金的使用将坚持遵循“扶老、助残、救孤、济困”的发行宗旨，不能随意开口子，甚至挪用滥用。第二，确保福彩公益金使用公开透明。借助各种媒体和渠道加强资金使用公示公告工作，取信于民。监督各项目使用单位，按照规定设置福彩公益金资助标志，建立使用明白账，方便社会各界

查询，接受社会监督。建立绩效评价体系和跟踪问责机制，合理确定评价指标的权重，研究制定并公布福彩公益金使用绩效评价指标。第三，探索第三方评估报告制度。通过整合监督资源，充分发挥民政、财政、审计等部门的行政监督作用，充分发挥新闻媒体和社会公众的舆论监督作用，严厉查处违法违规使用彩票公益金行为，促进福利彩票公益金管理健康发展。

重庆市2014年度福利彩票公益金使用情况报告

一、2014年福利彩票公益金留成情况

2014年，重庆市福利彩票发行工作取得佳绩，实现福利彩票销售61.99亿元，同比增长42.47%，共提取福彩公益金18.78亿元，其中上缴中央92709万元，市本级留成60141万元，区县本级留成35026万元。

二、2014年地方福利彩票公益金使用情况

2014年，重庆市市本级留成福彩公益金60141万元，民政部支持5703万元，共资助项目190个，资助金额64802万元，结余1042万元与2015年公益金统筹安排。其中，资助市级项目30个，资助金额26341万元；资助区县项目160个，资助金额38461万元。其中，基础设施类项目142个，非基础设施类项目48个。

三、2014年福彩公益金使用成效

（一）推进老年福利事业

为应对人口老龄化的严峻挑战，逐步建立以居家养老为基础、社区服务为依托、机构养老为支撑的社会养老服务体系，除积极争取部级公益金和各级财政加大对老年福利设施建设的支持力度外，重庆市地方留成福利彩票公益金也重点向全市老年福利设施建设项目倾斜。2014年，重庆市市级福彩公益金资助老年福利项目68个，资助资金27122万元。安排7800万元用于市级福利设施建设，打造市级示范项目；安排1800万元用于区县

社会福利中心建设及设施设备改造，支持各地建设一个规模较大、功能齐备的区县级社会福利中心；安排3000万元用于农村敬老院建设，共新建和改扩建61所敬老院，新增床位1800张，改造床位2348张，极大改善了农村五保老人的生活、居住环境；安排3450万元支持200个城镇社区养老服务设施建设，改善了全市社区养老服务设施条件，较好地推动了居家和社区养老服务工作开展；在民政部对农村幸福院按照每个补助3万元标准的基础上，从市级福彩公益金中安排2142万元，对每个农村幸福院建设补助2万元。截至2014年年底，全市共有城乡养老机构1408所，床位16.8万张，每千名老人拥有床位27张。其中城镇养老机构348所、床位5.7万张；乡镇敬老院1060所，床位9.5万张。与“十一五”时期末相比，床位数增长95%。为加强养老服务人员业务培训，自2011年起，市级每年安排财政专项资金和福彩公益金开展城乡养老机构负责人和骨干养老护理员培训，2014年又安排700万元，用于重庆市福利院、敬老院和民办养老机构管理服务人员及社会工作者培训。累计免费培训1万余人，整体提升了重庆市养老机构管理服务水平。

（二）推进全市儿童福利事业

近年来，重庆市儿童福利工作取得了长足发展。2014年，重庆市市级福彩公益金资助儿童福利项目8个，安排资金5115万元。一是支持儿童福利基础设施建设。如安排4000万元支持市儿童爱心庄园二期建设，将其打造成全国一流的儿童福利机构。二是支持孤残儿童、白血病儿童的医疗救助项目。安排750万元用于“明天计划”等孤残儿童手术康复项目；安排150万元用于白血病儿童救助等。

（三）助推残疾人福利事业

为推进重庆市残疾人福利事业，自2010年起，重庆市市级福彩公益金每年将10%以上专项用于残疾人福利事业。2013年，重庆市将区县民政精神卫生福利中心建设纳入市级福彩公益金资助范围，并按照新建一所800万元标准予以资助。2014年，安排市级福彩公益金1600万元支持区县精神卫生福利中心建设。

（四）支持社会救助体系建设

为帮扶支持社会困难群体和特殊群体，市级福彩公益金每年安排3000

万元，用于城乡医疗救助项目，帮助解决全市城乡低保对象和困难群体看病难问题。每年从市级福彩公益金中资助300万元，用于补助老复员军人医疗经费。福彩公益金的及时资助，为健全重庆市社会救助体系，有效帮扶困难群体，促进社会和谐稳定，发挥了较好的作用。

（五）推动社会公益基础设施建设

一是推进社区公共服务平台建设。城市社区服务中心和村级公共服务中心是巩固党在社区的执政基础，联系和服务群众的有效载体。2014年，重庆市市级福彩公益金继续资助1570万元，新建220个城市社区服务中心、39个减灾示范社区、30个“全国和谐社区建设”示范社区，为城乡居民共享社区公共服务搭建了平台，促进了和谐社区建设。二是支持城乡公益性公墓建设。2014年，安排市级福彩公益金1720万元，支持城市公益性公墓和乡镇示范公益性公墓建设，推进了殡葬改革，较好地满足人民群众的基本殡葬需求。三是支持救助管理站建设。安排市级福彩公益金260万元用于市、区县救助管理站建设，改善了对流浪乞讨人员的救助条件。

（六）树立福彩慈善公益形象

为树立福利彩票良好的社会公益形象，凸显其公益和慈善性质，重庆市组织开展了福彩助学助教、“慈善·福彩情暖万家”“送福到家·福彩在行动”关爱留守老人和儿童、“民生福彩·流动少年宫”关爱留守儿童等活动，设立了残疾人关爱基金、孤儿成才基金、农民工关爱基金、阳光福彩爱心救助基金等。2014年，重庆市继续安排市级福彩公益金800万元，用于资助福彩助学等公益活动。近几年，重庆市已累计资助20686名贫困家庭学生上大学。通过开展一系列慈善公益活动，彰显了福利彩票扶贫济困、乐善好施的慈善公益形象，体现福彩工作取之于民、用之于民的价值取向，让全社会都来关注福利彩票，支持福彩事业，推动慈善事业发展。

（七）探索支持社会组织参与社会服务

按照《国务院关于政府向社会力量购买服务的指导意见》（国办发〔2013〕96号）文件精神，自2013年起，重庆市将支持社会组织参与社会服务工作纳入市级福彩公益金支持范围。2014年，重庆市安排市福彩公益金1100万元，用于向社会组织购买服务，让社会组织参与对特殊困难群众社工服务和社会福利、救助方面的服务。此项工作将有力引导社会组织参与社会服务，推进重庆市社会福利、救助工作和社会组织发展。

四、下一步工作打算

（一）加强福彩公益金监管

从重庆市福彩公益金的使用管理上看，由于人手少、业务经费紧缺，客观上存在重安排、轻管理，重使用、轻监督的问题；由于财政资金划拨滞后，存在公益金跨年度使用问题。随着公益金管理使用的社会开放程度越来越高，管理责任也越来越大，下一步，重庆市将修改完善《重庆市福利彩票公益金使用管理办法》，健全彩票公益金申报程序，完善福利彩票公益金分配、使用、评估及监管机制，规范工作流程。同时，建立公益金项目绩效评价制度，绩效评价结果与资金分配、项目立项相挂钩；完善公益金使用情况督查机制，会同有关部门定期对公益金项目实施和资金使用情况进行督查；主动接受审计、监察等部门以及新闻媒体和公众的社会监督。

（二）加大福利彩票公益性宣传力度

每年6月底前，在市民政局、市财政局公众信息网上公示上年度市级福彩公益金使用情况；在相关媒体开辟专栏，主动公开“专项公益金”使用情况及效果。同时，借助新闻媒体，加大对福利彩票公益金资助福利项目、福利项目使用的社会效果等方面的宣传，让更多的人了解福利彩票的公益性，关心、支持和参与福利事业建设，推进民政福利事业快速发展。

四川省2014年度福利彩票公益金使用情况报告

一、福利彩票公益金筹集情况

2014年四川省福利彩票销售额为781527.12万元，筹集公益金226397.12万元（含弃奖4965.6万元），上缴中央110715.74万元，全省留成115681.38万元。其中，省民政厅统筹使用39406万元，市级留成44532.18万元，县级留成12407.4万元，其余的21336.2万元由省财政集中建立专项公益金。民政部资助四川省部本级福彩公益金25306万元，中央农村幸福院建设专项彩票公益金7341万元，中央精神病医院建设福彩公益金3000万元。2014年各级福利彩票公益金合计投入90036.8826万元，资助基础建设项目1044个，非基础设施类项目1096个。结余转存下年使用6308.7万元。

二、福利彩票公益金使用情况

（一）民政部资助部本级福彩公益金使用情况

2014年民政部资助四川省部本级福彩公益金35647万元。四川省严格按照民政部、财政部下达资金文件要求，加强对福彩公益金的使用管理，严格按照规定的用途使用资金，确保专款专用。

1. 老年人和残疾人福利项目情况

（1）安排使用中央农村幸福院建设专项彩票公益金7341万元资助2447个农村幸福院建设。

（2）安排使用中央精神病医院专项福彩公益金3000万元资助内江市

精神病人康复院建设。

（3）安排使用部本级福彩公益金2000万元资助四川省养老实训示范基地建设。

（4）安排使用部本级福彩公益金1250万元资助53个农村五保供养服务设施设备更新。

（5）安排使用部本级福彩公益金1318万元资助城镇老年社会福利机构建设。

（6）安排使用部本级福彩公益金200万元资助4个城乡社区为老服务信息网络平台建设。

（7）安排使用部本级福彩公益金150万元资助150个省级示范性基层老年协会和农村老年协会参与关爱农村空巢老人居家养老服务。

（8）安排使用部本级福彩公益金700万元资助64个城市社区养老服务设施建设项目。

（9）安排使用部本级福彩公益金600万元资助4个优抚医院（光荣院）建设。

（10）安排使用部本级福彩公益金2256万元资助9个残疾人福利机构建设项目。

2. 儿童福利项目情况

（1）安排使用部本级福彩公益金240万元资助残疾孤儿手术康复“明天计划”项目。

（2）安排使用部本级福彩公益金520万元资助攀枝花市儿童福利院、阿坝州儿童福利院、达州市大竹县儿童福利院、甘孜州康北儿童福利院4个儿童福利机构建设、购置设施设备。

（3）安排使用部本级福彩公益金182万元资助四川省肢体伤残康复中心脑瘫儿童康复训练基地设施设备购置及康复训练。

（4）安排使用部本级福彩公益金95万元资助成都市儿童福利院、自贡市儿童福利院、广安市儿童福利院、南充市儿童福利院4个残疾儿童特教项目。

（5）安排使用部本级福彩公益金150万元资助布拖县艾滋病致孤儿童安置救助指导中心、雷波县艾滋病致孤儿童安置救助指导中心、越西县艾滋病致孤儿童安置救助指导中心、金阳县艾滋病致孤儿童安置救助指导中心、昭觉县艾滋病致孤儿童安置救助指导中心5个受艾滋病影响儿童救助保障项目。

3. 社会公益类项目情况

（1）安排使用部本级福彩公益金14746万元资助城乡医疗救助。

（2）安排使用部本级福彩公益金60万元资助乐山市流浪未成年人救助保护中心、井研县流浪未成年人救助保护中心、仁寿县流浪未成年人救助保护中心3个流浪未成年救助保护中心建设。

（3）安排使用部本级福彩公益金239万元资助温江区救助管理站、德阳市救助管理站、游仙区救助管理站、三台县救助管理站、泸州市救助管理站、内江市救助管理站、峨眉山市救助管理站、广安市救助管理站、广安区救助管理站、前锋区救助管理站、恩阳区救助管理站、安岳县救助管理站12个救助管理机构建设。

（4）安排使用部本级福彩公益金600万元资助罗江县殡仪馆、绵阳市殡仪馆、自贡市殡仪馆、攀枝花市殡仪馆、泸州市殡仪馆、遂宁市殡仪服务站、资中县殡仪馆、乐山市殡仪馆、南充市殡仪馆、翠屏区殡仪服务站、巴中市殡仪馆、平昌县殡仪馆、洪雅县殡仪服务站、西昌市殡仪馆、越西县殡仪馆、理塘县天葬场、丹棱县殡管所、青神县殡管所18个殡葬设施改造项目。

（二）省本级福彩公益金使用情况

2014年省本级福利彩票公益金用于全省社会福利事业和公益事业39406万元。按照福利彩票公益金“扶老、助残、救孤、济困”的宗旨，全部用于社会福利事业和公益事业。

1. 老年人及残疾人福利项目情况

为贯彻落实党的十八大提出的“积极应对人口老龄化，加快建立社会养老服务体系和发展老年服务产业”和《中华人民共和国国民经济与社会发展第十二个五年规划纲要》提出的“加快发展社会养老服务”的目标任务，积极应对日益严峻的人口老龄化趋势，省民政厅2014年安排使用23691万元，促进老年人和残疾人社会福利事业发展。

（1）安排使用省本级福利彩票公益金16550万元用于全省21个市（州）和59个扩权县的社会养老服务体系建设。

（2）安排使用省本级福利彩票公益金210万元资助21个市（州）创建养老服务社会化示范社区。

（3）安排省本级福彩公益金6471万元，资助四川省养老实训示范基地建设、四川省复员退伍军人医院精神残疾军人养老康复中心基础设施建设、四川省肢体伤残康复中心维修改造及购置设施设备、四川省革命伤残军人休养院老年养护楼建设及购置设施设备。

（4）安排省本级福彩公益金90万元，资助4个农村敬老院维修改造。

（5）安排省本级福利彩票公益金200万元资助“晚情行动”，在全省开展“三无”、五保老人白内障复明手术、装配假肢矫形康复辅具。

（6）安排使用省本级福利彩票公益金170万元，资助全省90个村级基层老协开展关爱农村空巢老人试点活动及购置设施设备。

（7）省残联分配贫困家庭脑瘫儿童康复救助工程省级救助专项资金1000万元，全国第九届残运会筹备经费1000万元。

2. 儿童福利类项目情况

为贯彻落实《国务院办公厅关于加强孤儿保障工作的意见》（国办发〔2010〕54号）、《四川省人民政府办公厅关于加强孤儿保障工作的实施意见》（川办发〔2011〕30号）精神，省民政厅2014年安排使用彩票公益金5274万元，重点支持儿童福利机构完善孤残儿童养育、治疗、康复、特殊教育和职业技能培训等方面的功能，为孤残儿童健康成长提供必要的资金保障和服务保障。

（1）安排省本级福彩公益金1860万元资助93个县级儿童福利服务指导中心建设及购置设施设备。

（2）安排省本级福利彩票公益金300万元，用于儿童福利机构内脑瘫儿童筛查、康复训练、培训，矫形器配置及调试等。

（3）安排省本级福彩公益金300万元用于资助四川省志翔职业技术学校孤儿学生教育等。

（4）安排省本级福彩公益金2814万元资助四川省孤儿职业学校建设。

3. 社会公益类项目情况

省民政厅2014年安排使用彩票公益金8441万元支持社会公益事业发展，推进以改善民生为重点的社会建设，提高基本公共服务水平。

（1）安排省本级福彩公益金7881万元资助城乡医疗救助，发挥了保障民生的重要作用，为构建和谐社会作出了重要贡献。

（2）安排40万元资助3个殡仪馆建设及购置设施设备；安排20万元补助2个救助管理站购置设施设备。

（3）安排250万元资助21个社区建设。

（4）帮困助学活动项目200万元。

（5）安排省本级福彩公益金50万元资助成都市购买社区工作者和社工人才培训服务。

（三）市（州）、县级留成福彩公益金使用情况

2014年市（州）级、县级共留成福彩公益金56939.58万元，合计投入福彩公益金50630.8826万元。从投入方向看：其中老年人福利类项目33385.9268万元，残疾人福利类项目1092.778万元，儿童福利类项目3772.2012万元，用于慈善帮困、医疗救助、社区建设等社会公益类项目12379.9766万元。

三、公益金使用社会效果评估

四川省在安排福彩公益金资助项目上，始终坚持“扶老、助残、救孤、济困”的宗旨，筹集的福利彩票公益金由财政专户管理，使用时由项目申报单位申报项目建设可行性论证报告、政府立项批文、资金配套承诺、发改委立项批复、编制委员会批复、合法用地手续证明等必备文件，省民政厅进行审查、评估，并协商省财政厅后，由厅长办公会决定资助项目，统一安排使用。通过福彩公益金资助社会福利事业和社会公益活动，改善了全省国办社会福利院、儿童福利院、救助站、未保中心、殡葬设施、县区（包括乡镇）敬老院等一大批社会福利机构的基础设施，实施了“蓝天计划”“明天计划”“霞光计划”“晚情行动”“创建养老服务社会化示范社区”“儿童福利服务指导中心建设”和“放飞梦想，托起希望的明天”福彩帮困助学资助贫困大学生等项目，以及城乡医疗救助，推动了四川省社会福利事业的快速发展，为四川省社会福利和社会公益事业全面发展提供了强有力的保障。

四、下一步工作方向

（一）加强领导，始终保持福彩公益金使用的正确方向

进一步加强领导，高度重视彩票公益金管理使用工作，严格遵守福利彩票发行宗旨和彩票公益金使用规定来制订公益金安排计划，积极争取各级财政部门的支持，最大限度地发挥彩票公益金使用的社会效益。在公益金投入方向上，一是加强老年福利事业建设，确保“老有所扶”；二是加强儿童福利事业保障，确保“孤有所救”；三是加强残疾福利事业支持，确保“残有所助”；四是加强困难群体资助，确保“困有所济”；五是加强自然灾害抢险救援资助，确保“灾有所赈”。

（二）严格规范彩票公益金申请审核程序和监督机制

建立完善彩票公益金管理使用的工作程序，确保公益金安全、准确的资金投向，避免项目审批的随意性。重点支持在建项目，坚持当年拨付当年使用原则，确保彩票公益金及时、高效使用。切实做到不改变彩票公益金项目资金用途，不挤占和挪用彩票公益金，不平衡一般财政预算，保证专款专用。加强与财政、审计等部门的沟通协调，组建联合督查组，对福彩公益金的管理和使用等情况开展专项监督检查和绩效评估。

（三）做好彩票公益金项目的社会公告和信息通报工作

及时公开福彩公益金资助项目情况，主动接受人民群众、社会各界和新闻舆论的监督，有效保障福彩公益金使用规范安全，提高福彩工作的公信度。

五、相关建议

一是为规范和加强彩票公益金筹集、分配和使用管理，建立健全彩票公益金监督机制，建议民政部和财政部尽快出台福利彩票公益金使用管理办法；二是由于四川省属西部贫困人口大省，经济基础薄弱，地方财力有限，建议民政部继续加大对四川省福彩公益金项目的支持力度。

贵州省 2014 年度福利彩票公益金使用情况报告

一、福利彩票销售及公益金筹集情况

2014 年度贵州省福利彩票销售额为 215145.5 万元，筹集公益金 69701 万元（含弃奖 2077 万元），上缴中央 33812 万元，本省留成 35889 万元。其中，省本级福彩公益金为 10673.5 万元，市、县级留成 18943 万元。另外省级财政留成 4487 万元，省残联 742 万元，地方水利建设基金 1043.5 万元。

二、福利彩票公益金使用情况

（一）民政部资助贵州省福利彩票公益金使用情况

2014 年民政部资助贵州省彩票公益金 5909 万元，中央农村幸福院建设专项资金 3741 万元，贵州省认真按照财政部、民政部下达资金文件要求，加强对资金的使用管理，严格按照规定用途使用资金，确保专款专用。

1. 老年人福利项目 1307 个，共计 7152 万元

（1）安排使用中央农村幸福院建设专项资金 3741 万元，资助 1247 个农村幸福院建设。

（2）新建和改扩建贵阳市第二福利院等市县级社会福利院 11 个，安排资金 1206 万元。

（3）安排农村五保供养服务实施建设“霞光计划”项目 1605 万元，建设 36 个乡镇敬老院。

（4）社区居家养老项目12个，安排资金400万元。

（5）六枝光荣院建设项目1个，安排资金200万元。

2. 儿童福利项目11个，共计1086万元

（1）安排100万元用于贵州省儿童福利和收养中心的残疾儿童和受艾滋病影响儿童的养治教康项目。

（2）安排143万元给部级脑瘫康复训练示范基地贵阳市儿童福利院和铜仁市儿童福利院开展脑瘫康复示范培训项目。

（3）安排843万元用于桐梓县儿童福利院等8所儿童福利机构建设及购置设备。

3. 残疾人福利项目7个，共计882万元

（1）安排200万元用于省肢体康复中心维修改造项目。

（2）安排430万元用于威宁县精神病院等4所精神病院建设和购置设备设施项目。

（3）安排272万元用于威宁县麻风病院等2所麻风病院的改造、维修项目。

4. 社会公益类项目9个，共计530万元

（1）安排180万元用于省慈善总会等4个慈善超市建设及捐助废旧纺织品综合利用项目。

（2）安排170万元用于贵阳市未保中心等2所救助站建设项目。

（3）安排180万元用于黔西县殡仪馆等3所殡葬设施建设项目。

（二）省本级福彩公益金使用情况

2014年省本级彩票公益金使用共计10056万元，实施项目256个。省民政厅认真执行财政部、民政部出台的《彩票管理条例实施细则》的要求，按照福利彩票公益金“扶老、助残、救孤、济困”使用宗旨，全部用于民政社会福利和公益事业。

1. 老年人福利项目176个，共计5610万元

（1）安排资金2300万元用于贵阳市农村五保供养服务实施建设及星级敬老院评定鼓励项目，资助项目10个。

（2）安排资金580万元用于平坝老年养护楼等新建和购置设施设备项目，共资助4个项目。

（3）安排700万元用于省级养老示范基地建设项目。

（4）安排360万元用于省级养老护理技能鉴定站建设及养老服务培训，共资助3个项目。

（5）安排100万元用于社会福利机构信息管理平台建设项目。

（6）安排200万元用于补助民办养老机构建设补贴项目，项目共计22个。

（7）安排30万元用于养老服务机构综合责任保险补助资金项目。

（8）安排40万元用于云岩区贫困老人购买养老服务项目试点项目。

（9）安排300万元用于农村幸福院建设项目，共计68个项目。

（10）安排500万元用于社区日间照料中心、农村居家养老服务站建设和设施设备购置项目，共计61个项目。

（11）安排100万元用于六盘水市光荣院和遵义市荣军康复医院建设项目，共计2个项目。

（12）安排300万元用于紫云县扶老济困项目。

（13）安排100万元用于省荣军康复医院购置设施设备。

2. 儿童福利项目12个，共计923万元

（1）安排50万元用于孤儿及困境儿童救助购买社会公益性社会组织服务项目。

（2）安排60万元用于儿童福利项目培训及机构合作项目。

（3）安排50万元用于孤残儿童手术康复“明天计划”和“疝气儿童”手术康复项目经费。

（4）安排50万元用于孤残儿童护理员职业技能培训、鉴定项目经费。

（5）安排20万元用于儿童福利机构涉外收养登记窗口设施补助经费。

（6）安排35万元用于孤残儿童收养家庭评估登记及培训项目。

（7）安排40万元用于大方县困境儿童救助项目。

（8）安排20万元用于凯里市未成年救助保护试点工作项目。

（9）安排538万元用于六枝特区、大方县儿童福利院等3家儿童福利机构建设及设施设备购置项目。

（10）安排60万元用于受艾滋病影响救助项目。

3. 残疾人福利项目17个，共计1010万元

（1）安排200万元用于贫困家庭肢体功能障碍救助康复项目。

（2）安排500万元用于仁怀市、西秀区等精神病院的建设及购置设施设备项目经费，项目共计5个。

（3）安排110万元用于普定精神病院等福利机构贫困家庭重度精神病人救助项目经费，项目共计10个。

（4）安排200万元用于省肢体康复中心购置设施设备。

4. 社会公益类项目51个，共计2513万元

（1）安排100万元用于贵州省慈善事业发展项目。

（2）安排100万元用于贵州省慈善事业信息管理平台建设项目。

（3）安排300万元用于温暖贵州项目。

（4）安排100万元用于见义勇为基金。

（5）安排50万元用于社会工作人才培训项目。

（6）安排30万元用于民政工作对象慰问经费。

（7）安排200万元用于罗甸县未保中心建设。

（8）安排105万元用于婚姻登记便民利民服务设施设备购置项目，共计10个项目。

（9）安排1000万元用于殡葬设施改造项目经费，项目共计14个。

（10）安排398万元用于社区服务项目，共计19个项目。

（11）安排150万元用于购买公益性社会组织服务项目经费。

（三）市州级福彩公益金使用情况

2014年市州和县级福彩公益金共留成18943万元，安排使用福彩公益金5283万元，实施项目112个。各级民政部门认真执行财政部、民政部出台的《彩票管理条例实施细则》的要求，按照福利彩票公益金“扶老、助残、救孤、济困”使用宗旨，资金用于民政社会福利和公益事业。其中老年人福利项目69个，使用资金2117万元。残疾人福利项目3个，使用资金138万元。儿童福利事业项目2个，安排资金38万元。社会公益性项目38个，安排资金2687万元。

三、公益金使用效果评估

贵州省在安排福利彩票公益金资助项目上始终坚持“扶老、助残、救孤、济困”使用宗旨，筹集的福彩公益金由财政专户管理。一是提前制订

下一年度福彩公益金安排使用预案。在每年年底省民政厅根据省财政厅提供下一年度资金使用额度，制订下一年度省本级福彩公益金安排预案，报省财政厅审核，并列入年度财政预算。二是严格申报程序。贵州省民政厅加强项目申报管理工作，专门开发民政事业项目申报系统，各地根据当地社会经济发展的实际情况，需要省民政厅支持的项目通过网上进行申报，申报的建设项目需具备发改部门的立项批准、落实建设用地、政府出具的资金配套函和项目可行性研究报告等相关材料。同时所批项目需经项目评审会进行评审。三是提高资金使用效益，省民政厅根据各地民政事业发展的实际需要，统筹兼顾，对当地党委政府支持力度大，项目前期准备充分，优先进行安排，确保资金使用效率。四是加强项目监督，省民政厅每年都组织专门力量对项目和资金管理进行督查，确保资金安全和项目正常推进。

四、下一步工作建议和安排

第一，扩大公益金资助范围，实现资助对象社会化。建议中央层面出台公益金资助和使用管理办法，明确具体使用范围，并引进竞争机制，在遵循公益宗旨的前提下，公益金向更多公益性社会项目进行资助。

第二，2015 年贵州省将对公益金使用进行重点倾斜，加大对老年福利、残疾人和儿童福利事业支持力度，按照轻重缓急科学安排，突出重点项目，兼顾一般项目，使有限的资金发挥应有的效率和作用。

第三，2015 年贵州省进一步规范福彩公益金使用管理运行机制和加强对项目的实施监管。探索建立实效评价指标和制度，对公益金资助的项目进行事前、事中和事后的督促检查，确保项目发挥服务功能，取得实际社会效益。

第四，加快资金拨付速度，提高公益金使用效率。2015 年贵州省将根据工作情况加快资金安排计划，提早按照相关程序报送财政部门审核和办理，及时拨付到项目单位，提高贵州省福彩公益金使用效率。

云南省 2014 年度福利彩票公益金使用情况报告

一、福利彩票公益金筹集及分配情况

（一）筹集情况

2014 年云南省福利彩票发行工作在各级党委政府的高度重视和相关部门的大力支持下，通过全省民政部门的共同努力，共发行销售福利彩票 572402.69 万元。其中：电脑彩票销售 324816.09 万元，中福在线即开票销售 89238.35 万元，传统型即开票销售 36629.21 万元，快乐十分彩票销售 121719.04 万元。共筹集福利彩票公益金 176562.71 万元（已全部缴入财政专户）。按照《财政部关于调整彩票公益金分配政策的通知》（财综函〔2006〕7 号）规定，上缴中央 86267.68 万元，地方留成 90295.01 万元。

（二）分配情况

根据《云南省财政厅关于印发〈云南省彩票公益金管理办法〉的通知》（云财综〔2009〕83 号），2014 年度云南省地方留成公益金分配如下：省残联分成 4213.79 万元；省本级留成 33921.06 万元；专项公益金 14537.59 万元；州市分成 37622.57 万元。

二、福利彩票公益金使用和效益情况

福利彩票公益金的安排使用始终坚持“扶老、助残、救孤、济困”的福利彩票发行宗旨，充分体现了福利彩票公益金“取之于民、用之于民”的内涵，新建和改扩建了一批社会福利服务设施，改善了孤儿、孤老、孤残人员的生活条件，取得了良好的社会效益。

2014年云南省共使用福利彩票公益金75470.24万元资助社会福利事业项目1500个。其中，部级福彩公益金安排6121万元资助项目61个；省级福利彩票公益金安排32000万元资助项目715个；州（市）、县（市、区）留成福利彩票公益金安排35000万元资助项目807个。资助项目使用情况如下。

（一）资助城市公办养老机构建设

云南省属我国西部边疆民族地区，全省经济贫困、养老服务体系建设严重滞后，特别是云南省城市公办养老机构严重匮乏，空白地区多，现有的城市公办养老机构设施陈旧、功能单一，远远不能满足福利服务的需求。福利彩票公益金通过实施“县（市、区）社会福利中心建设计划”，新建和改扩建了一批社会福利中心，对原有社会福利院进行了维修和改扩建，极大地改善了入住老人的居住环境。

（二）资助农村敬老院建设

通过几年的不懈努力，全省县级中心敬老院布局基本完成，建成了一批功能完善、管理规范、有较强示范作用的农村敬老院，从根本上改变了云南省农村敬老院数量少、环境差、功能单一、服务水平低的面貌，较好地保障了云南省农村五保供养对象的基本生活，有力地推动了云南省农村敬老院建设管理和农村五保供养事业持续健康发展。

（三）资助居家养老服务中心建设

2012年以来，采取省、州（市）、县三级财政共同负担的原则建设城乡居家养老服务中心。2014年新建、改扩建300个居家养老服务中心。

（四）资助老年活动场所及“百村建设”

为弘扬中华民族尊老敬老传统美德，实现老有所学、老有所教、老有所为、老有所乐的工作目标，资助新建集学习、健身、文化娱乐为一体的老年活动中心。补助农村老年人协会改造基础设施建设、购置文体活动设备资金，确保了基层老年协会办公有地点、活动有场所，有力地促进了云南省农村基层老年协会的健康发展。

（五）资助儿童福利项目建设

通过实施福利机构脑瘫儿童康复训练项目、受艾滋病影响儿童救助安置项目、儿童福利机构特殊教育项目、残疾孤儿手术康复“明天计划”长效机制项目，为全省福利机构和低保对象中0—18岁具有手术适应证的残疾儿童进行手术矫治和康复治疗，使这些孤残儿童获得了新生。福彩公益金不但弥补了政府财力在改善孤儿生存、发展、教育、康复、医疗等方面的资金缺口，更推动了孤残儿童福利事业的全面发展。

（六）支持城乡社区服务体系建设

为支持云南省城乡社区服务体系发展，使用福彩公益金在全省范围内建设无办公用房和服务设施的城市街道社区服务中心、城市社区服务站、农村社区服务站。城市、农村社区服务站的建设完善了云南省社区服务体系，促进社区发展，推动社会主义和谐社会建设。

（七）资助其他社会公益项目

实施了烈士纪念设施维修改造项目、流浪未成年人救助保护中心设施配套建设项目、殡仪馆基础设施建设项目和“义肢助残”项目等；实施了困难群众火化补助项目，促进了良好丧葬习俗的形成；实施了向社会组织购买服务项目，通过老龄事业发展基金会等社会组织购买服务，满足了特困家庭、空巢老人、贫困学生等困难群众最切实、最直接的需求。

三、福彩公益金管理情况

为了加强福彩公益金的管理，成立了云南省社会福利事业彩票公益金资助项目评审委员会，下设评审委员会办公室，负责福彩公益金安排使用工作，明确了省本级福彩公益金的资助项目范围、原则、资助项目申报程序和申报材料，严格对省本级福彩公益金资助项目进行监督管理；各相关业务处室根据业务对口原则负责对福利彩票公益金资助项目的审核、跟踪问效及监督检查。全省各级民政部门建立项目管理责任制，督促项目实施、确保专款专用。

四、接受审计情况

2014年11月下旬至12月底，国家审计署对云南省2012年至2014年10月彩票资金（彩票公益金和彩票发行费）的筹集、分配、管理和使用情况进行了审计，并下发了《审计决定书》（审社决〔2015〕109号）和

《审计报告》（审社报〔2015〕109 号），就存在的问题提出了处理意见。审计决定和报告指出云南省福利彩票资金管理使用存在虚报套取彩票资金、挤占挪用彩票资金、违规使用彩票资金购建楼堂馆所、违规使用彩票资金发放津贴补贴、使用彩票资金违规采购物资服务、违规将彩票资金用于“三公”经费支出、公益金闲置未安排使用和其他方面的问题等共 8 个方面 46 项内容。针对审计发现的问题，省民政厅先后下发了《云南省民政厅关于规范管理中福在线销售厅经营主体和福利彩票代销者的通知》（云民福〔2015〕1 号）、《云南省民政厅关于成立福彩资金专项审计整改落实小组的通知》（云民福〔2015〕6 号）和《云南省民政厅关于进一步规范福彩发行和资金管理使用的通知》（云民福〔2015〕11 号）等文件，结合云南省建设“阳光福彩”专项整治工作，对审计发现问题的整改提出了明确要求。目前，相关审计决定已执行，审计报告提出的关于福利彩票资金方面的问题，相关部门、单位采取调整账目、追回资金等方式进行整改，整改到位金额 2313.07 万元，暂未归还到位但已制订还款计划 1387.904 万元，整改工作取得阶段性成效。

五、2015 年福彩公益金筹集使用工作计划

2015 年，云南省民政厅将根据党的十八届三中、四中全会和省委九届七次全会关于全面深化改革的部署，创新思维，改进方法，加大发行销售力度，及早下达项目资金，更好地发挥福彩公益金在社会福利和公益事业中的重要支撑作用。

（一）着力推进福彩事业的转型发展

2015 年全省民政工作暨福彩工作会议已经明确全年发行总目标为 58 亿元。为实现这一目标，必须以改革创新为动力，加快转变发展方式，深化对游戏、市场、渠道、机制、人才等各方面的管理建设，重点突破，全面推进，积极探索发行销售新的增长点，实现云南省福彩发行管理工作全面、协调和可持续发展。一是加快新游戏申报审批进度，加强渠道管理服务，拓展新的销售渠道建设。二是争取新游戏和新网点尽早推出上市，使之成为销量新增长点。三是积极探索创新销售模式。四是优化经营管理体制和机制，充分调动和发挥各级的积极性，推动福彩事业科学发展。

（二）及早安排，注重绩效，更好地发挥公益金使用效益

一是坚持资助项目安排原则。按照福彩公益金“扶老、助残、救孤、济困”宗旨，资助项目必须符合福彩公益金使用范围；必须确保完成列入省政府10件惠民实事建设任务的项目；必须优先安排民政系统内部的以保障民政部门履行职能，提升民政服务的基础设施建设项目；必须统筹兼顾，在考虑全省平衡的基础上，对工作推进力度大、项目前期准备工作充分的项目优先安排。二是严格申报程序。尽快制定福彩公益金年度使用计划，提前谋划、尽早布局，严格执行预算批复，加强项目申报材料管理，严把项目审核关，完善和规范福彩公益金的管理使用工作。按照省本级福彩公益金申报程序，由相关业务处室初选，经厅长办公会讨论审核后，送云南省社会福利事业彩票公益金评审委员会办公室组织评审。三是提高效益。在项目资金安排上，着眼及早安排、注重绩效，全年计划分两批安排。推动民政福彩公益金使用管理方式由“粗放型”向“精细化”转变，加大福彩公益金政策创制力度，狠抓落实，加强对资金项目的监管，确保每一笔资金、每一个项目都在阳光下运行。

西藏自治区2014年度福利彩票公益金使用情况报告

一、福利彩票销售及公益金筹集情况

2014年，自治区民政厅认真贯彻落实《彩票公益金管理条例》《彩票管理条例实施细则》《彩票公益金管理办法》，遵循“扶老、助残、救孤、济困”的发行宗旨，自治区福利彩票全年销售72678.18万元。其中3D游戏7819.11万元，双色球9216.46万元，七乐彩游戏119.26万元，生肖时时彩111.34万元，“快3”46843.61万元，即开票8568.4万元。

根据彩票公益金提取和分成比例，2014年西藏自治区共筹集彩票公益金20845.16万元，上缴中央10422.58万元，自治区本级留成10422.58万元。

二、公益金的使用情况

2014年，中央福利彩票公益金补助西藏自治区6637万元，使用范围主要集中在老年人福利类、儿童福利类、残疾人福利类、社会公益类。在福利彩票的投放使用上，根据民政部和财政部有关规定，进一步切实加强福利彩票公益金的管理，完善审批制度，保证了福利彩票公益金在规定范围内使用，做到专款专用，使福利彩票公益金真正用到实处。

对于自治区本级彩票公益金的使用，自治区民政厅根据民政事业发展规划和公益金留成总额，拟订年度项目计划。根据项目计划要求各地（市）结合实际上报项目需求情况及项目申报材料；民政厅根据福利彩票公益金使用范围，对各地提交的项目申报材料进行筛选，将符合条件的项目拟订分配方案，报厅长办公会议研究；厅长办公会议研究通过后的项目报区财政厅审定，财政厅审定后下拨项目资金，由各级民政部门组织实施。

三、下一步工作安排

（一）加强彩票公益金制度建设

根据民政部、财政部相关规定，结合西藏自治区实际，与区财政厅联合制定《西藏自治区福利彩票公益金使用管理办法》。

（二）加大彩票发行力度，积极筹措公益金

在福利彩票发行销售方面，不断深化销售体制改革，全面夯实站点销售体系，加大发行销售力度，进一步扩大销售网点，创新机制和加强管理，确保销售持续快速增长，筹集更多的公益金，为全区社会福利和公益事业发展提供有力支撑。

（三）加强公益金的审计和社会监督

建立健全内部审计制度，定期或不定期对公益金使用情况进行检查；坚持福彩资金专款专用原则，不得将福彩公益金用于平衡财政一般预算或者其他支出；主动接受财政、审计、监察等部门以及新闻媒体和公众的社会监督。

陕西省2014年度福利彩票公益金使用情况报告

一、公益金筹集情况

（一）销售情况

2014年，全省共销售福利彩票757205.79万元，比上年增加125857.66万元，增长19.934%。

（二）公益金筹集情况

根据彩票公益金分配政策，彩票公益金在中央和地方之间按50∶50的比例分配。地方留成彩票公益金分配政策，彩票公益金上缴中央后，留归地方的彩票公益金，福利彩票公益金省级和市级之间按43∶57比例分配。

根据彩票公益金分配政策，2014年全省共筹集福利彩票公益金214434.74万元，上缴中央福利彩票公益金107217.37万元，地方留成110679.14万元（弃奖转省级公益金3461.77万元）。

二、省本级公益金使用情况

2014年陕西省本级福利彩票公益金用于全省社会福利事业和公益事业50996.1万元。陕西省民政厅依据福利彩票“扶老、助残、救孤、济困”的宗旨，按照科学、合理、公平、公正的原则，统筹考虑区域发展、人口数量、建设规模等因素，确定项目补助标准，重点用于为老年人、残疾人、孤儿等特殊困难群体服务的社会福利设施建设和受助对象直接受益的项目，具体分为社会养老服务体系建设、儿童福利项目、社会福利机构建设、社区建设、城乡医疗救助、优抚对象医疗补助、资助贫困大学生、残疾人事业、社会公益事业 9 类。

三、省级福利彩票公益金使用的基本做法

一是加强制度建设。陕西省始终把加强福利彩票公益金的规范管理放在首位。依据财政部、民政部《财政部关于印发〈彩票公益金管理办法〉的通知》（财综〔2012〕15 号）要求，明确了相关单位和人员的职责，规范了资助项目的申报资料及程序，明确了资助项目的审核以及定期向社会公布等方式。从 2014 年度起，对所有的省级福彩公益金资助项目使用财政部门制定的数据库进行管理。要求各级民政、财政部门联合审查项目的申报、审核、批复等各阶段流程。

二是坚持民主评审。陕西省民政厅对资助的每一个项目从立项批复、可研报告、项目实施计划书、资金投入规模、资金来源情况、资金配套情况、单位自筹资金情况和申请资助资金数额等项逐项进行审核。并制订了《2014 年度福利彩票公益金收支计划》。

三是及时检查项目。陕西省民政厅每年重点检查各市福利彩票公益金使用相关制度是否建立健全、资金是否专款专用、项目招标是否符合有关规定。适时深入项目管理单位、福利机构、社区、困难群体等资助对象，对资助项目或单位进行现场检查，并对资助项目的建设进行指导帮助，提出合理化建议和建设进度要求，达到项目建设标准和资助条件。

四是公开透明资助。陕西省按照社会福利基金使用范围和管理要求，适时对年度实际资助情况，通过民政公众信息网络，向社会公布年度彩票公益金使用情况，接受社会监督，受到社会广泛好评。

四、下一步工作方向

按照国务院颁布的《彩票管理条例》和 2012 年财政部、民政部、体育总局颁布的《彩票管理条例实施细则》，陕西省将进一步完善本级公益金资助办法，加强对彩票公益金的管理使用。一是推进社会公开。将拟资助项目情况和公益金使用情况在省民政厅网站上公示，接受舆论监督，继续督促项目使用单位在公开场所悬挂公益金资助标识，自觉接受社会监督。二是加大支持力度。加大对老年人、残疾人、儿童福利事业的支持力

度，兼顾社会公益事业，重点向基层倾斜，使公益金分配更加具有可操作性和公正性。三是加强对社会福利的政策研究。建立跟踪问责机制，不断加大社会开放度、增强社会透明度、扩大社会参与度，增强公益金使用的广泛性、有效性和公平性，向社会交出一本公开账、明白账、放心账。

甘肃省2014年度福利彩票公益金使用情况报告

一、福利彩票公益金筹集情况

2013年，甘肃省发行福利彩票30.81亿元，筹集福利彩票公益金90150万元，其中上缴中央44005万元、省级留成27659万元、市（州）级留成9905万元、县（区）级留成8581万元。

二、福利彩票公益金使用情况

2014年，甘肃省使用的福利彩票公益金共计46388万元，其中部级福利彩票公益金资助7928万元、省级福利彩票公益金27659万元、市（州）级福利彩票公益金7462万元、县（区）级福利彩票公益金3339万元；资助项目1106个，其中部级公益金资助项目277个（次）、省级公益金资助项目533个（次）、市（州）级公益金资助项目478个（次）、县（区）级公益金资助项目170个（次）。

在福利彩票公益金的使用上，甘肃省民政厅始终遵循“扶老、助残、救孤、济困”的宗旨，严格按照“集体研究、民主决策”的原则，管好用好福利彩票公益金。

三、福利彩票公益金支持地方社会福利和公益事业发展情况

（一）养老床位大幅增加

甘肃省紧紧抓住国务院出台的《关于加快发展养老服务业的若干意见》政策机遇，通过上争支持、内生动力、多方联动，创造性地推进养老

服务业发展。2014 年，天水麦积、张掖甘州、庆阳市、临夏市“三基地一示范区”全部开工建设，武威市幸业养老中心等 7 个市县以社会资本投入为主体、政府投入为引导的示范养老项目建设相继开工，1100 个城乡社区老年人日间照料中心建设任务超额完成，以“12345 工程”为主要内容的全省居家养老服务网络平台建设工作全面推进，社会福利机构维修改造工程有序开展，农村敬老院设施设备不断改善。截至 2014 年底，全省养老床位达到 8.49 万张，同比增长 18.6%，每千名老年人拥有床位 23.8 张，比上年净增 5.9 张，床位增幅是近年来最快的一年，省上用于养老项目的福利彩票公益金超过总额的 70%。

（二）残障人福利工作积极开展

全省各地认真贯彻落实《甘肃省人民政府办公厅转发省残联等有关部门关于加快推进残疾人社会保障体系和服务体系建设实施意见的通知》（甘政办发〔2011〕84 号）规定，在市（州）、县（区）留成的福利彩票公益金中，分别按 10% 比例划拨同级残联，专项用于残疾人“两个体系”建设。在国家辅具康复研究中心的大力支持下，甘肃省于 2013 年有效实施了“福康工程”项目，积极争取民政部国家康复辅具研究中心为甘肃省配备了一批福康器具。从省级福彩公益金中安排 250 万元，共为社会残障人员配置假肢矫形器、轮椅等各类康复辅具 1635 具。同时，整合“福彩助残”“明天计划”等项目，为手术适应证儿童实施手术 41 人次。积极争取兰州市精神病福利院项目列为中央专项彩票公益金支持范围，落实补助经费 3000 万元，安排省级公益金 800 万元支持 2 个精神病福利机构基础设施建设，推进残疾人福利事业发展。

（三）儿童福利事业深入推进

继续实施“蓝天计划”和县级社会福利中心项目建设，支持人口多的县级综合福利机构设立儿童部。全省累计建成儿童福利机构 20 所，大部分综合福利机构设立了儿童部，共有床位 3737 张。结合省情，围绕省上开展的“联村联户，为民富民”行动，继续深入推进重度残疾儿童集中救助抚养工作，完成 872 名重残儿童的年度救助抚养任务，实现了集中救助抚养 2443 名农村贫困家庭重残儿童的 3 年目标。

（四）社会公益事业蓬勃发展

根据《甘肃省城乡医疗救助试行办法》（甘肃省人民政府令第 62 号）、

《甘肃省优抚对象医疗保障办法实施办法》等文件规定，甘肃省2014年度投入福利彩票公益金1860万元，开展医疗对象救助、优抚对象救助、困难群众慰问等专项救助活动，切实改善了特殊困难群体的生活，保障了特殊困难群体利益，维护了社会和谐稳定。

四、下一步工作打算

在今后的工作中，甘肃省将不断深化销售体制改革，进一步加大福利彩票销售力度，筹集更多的福利彩票公益金，为社会福利和公益事业发展提供有力的资金支持。在福利彩票公益金使用管理上，以开展建设“阳光福彩”专项行动为契机，继续强化预算管理、健全绩效评价机制、加强监督检查，做到项目事前评估、事中监测、事后检查相统一，确保福利彩票公益金使用安全健康、科学合理、公开透明。同时，加强福利彩票公益金资助项目标志牌的制作悬挂工作，加大对福利彩票公益金使用效益的宣传力度，提高福利彩票公益金的社会知晓度。

青海省2014年度福利彩票公益金使用情况报告

一、2014年度福利彩票发行与公益金筹集情况

2014年度，青海省福彩事业跨越发展，销量实现新突破，全年福利彩票总销量为11.37亿元，共筹集福利彩票公益金3.35亿元，其中省本级留成1.70亿元，同比增长13.33%。

二、使用情况和特点

在福利彩票的投放使用上，根据民政部和财政部的有关规定，青海省切实加强福利彩票公益金的管理，进一步完善审批制度，保证了福利彩票公益金在规定范围内使用，做到专款专用，使福利彩票公益金真正用到实处。青海省的福利彩票公益金主要用于社会福利中心、社会福利院、儿童福利院、敬老院、光荣院、扶持民办福利机构、社区为老服务信息平台建设项目、“蓝天计划”“明天计划”残疾儿童手术康复治疗、残疾人事业发展、殡葬基础设施建设更新改造项目、流浪未成年人救助保护中心建设项目、养老服务社会化等项目。对每项福利彩票公益金的投放使用，民政部门先作出公益金编制预算和资助方案，由财政厅审核后呈报政府审批后安排使用。

三、效果评估

按照有关规定和省级基金预算编制程序，省民政厅向省财政厅上报基金预算，其中重点加大对各类社会福利机构和有特殊需要的困难群体人群

的资助，提高福利彩票公益金使用效益，有力地促进了当地社会福利事业的发展，在维护困难群体的生活权益、构建社会主义和谐社会和促进社会文明进步方面发挥了重要的作用。

四、今后工作方向

中国福利彩票来自于社会、服务于社会，取之于民、用之于民。福利彩票公益金的筹集、分配、使用，联结着特殊困难群体的福祉，事关社会公平与正义，历来是全社会共同关心、关注的问题。青海省将结合年度工作重点，科学合理地安排支出计划，提高执行效率，要加强与全国省会城市之间福彩交流经验，有计划、有针对性地发展地方社会福利事业，支持地方民政公共服务基础设施建设。

宁夏回族自治区 2014 年度福利彩票公益金使用情况报告

一、福利彩票发行及公益金筹集情况

2014 年，在民政部领导的关心指导和大力支持下，宁夏回族自治区福利彩票发行继续保持平稳运行和较快增长的良好势头，全年销售福利彩票 15.4 亿元，比上年增长 30%；筹集公益金 4.44 亿元，比上年增长 28%。上缴中央公益金 2.22 亿元，区本级留成 2.1263 亿元，市县留存 0.0937 亿元。

二、福利彩票公益金投入使用情况

按照福利彩票“扶老、助残、救孤、济困”的宗旨，根据《彩票公益金管理办法》的有关规定，2014 年，宁夏回族自治区彩票公益金计划资助项目 22962 万元，其中部级公益金 8025 万元，自治区级公益金 14000 万元，市县公益金 937 万元。实际执行 12549 万元，其中，部级彩票公益金 8025 万元，区本级彩票公益金 3770 万元，市县彩票公益金 754 万元。年末累计结余资金 10413 万元。2014 年，宁夏回族自治区筹集的福彩公益金资助项目 150 个，资助金额 12549 万元，其中，老年人福利类项目 115 个 8180 万元；资助残疾人福利类项目 6 个（含残障人福利类 2 个）2882 万元；资助儿童福利类项目 13 个 933 万元；资助其他社会公益类项目 16 个 554 万元。各类项目直接受益人数 26.8 万人，间接受益人数 86.65 万人，促进了社会福利事业的长足发展。

（一）老年人和残疾人福利类项目情况

为全面建成以居家养老为基础、社区服务为依托、机构养老为补充、群众互助为途径，覆盖全体老年人的养老服务保障体系，2014 年，自治区本级福彩公益金安排 3246 万元用于老年人福利服务设施建设和设备购置。其中宁夏老年福利服务中心项目，是集养老、康复、护理、休闲为一体的综合性养老服务机构。该项目总占地面积 400 亩，总建筑面积 14.28 万平方米，可供 2400 名老人入住，总投资 6.13 亿元。包括：宁夏儿童福利院，老年活动中心，营养配送及呼叫指挥中心，多层老年公寓（四层），宁夏养老服务实训基地及认证管理中心，高层老年公寓，医疗康复大楼，关爱护理大楼，环湖别墅。该中心交通便捷、环境优美、空气清新，是老年人颐养天年的理想居所，目前一、二期工程主体全面完成。另完成 8 个市县新建改建社区养老服务机构 73 所，建成自治区老年人信息服务数据库和智能化社区居家养老服务信息平台，推动宁夏回族自治区社会养老服务体系建设步伐。

（二）儿童福利类项目

2014 年，部本级福彩公益金投入 933 万元用于儿童福利类项目，继续实施“蓝天计划”“残疾儿童康复项目”“残疾儿童、艾滋病影响儿童养治教康”等康复项目，为福利机构和贫困家庭病残儿童实施手术康复。同时，加大儿童养护中心和流浪未成年人保护中心基础设施建设力度，促进儿童福利事业健康发展。

（三）其他社会公益类项目

为了推进以改善民生为重点的社会建设，提高基本公共服务水平，2014 年，自治区本级公益金投入 432 万元，用于支持社会福利、社会救助、社区建设、殡葬设施建设等社会公益事业的发展。

三、下一步工作

今后，宁夏回族自治区将在探索创新公益金管理模式上下功夫，建立健全项目申报和绩效评价机制，严格落实《彩票公益金管理办法》和财政资金绩效管理要求，严格按照资助项目程序和要求，对新申报项目要进行调研、评估、筛选，明确项目绩效目标、具体内容、实施方式和实施步骤，建立项目事前申报审核和立项评审机制。加大项目执行监督检查力度，按照年初确定的公益金资助项目，对项目执行情况进行事中监督。对2014年福彩公益金资助项目开展绩效评价，将评估结果与公益金预算编制挂钩，推动宁夏回族自治区民政公共基础设施建设和社会福利事业的健康发展。

新疆维吾尔自治区2014年度福利彩票公益金使用情况报告

2014年，新疆维吾尔自治区共计销售福利彩票37.02亿元（不包含兵团），筹集公益金10.58亿元，投入使用公益金5.289亿元，专项用于民政社会福利、社会公益事业。根据《彩票管理条例》的相关规定，彩票公益金重点用于为老年人、残疾人、孤儿等特殊困难群体服务的社会福利设施建设和受助对象直接受益的项目，具体分为老年人和残疾人福利类项目、儿童福利类项目、社会公益类项目。现对2014年福利彩票公益金使用情况汇报如下。

一、中央福利彩票公益金资助项目

投入使用公益金6159万元，用于全疆城市医疗救助和农村医疗救助，有效改善了全疆困难群体的医疗条件。

二、自治区本级福利彩票公益金资助项目

2014年，自治区本级投入使用公益金1500万元用于资助殡葬设施、烈士陵园、光荣院等建设项目；投入使用公益金460万元用于资助各地流浪儿童救助项目；投入使用公益金7870万元用于资助各地老年福利基础设施项目；投入使用公益金2910万元用于资助区本级社会福利基础设施改建、扩建和维修项目；投入使用公益金500万元用于各地城市医疗救助和农村医疗救助。

三、地市本级福利彩票公益金资助项目

（一）残疾人福利项目

使用彩票公益金1720万元，资助各县市老年人、残疾人、社会福利机构建设项目13个。重点保障贫困残疾人的治疗、康复、照料等工作，促进了残疾人社会福利事业发展。

（二）老年人福利项目

使用彩票公益金4915万元，资助全疆各县市敬老院、老年活动中心等老年人社会福利机构建设项目87个。重点保障了老年人社会福利服务对象的供养、康复、照料等工作，促进了老年人社会福利事业的发展。

（三）儿童福利类项目

重点支持全疆各县市正在新建的儿童福利院和流浪儿童未成年人救助保护中心等。使用彩票公益金2752万元，资助全疆县市儿童福利院、流浪未成年人救助保护中心建设项目31个。促进了全疆各县市儿童福利和流浪未成年人救助保护设施建设均衡发展。

（四）社会公益类项目

安排使用彩票公益金6635万元，支持社会公益事业发展，推进以改善民生为重点的社会建设，提高基本公共服务水平。一是全疆殡葬设施、烈士陵园建设47个项目的新建、更新和改造等，投入使用公益金1009万元。二是资助全疆社区、活动中心建设项目39个，资助资金4391万元。三是爱心关注资金431万元，主要用于全疆各县市社区为老年人服务的室外健身活动器材和社会困难群体37113人。

新疆维吾尔自治区生产建设兵团
2014 年度福利彩票公益金使用情况报告

新疆维吾尔自治区生产建设兵团福利彩票发行工作坚持“以人为本，为民解困，为民服务”的理念，遵循彩票公益金取之于民、用之于民的原则，按照“扶老、助残、救孤、济困”的宗旨，为推动兵团老年人、残疾人、儿童福利和社会公益事业的发展发挥了重要作用。

一、兵团福利彩票销售、彩票公益金筹集情况

2014 年度，兵团共发行福利彩票 10353.17 万元。其中发行电脑福利彩票 9032.37 万元，其中双色球为 2404.6 万元、3D 为 2404.6 万元、七乐彩为 70.82 万元、时时彩为 3952.13 万元、喜乐彩为 11.22 万元、35 选 7 为 160.7 万元、25 选 7 为 22.52 万元、18 选 7 为 5.78 万元；发行即开型福利彩票 1320.8 万元，共募集福利彩票公益金 2660.28 万元，上缴中央 1330.14 万元，自治区留成 256.22 万元，兵团本级留成 1073.92 万元。

二、2014 年福利彩票公益金管理使用情况

（一）民政部本级福彩公益金管理使用情况

民政部非常关心支持兵团社会福利事业的发展，在老年人福利、残疾人福利、社会公益事业等项目中给予兵团大力支持。2014 年，民政部本级福彩公益金支持兵团农村幸福院项目资金 1000 万元、支持兵团社会福利项目资金 2616 万元。管理使用情况如下。

1. *老年福利类*

农村幸福院项目管理工作 1000 万元，用于支持兵团 333 个幸福院项目

建设；老年福利方面2000万元，用于资助兵团第四师71团养老院80万元、第五师89团养老院220万元、第六师五家渠市团养老院1000万元、第八师北泉镇养老院100万元、第九师团结农场老年人日间照料中心150万元、第十师得仁团老年公寓100万元、第十二师三坪农场养老院50万元、五一农场老年人日间照料中心150万元、第十三师红星一场养老院150万元。

2. 儿童福利类

儿童福利方面266万元，用于资助五师儿童福利院50万元、八师儿童福利院166万元、十师儿童福利院50万元。

3. 残疾人福利类

残疾人福利机构建设项目300万元，用于资助四师66团精神病福利医院80万元、十师188团精神病福利医院120万元、十三师火箭农场精神病福利医院100万元。

4. 社会公益事业类

社会公益方面50万元，用于资助兵团流浪乞讨人员救助站50万元。

（二）兵团本级福彩公益金管理使用情况

2014年兵团福利彩票公益金使用严格执行《彩票管理条例》（国务院第554号）、《彩票管理实施细则》（财政部、民政部、国家体育总局令第67号）、《彩票公益金管理办法》（财综〔2012〕15号）、《财政部、民政部关于印发〈社会福利基金管理使用暂行办法〉的通知》（财社〔1998〕124号）和《新疆生产建设兵团财务局、民政局关于印发〈兵团福利彩票公益金管理使用办法〉的通知（兵财综〔2013〕27号）》等关于福利彩票公益金使用范围的有关规定。全年使用兵团本级彩票公益金1266万元，管理使用情况如下。

1. 老年福利类

老年福利方面1056万元，用于资助第七师123团老年人日间照料中心项目150万元、129团养老院50万元，资助第八师北泉镇养老护理员实训基地100万元，第九师164团养老院项目100万元、167团养老院项目100万元，资助第十师185团养老院50万元，资助建工师达丰社区养老院50万元、四团养老院50万元，资助兵直云洋养老院100万元，资助兵团老龄办为老服务80万元，资助养老护理员培训36万元，资助兵团养老机构保险150万元，资助兵团“十件实事”民政建设项目8个单位40万元。

2. 社会公益类

社会公益方面225万元，资助第六师社会工作者协会5万元，资助第八师社会工作者协会5万元、社会组织孵化基地30万元，资助第十二师社会工作者协会5万元，资助兵团慈善总会100万元，资助兵团万家图书援建80万元。

三、福利彩票公益金使用情况及效果

兵团通过筹集使用福利彩票公益金，推动了兵团社会福利和社会公益事业的发展。一是通过“霞光计划”农村五保供养服务设施建设资助，改善了兵团集中供养老年人居住、就餐、文化娱乐活动条件，提高了老年人的生活质量，丰富了老年人的业余生活。二是通过残疾人儿童康复“明天计划”项目资助，推动了兵团残疾孤儿矫治康复事业的发展；改善了儿童社会福利院设施。三是“蓝天计划”暨儿童福利指导中心试点项目的实施，改善兵团基层儿童福利院的设施，受到了基层师团的好评。四是资助老年社会福利中心建设项目，加快了兵团老龄事业的发展，改善老年福利机构服务环境，建立了一大批立足社区、面向老人、小型分散、方便实用的老年福利服务设施和活动场所，取得了较好的社会效益，深受广大职工群众欢迎。五是资助社会公益殡葬设施改造项目，推动了兵团殡葬事业的发展。

在彩票公益金的使用上，兵团严格执行国家关于彩票公益金使用的有关规定，按照“扶老、助残、救孤、济困”的福利彩票发行宗旨，使彩票公益金最大限度地惠及兵团职工群众，让福利彩票公益事业深入人心，在天山南北发挥最大的社会效益。

下　编

2014 年度中国福利彩票公益金项目优秀案例精选

北京市骨灰撒海项目

一、北京市骨灰撒海项目背景

古往今来，很多民族都把海葬作为圣洁的方式，恭送逝者灵魂去往海上天国安息。这种风俗信仰扎根于世界各地，方兴未艾。1956 年 4 月 27 日我国倡行火葬以来，周恩来、刘少奇、邓颖超、邓小平、陈慕华、巴金等一些党和国家领导人和圣哲之士，以心系天下、德泽后世的情怀，将骨灰撒在祖国的山川河海。为满足首都群众对骨灰撒海的强烈需求，1994 年 5 月北京市民政局推出了骨灰撒海服务。该项目得到上级领导单位的普遍重视，民政部领导莅临天津对北京市骨灰撒海工作进行全程考察，并提出殷切期望和宝贵建议。市民政局各级领导多次实地考察骨灰撒海工作。20 多年来，骨灰撒海模式已被首都民众广泛认同、理解和接受。为进一步推行骨灰撒海绿色生态的葬式，北京市先后采取各项优待和公益措施，补贴骨灰撒海，实施殡葬“零百千万工程”，在全国率先制定骨灰撒海地方性服务标准，设立北京市骨灰撒海纪念碑。在《北京民政》骨灰撒海专刊发行后，各地同行单位慕名而来，就骨灰撒海工作进行学习、交流。

二、北京市骨灰撒海基本情况

北京市骨灰撒海活动自 1994 年开始至今已经 20 余年，为推进殡葬改革，切实减轻市民丧葬支出，根据《北京市骨灰撒海补贴管理办法》（京民殡发〔2009〕146 号）文件精神，自 2009 年由公益金支持总共 64 次起实行免费政策，亡故居民亲友需参加骨灰撒海活动的，每份骨灰可以免费随行两名家属。6年来，公益金投入共计1429.6万元，2014年投入422.7万元。

北京市骨灰撒海活动2007年10月起由北京市殡仪服务中心（以下简称服务中心）独力承担，为了合理使用福彩公益金，将骨灰撒海公益项目落到实处，2014年，根据服务对象实际需求，服务中心向上级申请将骨灰撒海补贴由2000元涨至4000元，将免费随行家属由2名提高到6名，随行家属6人以内，完全享受免费政策，骨灰撒海“零收费”作为首都殡葬惠民“零百千万”工程的一部分，使越来越多的市民享受到北京市惠民政策，极大地推动首都殡葬改革的步伐。

三、骨灰撒海项目实施效果

2014年骨灰撒海工作在很多方面都实现了跨步式发展，取得了9个“第一次”的骄人业绩。

一是数量第一次突破年火化量2%的目标。截至2014年11月20日，骨灰撒海业务办理数量第一次达到1860份，12月底基本达到2000份；播撒骨灰数量1704份，较2013年的1201份增长了41.88%，基本实现年火化量2%的目标，业务量和播撒量标志着北京市骨灰撒海已跃居全国前列。

二是骨灰撒海活动第一次实现全年常态化。2014年撒海活动历经春、夏、秋、冬，历时8个月，实现全年常态化。

三是第一次完成骨灰撒海全模式整合。第一次推出“1042”骨灰撒海服务模式，即10免费、4便利、2共祭活动。确立了相对固化且规范的服务体系，再塑了全过程骨灰撒海服务新模式。

四是第一次骨灰撒海工作列入国家级服务标准。继骨灰撒海被列入北京市地方标准后，骨灰撒海工作第一次上升到国家级标准并顺利通过国家标准化管理委员会组织的验收，形成包括服务通用基础标准、服务保障标准、服务提供标准和员工岗位手册在内的标准化服务体系已基本确立，目前共计各项标准111项。

五是第一次推出骨灰撒海海上共祭服务。2014年清明节期间，第一次推出海上共祭活动，海上共祭使骨灰撒海的公益服务更加人性化、亲情化，并有望实现常态化保障。

六是第一次得到各界媒体高度集中关注。通过创新服务，骨灰撒海活动引起了社会各界和新闻媒体的高度关注和助推，为北京殡葬、中国殡葬传递了正能量。其间，《中国妇女报》、《新农村商报》、《北京日报》、《北京晨报》、《北京晚报》、《新京报》、《北京青年报》、《北京社区报》，北京电视台、中央电视台等30余家新闻媒体对骨灰撒海进行报道，特别是北京电视台第一次把骨灰撒海作为专题进行了报道，中央电视台也第一次以北京市骨灰撒海服务为蓝本，在中文国际频道《走遍中国》栏目，以“魂归大海”为主题，面向全球进行了专题报道。秋季，服务中心还在全国民政系统范围内发行了《北京民政》撒海专刊，反响强烈。

七是第一次实现群众满意度达到99.9%。通过一系列的创新的惠民措施，“1042”的新型骨灰撒海服务模式被广大市民所认可，参加过骨灰撒海活动的家属对撒海活动本身和中心服务人员都给予高度赞扬，激动之情溢于言表，群众满意度调查达到历史以来最高点。

八是服务保障能力第一次实现跨越式发展。2014年骨灰撒海业务量之大，参加人数之多，活动次数之频繁都是前所未有的。通过改革，服务中心将原来中档客运大巴车提升到附带卫生间的北方大巴车；将原来容纳94人的单层轮船更换为现在能容纳151人的客轮；将原来车上用餐升级为容纳150人同时用餐的自助餐厅；从原来配备随行医生和简单药品改换为120全程陪同提供专业医疗救护并配备专业医疗器具和药品，多方面实现了骨灰撒海服务保障能力的跨越式发展。

九是第一次提出生态殡葬新理念，并以骨灰撒海为核心，形成“六位一体”生态葬式的整体规划构想。服务中心第一次在“民政专刊”中深化生态殡葬的理念和内涵，提出以骨灰撒海为核心，并综合了生态殡葬理念的“六位一体”的单位整体发展构想，为进一步完善今后骨灰撒海全模式服务奠定了基础。

生态惠民，仪礼厚德。对逝者最好的纪念，是高风、亮节、义举、善行和智慧的传扬，是血脉的延绵，是世间人伦情感的彰显，爱流成海，情尘为岳，精神和文化上的缅怀才是永恒。骨灰撒海，形返自然，既节约资源，又保护生态，既减轻经济负担，又改良社会风气，既扬弃旧俗，又回归精神传承之根本，利在当代，功在千秋。

骨灰撒海，必将对首都的殡葬改革、生态文明作出更大的贡献，造福后世，流芳青史！

北京市资助社会组织开展公益服务项目

一、项目背景及基本情况

政府购买社会组织公益服务，已成为当前推动政府职能转移、提高政府公共服务效能、发挥社会组织功能作用、促进社会组织健康发展的重要方式和手段，也是推进社会治理和服务创新的一项重要举措。

2010 年以来，北京市民政局号召全市社会组织，开展了以社会组织为主体，以民生建设为核心，政府主导、社会参与的社会组织服务民生行动，引导广大社会组织围绕公共服务、社工服务、社区服务、社会组织扶持发展等方面积极参与社会建设，开展公益服务活动。

截至 2014 年年底，北京市民政局通过申报、遴选、评审等程序，累计投入资金 4080 万元，重点购买、资助了扶贫救助、扶老助残、赈灾济困、扶贫救孤、医疗卫生、社会组织扶持发展等 442 个优秀公益服务项目。

二、主要做法

（一）建立购买机制

成立北京市民政局政府购买社会组织服务工作领导小组和专家评审委员会，建立第三方立项评审、支持性监测评估工作机制，对项目实施全过程，实行市场化运作、契约式管理、第三方监测评估、社会化监督，确保政府购买社会组织公益服务项目工作有序开展。

（二）制定制度规范

制定《政府购买社会组织服务项目管理办法》和《政府购买社会组织公益服务项目工作实施方案》，印发《北京市政府购买社会组织公益服务项目目录》，明确政府购买服务的内容、项目评审指标和评估标准，确定购买服务的方式、工作流程和职责分工，规范项目遴选、资金管理、跟踪监督、绩效评估、检查验收等环节的操作方式，确保购买服务工作规范化进行。

（三）实施购买

政府向社会组织购买服务，按照发布通知、项目申报、项目审核、项目公告、签订协议、项目监管、检查验收七个步骤具体实施。同时，委托专业审计机构对项目资金使用情况进行财务审计，出具审计报告。

三、工作创新

为保证福彩公益金资助社会组织公益服务项目工作更加公开、公正、公平和高效，2014 年北京市积极探索，率先尝试引入第三方机构，建立项目遴选指标、专家评审指标和评估结果评价体系。这些创新得到前期工作实践的验证，取得了很好的效果。不仅在北京市福彩公益金购买社会组织服务工作是首次，在全国也是首次。主要包括以下几个方面：

一是开展前期培训。委托第三方机构，在项目申报开始前组织召开培训会，就项目设计、项目申报书撰写等对社会组织进行培训辅导。

二是在福彩公益金资助社会组织公益服务项目中引入第三方机构，承担项目收集、汇总、初选和监测评估工作，保证了福彩公益金资助社会组织公益服务项目工作的公开、公平、公正。

三是引入支持性监测评估方式。发挥第三方机构项目管理专业优势，从项目设计和实施全过程进行培训辅导、跟踪指导和支持性监测评估。

四是专门为福彩公益金资助社会组织公益服务项目开发了一套指标体系，有效降低了初选阶段因人为因素造成的评分偏差，为后续专家评审阶段的定性评定提供了详细的数据参考，自动计分程序软件更将人工计算的差错率降到了最低。

五是在福彩公益金资助社会组织公益服务项目中采取项目负责人陈述、专家现场质询、评议的方式进行立项评审。专家结合项目现场评议，是对参评单位的一次现场培训。

四、工作成效

北京市福彩公益金资助社会组织开展公益服务项目的实施，重构了政府与社会组织的新型关系，创新了社会动员机制，推进了公共服务载体多元化，优化了社会组织结构，提升了社会组织服务社会的能力，推进了社会管理创新，产生了良好的效果。

一是丰富了政府的培育扶持手段，建立了多渠道的资金供给体系。通过对社会组织进行分类，重点培育扶老助残、救孤济困、社区公益、社会组织扶持发展类项目，改变了过去单纯财政拨款方式，丰富了政府培育扶持此类社会组织的手段。

二是充分发挥政府的动员能力和财政资金导向作用，带动社会组织积极参与社会治理。通过政府对优秀项目进行购买和资助，撬动了大量的社会资金和资源投入民生领域。例如，2010 年，北京市社会组织筹集社会资金 22.98 亿元投入公益事业，2011 年和 2012 年，社会组织筹集资金均超过 30 亿元，实现了政府资金社会效益的倍增和最大化，有力地支持了首都的社会建设。

三是建立资源配置体制，促进了社会资源的有效配置。福彩公益金资助社会组织开展公益服务项目，推动了社会资源和社会组织内部资源的有效配置。2010 年 7 月，北京市召开了“政府购买社会组织公益服务项目推介展示暨资源配置大会”，对基金会、支持性组织和其他社会组织等 40 个社会组织 35 个项目进行了资源配置，涉及资金 819 万元，撬动社会资金数亿元投入民生领域。2013 年资助的“1 + 1”三社联动服务项目，通过“社工 + 督导 + 社区 + 社会组织 + 志愿者”的模式，指导社区社会组织开展社区服务。

四是建立了社会组织服务管理机制，社会组织服务能力得到提升。第一，建立了各项管理制度，充分发挥政府在购买社会组织服务工作中的主导作用，形成了政府与社会组织之间新型的合作伙伴关系，构建了政府引导、社会组织积极参与、社会力量协同的工作格局。第二，寓管理于服务之中，实现了由过去对社会组织实施的以年检为主的静态管理，向现在以活动或项目管理为主的动态管理转变。第三，对社会组织承接公共服务和市场化、专业化、规范化建设起到了积极的促进作用，加强了社会组织内部制度建设、诚信自律建设和人才队伍建设，社会组织整体素质和服务能力得到了提升。

北京市房山区儿童福利院新建项目

北京市房山区儿童福利院成立于2007年6月，原一直租借良乡镇社会福利中心的场地作为活动和办公用房，场地狭小，设施简陋，功能不全，上学的孩子们不分年龄、只分性别，基本上都在一个房间里睡觉、看书、学习，条件非常艰苦；有残疾的孩子没有康复器材进行康复训练；其他孩子也没有足够的场地玩耍；护理员人手不足，工作量大，且持证上岗率低。随着供养的孤残儿童数量逐年增多，原有场地已不能完全满足孤残儿童的成长需要。2010年11月，房山区儿童福利院新址建设项目在区发改委批准立项。截至2014年年底已经累计投入福利彩票公益金2224.23万元，用于儿童福利院新址的建设以及设备购置项目。

房山区儿童福利院新址于2014年6月正式投入使用，位于房山区青龙湖镇豆各庄村，占地面积5700平方米，建筑面积4083平方米，总床位数100张。新儿童福利院内设残疾儿童养育中心、特殊教育中心、康复中心和医疗中心等，能全方位满足孤儿弃婴集中养育、社区和家庭病残儿童康复服务和养育指导等服务需求，秉承“一切为了孩子，为了孩子的一切”的服务理念，创建区县级儿童福利机构一流品牌。

一、创造孤儿成长环境

（一）软、硬件设施齐全

新的房山区儿童福利院建成后，软、硬件设施较之前都有了很大的改善。在硬件上，设有康复训练室、音乐室、美术教室、图书室、学习室、感官训练室、早教活动室、亲子课教室、乒乓球室、台球室、小剧场、多功能厅等功能教室，并针对不同年龄儿童配备了不同种类的卧室、起居室、洗浴室，大大满足了全院儿童生活、学习、康复、娱乐等各方面的需求；在软件上，福利院增添新鲜血液，招收了一批学历高、能力强的年轻人补充到工作人员队伍，利用各种培训机会对新、老员工进行培训。福利院后勤人员采用劳务派遣制度，既提高了工作效率，又不给照看孤儿的护理员增添更多的负担。

（二）尝试模拟家庭管理模式

儿童福利院的孩子对于家庭的概念很模糊，且照顾他们的护理员以女性为主，她们在一定程度上可以承担母亲的角色，但对于父亲的影响，孩子们可能没有更多的理解和感受。为了给孩子们提供类似于真正家庭的正常生活，福利院基于原有的保育员照顾孤残儿童的饮食起居、医疗康复等传统模式，大胆尝试模拟家庭式管理模式，针对小学以上的19名孩子，组建3个模拟家庭，每个模拟家庭按照儿童的性别、年龄、个性、爱好及身体状况等因素配置6—7名孤残儿童，由福利院的行政领导作为孩子的爸爸妈妈，部门志愿者作为孩子的亲戚，以一个学期为周期，制订家庭活动计划，包括外出参观、购物、家庭聚会、学习辅导、家长会等不同的活动项目，让孩子在模拟家庭中找到可以依赖的父母亲情，提高与人沟通的能力，形成健全的人格品格。

（三）引入社会化专业团队

福利院在探索先进管理模式的基础上，大胆创新，引入社会化专业团队，共享区域资源，形成了具有房山特色的多元化儿童养护模式，成为首都儿童福利事业发展的重要窗口单位。

二、加强人才队伍建设

（一）护理员持证上岗

福利院积极参与各类护理员培训，派业务骨干到市儿福、上海等地学习，参加了智障儿童特殊教育培训、高级护理技能培训以及儿童福利机构管理转型等，进一步提高了福利院的服务水平及管理水平。2014年初，彩虹桥孤残儿童护理员培训机构亲临一线，对福利院员工进行护理员知识的初级培训，福利院护理员持证上岗率高达90%以上。

（二）成立志愿者服务队

在福利院陆续进入规范化管理的基础上，吸纳多位有特长有爱心的志愿者加入照护孤残儿童的队伍中，成立了志愿者服务队，定期开展活动。目前，福利院共发展志愿者30余名，使工作人员紧张的局面得到了有效的缓解。

（三）后勤人员采用劳务派遣制度

福利院孤儿养育任务重，人手不足，工作量大，护理员的全部精力都放在照看孩子上。为让孩子们在优质的生活环境下快乐成长，特与劳务派遣公司签订劳务派遣合同，聘请厨师、保洁、保安等人员为后勤保障工作增添力量，并通过制度化和人性化并重的管理模式，狠抓服务质量，强化服务意识，解决后顾之忧。

三、健全儿福内部管理

（一）强化规章管理制度，权责明确责任到人

福利院根据实际情况制定规章、制度、细则、工作流程、一次性告知等，制度上墙，责任到人，使员工开展工作有据可依。

（二）规范档案管理，进一步促进信息化建设

福利院高度重视档案管理工作，将档案管理纳入日常工作流程，明确档案工作职责和任务。福利院按照“统一与分级相结合、完整与安全相结合、规范与便利相结合”的原则，将全院综合档案初步分为儿童基本信息、儿童每日生活档案、行政档案、证照4大类，并细化为25小类。严格规范文书管理，各类文书档案均按规定及要求安全、妥善地保管、归档。

（三）做好宣传工作

2014年以来，福利院举办大型活动7次，调研2次，大型捐赠2次，接受社会爱心人士捐赠40余次。建立房山区儿童福利院自己的网站，通过微博、微信等平台参与互动，让实效工作与推广宣传有机结合，扩大儿福品牌影响力。

四、承担儿童福利服务指导中心职责

自房山区被确认为民政部第二批全国适度普惠型儿童福利制度建设试

点区县以来，结合第一期试点省市的先进经验，房山区确定了试点方案整体框架和基本方向，以区政府名义印发了《北京市房山区人民政府办公室转发区民政局关于房山区适度普惠型儿童福利制度建设试点工作方案的通知》（房政办发〔2014〕66号）。房山区儿童福利院将承担全区儿童福利服务指导中心职责，发挥枢纽引导作用，为推进试点区建设提供坚实支撑。

北京市昌平区烈士陵园改扩建工程项目

一、项目背景

2011 年 3 月，民政部、财政部联合下发通知，要求加强零散烈士纪念设施集中建设管理保护工作，昌平区委、区政府高度重视此项工作，研究、确定了将西峰山烈士陵园改扩建为昌平烈士陵园的实施方案，并将烈士陵园建设工作列为昌平区 2013 年区政府折子工程、为民办实事工程和争创全国双拥“八连冠”亮点工程。

二、基本情况

（一）建设情况

1. 加强调研，形成管理保护方案

昌平有着光荣的革命传统，据《烈士英名录》和历次普查的结果，昌平有名烈士达 1100 多人，无名烈士 400 多人。全区共有烈士纪念设施 604 座。其中烈士墓 573 座，其他纪念设施 31 处。除原昌平烈士陵园集中管理的 351 座烈士墓外，有 222 座烈士墓均为零散墓，分布在全区 12 个镇，58 个行政村。

根据昌平实际情况，区民政局本着统筹规划、适当集中、分类实施的原则，制订了关于烈士纪念设施建设的实施方案，对全区的烈士纪念设施进行整体布局：

一是将流村镇西峰山烈士陵园改扩建为昌平烈士陵园，建设规模达到 500 座烈士墓，可将昌平区零散烈士墓全部迁移到新的陵园。同时，将现有西峰山烈士陵园并入新的陵园，统一管理。

二是对设施和管理比较完善，教育功能发挥较好的 4 处区级烈士纪念设施给予保留和修缮，包括桃林烈士陵园、上店烈士陵园、狼儿峪烈士纪念碑和大汤山烈士陵园。截至 2013 年 10 月底，4 处烈士纪念设施的维修工作已全面完成。

2. 全力推进昌平烈士陵园工程建设

为解决昌平区零散烈士纪念设施集中建设集中管理的问题，在昌平区土地资源十分紧缺的情况下，2012 年 3 月经昌平区政府批准，决定将流村镇西峰山烈士陵园改扩建为昌平烈士陵园，作为全区的爱国主义教育基地，陵园占地面积 75.41 亩，总投资 4600 多万元，其中福彩公益金投入 2000 万元。2012 年 8 月 16 日，西峰山烈士陵园改扩建项目正式开工建设。截至 2014 年年底，昌平烈士陵园的主体建设及革命历史纪念馆的布置已全面完成。

3. 领导高度重视，提供强有力的支持

自烈士陵园工程开工建设以来，得到了各级领导的高度重视和亲切关怀。民政部、财政部、北京市民政局等领导专程到昌平区进行调研，充分肯定了昌平区的实施方案；区委区政府多次召开专题会，成立了烈士陵园建设工程领导小组，要求把烈士陵园的建设问题作为全区政治生活中的一件大事，摆在巩固党的执政基础的重要位置来推进，高标准建设好、完成好烈士陵园工程；主管区领导多次到现场考察工程进展情况，从陵园的选址、征地到设计、施工等过程都一一过问，牵头召开协调会，会同规划、国土、发改委、住建委、财政局等部门研究解决烈士陵园建设过程中的重点难点问题，以区政府专题会议纪要形式，明确要求按照“特事特办”的原则给予全力支持，并进一步提出要专门修路解决烈士陵园周边交通出行问题；水务、电力、消防、林业等部门为烈士陵园工程开通绿色通道，优先办理相关手续，加快了建设进程；流村镇政府垫资 200 多万元土地补偿款，西峰山村“两委”班子也做了大量卓有成效的工作，确保了陵园顺利开工建设。

在建设资金上，根据民政部、财政部文件精神，资金主要由中央财政、北京市财政、区财政共同承担。其中，彩票公益金为昌平区烈士陵园建设提供了强有力的支持。

（二）昌平烈士陵园基本情况

昌平烈士陵园按照“准确反映历史、教育功能多样、时代气息鲜明、人文自然协调”的目标，建设有主题纪念区、展览展示区及配套设施。

主题纪念区包括：烈士墓区（烈士墓500座）、烈士纪念亭3座、纪念广场1处、主题纪念碑1座、昌平籍革命烈士英烈墙1座；展览展示区包括：昌平革命历史纪念馆、二层现代军事装备模型展厅、多媒体电教厅和室外群雕像；配套设施有停车场、公共卫生间、管理用房等。

昌平革命历史纪念馆是昌平地区首座也是目前唯一一座以昌平地区近百年革命斗争史为主题的专业性、常设性展馆，占地面积约530平方米。展馆分为序厅、京华古城燃星火、矢志不渝抗敌寇、红旗漫舞翻新历、尾厅5个板块。展出历史图片320余张，采用多种现代化展览手段，形象生动地展示了昌平革命史，体现出了“没有共产党就没有新中国”的展馆主题。纪念馆二层设有现代军事装备模型展厅和多媒体电教厅。现代军事模型展厅主要展出我军多种现役和正在研制的陆、海、空军事装备模型；多媒体电教厅则用于各种影像资料、历史题材影片的放映，为参观群众营造逼真的视觉、听觉体验，同时为社会各界开展的纪念活动提供服务。

三、项目效果

建成后的烈士陵园将融传统教育、对外宣传、红色旅游、管理保护功能于一体，为昌平区褒扬烈士，教育群众提供了强有力的硬件支持，彻底改变了原来昌平区烈士纪念活动场所祭扫环境差，设施设备落后的局面。

截至2014年底，昌平烈士陵园举办、承办了3·26北京市零散烈士纪念设施抢救保护工程新闻发布会、4·4昌平烈士公祭活动暨昌平烈士陵园烈士纪念碑揭碑仪式、9·30全国首个烈士纪念日烈士公祭活动等大型纪念活动。值得一提的是在9·30烈士纪念日北京市设立的7处烈士公祭场所中，昌平烈士陵园是其中唯一一处区级烈士纪念场所。全年累计接待区内外大中小学生、部队官兵、党政机关、企事业单位、社会团体和个人1.2万人次，举办烈士纪念仪式150余场次，进行讲解200余场次，充分发挥出了“褒扬烈士，教育群众”的作用。

四、发展方向

昌平烈士陵园将充分发挥昌平革命历史纪念馆唯一性、常设性的优势，根据昌平驻军多、烈士纪念设施多的特点，加大教育宣传力度，拓宽教育宣传途径，把开展好烈士纪念活动和爱国主义教育纳入全国双拥“九连冠”和民政“一区一品”的创建工作中去，通过开展参观革命展览、举办传统教育报告会、观看老电影、组织驻地部队与公众互动教育等活动。形成全社会共同的精神财富，传递好爱国正能量，为助力中国梦，实现全民族伟大复兴，为昌平建设国际一流的科教新区贡献力量。

天津市南开区昔阳里社区老年日间照料服务中心

昔阳里社区位于天津市南开区向阳路街道，由泾水园、昔阳里、昔阳东里、昔阳南里、正阳里和宁强里等8个自然小区组成，共有居民3600户，约1.2万人。其中60岁以上老年人有2300余人，占总人口的19.6%，包括空巢、孤寡、残疾、优抚对象、享受低保救助等各类困难老人158户。针对社区老年人的实际需要，昔阳里社区综合服务中心于2014年5月建成并投入使用。

建成后的综合服务中心以完善的服务功能，积极为老年人及其他居民提供全方位服务。中心设有“一站式”服务大厅、文化活动室、电子阅览室、国医堂、日间托养、老年呼叫中心、社区食堂、便利店、民生银行、健身中心、理发店等服务设施，极大地方便了社区群众的生活，特别是为老年人的居家养老提供了很大帮助，为老年人解决了后顾之忧。

一是建立了日间托养。日间托养突出对失能或半失能老人生活照料的功能，内设休息床位，配备更衣箱、冰箱、多功能餐桌、微波炉、电视等配套设备，为日托老人提供生活护理、就餐、康复保健、文化娱乐、精神慰藉等服务，解决了老年人和残疾人白天在家无人照顾的难题。日间照料中心对半失能老人实现集中照料，解决了这部分老人及家属的后顾之忧。

二是建立了全市首个社区信息中心。依托天津广电网络有限公司的专业优势，建立了社区信息中心，实现视频监控、报警信息查询、应急广播、一键点餐等多功能于一体，使居民群众特别是行动不便的老年人，通过有线电视网络与信息中心联网，只按几下电视遥控器，就可享受在线点餐、视频通话、一键式应急救护等28项服务，充分体会到“智慧社区”带来的各种方便。通过“三个一”社区为老服务信息平台，依靠一台电视、一个遥控器、一个机顶盒，实现为老服务功能，深受老年人欢迎，向智能化养老迈出了一大步。

三是开办了社区食堂。社区食堂以“优质低价”为准则，为老年人和其他社区居民提供一日三餐的可口饭菜，同时还专门为老年人提供个性化的特殊送餐服务。

四是开办了便利店。便利店有1000多种日常生活商品，并专门备有老年人用品，提供居家养老服务。老年人有需求时，在家中通过一键点击“便利店服务”，就能享受到小到一袋盐、大到一袋面的送货上门并免收送货费的特殊服务，使老年人真切感受到方便和实惠。

五是配备了各种老年活动项目。服务中心设有老年学校、多功能大厅、书画室、评剧团、京剧团、合唱团等十几个社区活动团体，老人们每天可以在这里健身、娱乐，丰富精神文化生活。

六是开设了民生银行。服务中心一楼设有民生银行金融服务区，由银行专业人员为居民提供各项金融服务，包括储蓄，理财业务咨询办理，24小时现金存取款，缴纳电费、电话费（手机及固定电话）、有线电视费、交通罚款，跨行资金归集，信用卡还款，订购机票火车票，特惠商户便民服务等。

七是建立了国医堂。服务中心内设国医堂，居民就医小病不出社区，大病通过“医指通网络挂号系统”直接预约三甲医院的诊室和医生，缓解了看病难的压力。国医堂还免费为社区长期行动不便的患者和65岁以上的老年人提供上门服务，为在门诊就诊的患者提供免费挂号。国医堂的建立，逐步改变以往基层卫生服务机构以药养医的局面，突出了公益性。

昔阳里综合服务中心的工作成效，基本做到了老年人就医、就餐、购物、文化娱乐不出社区。体现了对社区老年人服务管理的标准化、规范化和精细化，进一步实现了让老年人老有所依、老有所养、老有所乐的目的。

河北省石家庄市桥西区养老服务中心

一、中心概况

（一）中心概况

石家庄市桥西区养老服务中心位于桥西区振岗路135号，占地面积800多平方米。

截至目前，中心拥有专业信息分配人员80人，加盟服务商10200家，专业应急服务人员120多人，注册志愿者40万人，一键通呼叫用户10万余户，各类服务器17台。呼叫大厅设呼叫客服座席30个，服务网络覆盖了石家庄市市内辖区，并与区级分中心及县（市）级中心互联互通，成功创造了热线呼叫、网络平台和连锁经营三位一体的新型养老服务企业运营模式，实现了养老服务的信息化、市场化、网络化和规模化。

（二）取得成绩

目前，中心平均每日接收服务需求信息达1000余次，累计提供服务180万余次，服务满意率达99.8%以上，及时挽救了300多位老人的生命。

中心自成立以来得到了国家、河北省、石家庄市发改委、民政部门、商务部门、财政部门的大力支持和有关领导的充分肯定，居家养老服务工作取得初步成效。

2014年4月25日中共中央政治局原委员、中央文明委原副主任、北京市委原书记、中国志愿服务联合会会长刘淇来中心视察，给予了较高评价。全国老龄办副主任阎青春、石家庄市委书记孙瑞彬等领导多次莅临指导；新疆、内蒙古、大连、天津、吉林等地领导前来参观考察；中央电视台、《中国社会报》、河北电视台、《河北日报》等媒体多次对中心开展养老服务的做法和成效进行报道，取得了良好的社会效果。

二、中心开展养老服务所采取的模式

中心通过“走进去”和“走出来”两种模式来实现养老服务工作。

（一）“走进去”模式

所谓“走进去”模式，主要是由中心通过信息化手段，为老年人提供上门服务。这其中包括12349社区服务热线平台和社区智能化呼叫系统。

1. 12349社区服务热线平台

12349社区服务热线是经民政部批准的全国统一的公益服务热线，包括了12349热线电话、12349服务网站以及10200多个加盟服务商信息。服务项目涉及信息咨询、生活照料、家政服务、商品配送、医疗保健等14大类200余项。社区居民及老年人只需拨打24小时热线电话或登录网站，向中心提出自己的服务需求，中心工作人员根据居民及老年人需求，结合地图，安排就近的服务机构提供上门服务。

2. 社区智能化呼叫系统

社区智能化呼叫系统是专门针对老年人居家养老而研发的系统，由系统接收平台和呼叫终端两部分组成。可实现老年人的紧急求救和生活求助。主要有以下几种终端设备：

（1）电子保姆求救求助呼叫器。电子保姆求救求助呼叫器是专门为居家老人配备的呼叫终端，需与家中固定电话串联，经过注册就可以使用。红键用于求救，针对老人可能遇到的一些突发事件；绿键用于求助，主要是为用户的日常生活排忧解难。电子保姆不用拨号、不花电话费，实现老人的求救求助。

（2）百姓通老人手机。2010年中心与联通公司合作研发了“百姓通”老人手机。这款手机的设计充分考虑了老年人的需求，除具有接打电话、收发短信等普通手机的基本功能外，还专门为老年人增设了一键求救、求助功能（手机背面设有红键用于求救，正面设有绿键用于求助和12349热线平台联网）。这是一款可移动、便携式的“电子保姆”。

（3）社区通老人手机/座机。社区通老人手机/座机是与移动公司合作推出的，涵盖老年人紧急救助系统、老年人生活帮助系统以及老年人主动关怀系统三个服务系统。这款手机/座机设有一键求救、求助功能，并和12349 热线平台联网，全天候为老年人提供贴心服务。

（4）关护通老人手机。关护通老人手机是与中国联合网络通信有限公司河北省分公司、四川长虹佳华数字技术有限公司共同推出的一款老人定位手机。该手机采用北斗卫星定位、基站定位和 GPS 定位三重定位，具有一键求救求助、体征监测、定位服务、一键通、备忘语音提醒、放大镜等功能，解决了老年人的紧急求救和生活求助难题。

（二）“走出去”模式

所谓“走出去”模式，主要是建立社区日间照料中心，依托社区为老年人提供养老服务。老年人走出家门，在社区日间照料中心即可享受就餐、读书、看报、上网、看电影、打牌、下棋、书画交流等活动，该模式适合老年人“白天入托接受照顾和参与活动，晚上回家享受家庭生活”。

三、中心成立背景及发展思路

（一）中心成立背景

近年来由于老年人口规模的迅速扩大，计划生育政策的深入执行以及住房条件的逐年改善，石家庄市家庭规模不断缩小，空巢以及独居老年人家庭的比重不断增加，老年人特别是高龄老人对社会福利和社区照料服务的需求不断增加。

由于传统观念的影响导致大部分老人不愿意去养老院，尤其那些空巢和孤寡老人在家突发疾病得不到及时救助，导致患者失去抢救机会，留给亲属众多的悲痛和无奈。

（二）发展思路

在信息化高速发展的时期，养老服务也不甘落后，中心以社区为平台，依托先进的信息处理系统、专业化的服务队伍及加盟商服务队伍，力争打造全方位、综合性、社会化居家服务体系。

1. 构建居家养老服务网络平台

居家养老服务网络平台集紧急求救和生活求助为一体，是以社区为依托，老龄人群为服务对象，企事业服务机构为网点，社区志愿者为补充，网络技术为支撑，建立综合性的社区居家养老服务信息平台，该平台可实现市—区—街—居四级联网，同时与日间照料中心、社区卫生服务站、家政服务中心和养老服务站建立联动机制，通过社区居委会管理系统与市、区系统联网，从而达到信息全覆盖。

2. 开通“一号通”热线服务平台

中心开通了12349社区服务热线，老年人若有服务需求，可以直接拨打12349或登录www. sjz12349. com在网上下订单。该热线服务平台拥有规范的自动评级系统，可以对服务机构进行考核记录，以用户满意度作为对加盟服务商是否予以留用的标准，对信誉良好的企业向社会重点推荐，对失信企业进行淘汰。

3. 建设虚拟养老院

虚拟养老院，就是建立一个信息服务平台，当老年人有服务需要时，只需拨打一个电话，信息服务平台就会按照老年人的要求，派服务企业员工上门为老年人提供服务，同时对服务质量进行监督。

中心将以桥西区养老服务中心为基础，建立1个市级信息管理中心和5个区级信息分中心，同时在周边14个县（市）各建立1个分中心，通过12349公益服务热线、网络平台及智能求救求助终端设备解决好区域内老年人的服务需求，最终实现服务网络覆盖石家庄市全境，居家专业化养老。

4. 建立社区日间照料中心

为打造全方位、综合性、社会化的日间照料中心，中心的建筑面积在750平方米以上，主要设置有“六室一校”，包括休息室、配餐室、图书阅览室、文体活动室，健身康复室、医疗保健室和老年大学，向居家老年人提供生活照料、医疗保健、精神慰藉、文化娱乐等居家养老服务，使老人走出家门，在社区就可以享受到便捷的服务。适合老年人“白天入托接受照顾和参与活动，晚上回家享受家庭生活”。

四、中心服务质量保证措施及优势

（一）中心采取加盟服务商队伍与应急服务队伍相互补充的服务模式

中心对加盟服务商实行规范化管理，所有加盟服务商均为工商注册企业并签订服务协议，同时要缴纳一定数额的服务质量保证金。

中心拥有专业应急服务人员120余人，可满足居民及老年人24小时的服务需求。为了保障服务质量，中心制定了严格的管理制度、服务流程及服务质量标准，并定期对应急服务人员进行专业技能的培训和业务考核。

（二）服务优势

一是简单方便。当老年人有服务需求时，只需按动“一个键”或拨打“12349”即可解决。

二是安全放心。中心对所有加盟服务商严格审查，签订协议，并以用户满意度作为对加盟服务商是否予以留用的标准。不论何种服务，中心是第一负责人。

三是价格合理。中心为加盟服务商提供服务信息，降低了运营成本，收费保证不高于市场价。

四是质量有保证。中心对服务进行全程跟踪回访，确保用户满意度。

五是中心实行24小时全天候不间断服务。

河北省保定市社区服务中心

一、服务机构简介

保定市社区服务中心（以下简称中心）是保定市委、市人民政府为构建和谐社会而投资创建的一项为民服务实事工程，是保定市民政局主管下的为民服务的民办非企业单位，是经商务部、财政部首批联合认定的保定市家政服务网络中心，主要承担保定市便民服务、为老服务和政务咨询等服务需求。

截至目前，居家养老救助服务网络平台入网老年人数量已达到37万多户，加盟企业约4.2万多家，登记志愿者3.6万余人，服务需求总呼入量约330多万次，求救总呼入量2万多次，成功挽救了1.7万位老人的生命，产生了良好的社会效益。

中心自成立以来，经过3年的建设与发展运营，已建立了完善便捷的居家养老服务平台和社区公共服务平台。中心现有员工200余人，包括本部员工、各县市社区服务工作站人员及农村联络员。办公区域主要分为便民服务呼叫中心、老年人救助指挥中心、全国养老服务培训中心、数据交换中心四大功能区，编辑部、设计部、业务受理部、服务企业审核部、居民投诉部、效能监督部、物流配送部、外联部、集团客户部、办公室等10余个部门。各部门布局合理，功能完善。时任民政部社会福利和慈善事业促进司王素英副司长撰文指出：“保定市社区服务中心用一个好机制建设了一个省钱、高效的网络服务平台。”

二、居家养老服务的创新模式主要内容及特点

（一）网络救助服务平台

中心建设的“12349”居家养老救助服务网络平台，是在民政部指导下搭建起的全国首家信息化养老服务新平台，该平台将“12349”服务热线与先进的信息化技术手段相结合，老人家属、120急救中心等资源全部被顺畅纳入平台体系，形成一条居家老人专属的安全服务通道。在完善的信息化服务平台支持下，中心同时还打通了免费吸收便民服务和为老服务企业加盟的通畅渠道，探索出全国居家养老服务体系良性运营的新模式。

“12349”居家养老救助服务网络平台从紧急救援、生活帮助、政务咨询和主动关怀四个方面为当地老年人及有需要的困难群体免费提供优质的信息服务。具体服务内容涵盖：紧急救助、家政服务、政务服务、治安服务、农业技术服务、生活照料、康复护理、医疗保健、文化娱乐、精神慰藉等项目。就社会效益而言，老年人救助指挥系统建设不仅满足和改善了老年人对物质生活的各种需求，更不断满足和丰富了老年人对精神文化生活的进一步需求，为老年人提供了全方位的服务。在养老过程中体现出鲜明的人文性和道义性，是社会文明进步的重要标志。这不仅有利于社会养老事业的发展和完善，还有利于形成积极的社会风尚，使社区老人在一种积极、活跃的精神状态中安度晚年。

（二）实现三方受益

在项目运营机制上，平台利用先进的信息技术与通信技术，服务千家万户。随着项目的不断深入和发展，项目建设各方达到了利益的有机结合，实现了互利共赢，多方受益。

（1）民政部门代表政府负责对项目进行政策指导、业务监督和市场监管，制定符合当地情况的为老服务政策，保证项目发展不偏离为民服务的宗旨，确保平台健康有序发展，无须投入财政资金支付入网老人服务费用与项目运行补贴；为了更好地关爱贫困老人及高龄老人，促进当地养老服务体系建设，民政部门可以视财力状况给予固定的话费补贴。

（2）通信公司在网络平台项目建设中，负责为平台建设提供技术支撑、通信设备以及网络维护等，根据入网用户数量，给予当地运营商一定

资金支持，免费为老年人提供专门定制的救助终端，提供最优惠的资费政策，扩大用户群并占领市场。

（3）当地运营商负责平台建设资金投入，投资成立公益性的社会组织，接受民政部门的监督和指导，承担本地区便民服务和为老服务工作，根据入网用户发展情况按比例收取通信运营商功能费；根据老人需求开展增值业务并获得相应收益，来保障平台的生存发展，从而拥有自身造血功能，实现社会效益和经济效益双丰收；科学的救助模式为规避风险提供技术保障。不收取入网老人和服务企业任何费用，因而能够公正处理服务企业和居民纠纷，充分体现平台的公益性，有效地提升政府形象，拉近党群关系。

（4）服务企业作为平台的重要支撑，承担着为全体居民尤其是老年人提供优质服务的任务，服务企业免费加盟“12349”网络平台，无须缴纳任何费用，还能获得免费专业技能培训、形象宣传和业务派单；通过接受平台的资格审核，接受平台和社会公众监督，在为老服务过程中，提升公信力和品牌效应，促进企业发展壮大。

（5）居民是最直接的受益者，可以免费获得家政、政务、文化、卫生等优质安全的便民服务信息，尤其是老年用户，不仅免费得到老年人救助终端，享受无偿的紧急救援、生活帮助和主动关怀等信息服务，而且还能享受比市场更优惠的通信资费政策。社区服务中心实行24小时全天候持续工作，满足老人的各种生活和急救需求。

这种居家养老服务模式整合了政府、中国移动、社会组织、为老服务企业等多方资源，实现了互利共赢、群众受益。可以说是目前解决居家养老问题的最佳模式。

三、成立背景及发展思路

人力资源和社会保障部等8部委将保定市社区服务中心列为全国百强家庭服务单位。商务部将保定市列为全国家政服务网络示范城市。2011年7月，保定市社区服务中心被河北省委列入全省十大民心亮点工程。

2012年7月13日，全国为老服务信息平台建设工作会议在保定市召开，保定市社区服务中心作为示范性单位汇报了有关“12349”平台的建设情况，并接待了全国各省市会议代表莅临中心参观指导工作。

保定市居家养老服务工作的成功做法在全国产生了巨大影响，中央电视台、中央广播电台、新华社、《人民日报》、《中国青年报》、《中国社会报》、《光明日报》、《求是》杂志、《中国福利》杂志、河北电视台、《河北日报》等数十家媒体对保定市的做法进行了报道。

为了更好地进行科学规划和完善当地养老服务体系建设，同时贯彻落实民政部和全国老龄办作出的该居家养老救助服务项目要“立足河北，面向全国”的指示精神，目前中心正积极向全国拓展此居家养老救助服务项目，现已覆盖了76个地市，涉及19个省份。2014年底实现各地联盟成员遍及80个地市，覆盖老年人用户数计划达到800多万，优化服务商家数量62万家。

河北省三河市燕达金色年华健康养护中心

河北省三河市燕达金色年华健康养护中心位于燕郊燕达国际健康城内，距北京天安门30公里，距北京首都国际机场25公里，总建筑面积65万平方米，规划设置床位12000张，现已开放床位2300张，是一座“医养结合”型国际化、信息化，集医疗、养老、养生、康复为一体的绿色生态老年养护基地。这里环境优美、服务温馨、功能完善、设备先进、文化氛围浓厚，人文景观与自然风景交相呼应，独特的水系带状公园碧波荡漾，锦鲤畅游嬉戏，置身其中，自然间浸润无穷意蕴，谈笑中饱含满怀温情。

一期工程已建设完成8栋养护楼，完成建筑面积约15万平方米，设置床位2300张，现正式开放床位998张；入住老人700余人，开放床位使用率达到95%以上。其中自理宾客占70%，半、非自理宾客占30%。

一、医养结合是特色

养老、看病是所有老人都绕不开的人生课题。燕达金色年华健康养护中心将医院的医疗、健康咨询与检查、疾病诊治与护理、康复以及临终关怀等服务和养老机构的生活照护服务、精神心理服务、文化活动服务相结合，形成了生活照料和医疗保障为一体的“医养结合”的养老模式。园区内的燕达国际医院按照卫生部三级甲等综合医院标准建设，拥有国际一流的尖端设备和医疗专家团队。作为“京冀医疗一体化”试点医院，先后与北京朝阳医院、天坛医院、北京市中医医院合作共建，让居住在养护中心的宾客可以在家门口享受到北京大型三甲医院同质化医疗服务，为养护中心的宾客提供了近在咫尺的强大医疗保障。

二、居家养老突出人性化

根据入住宾客的身体健康状况，养护中心分别设置了自理区和非自理区，并配有相关设施和服务。

自理区养护楼按家居式花园洋房建造，分别有一室一厅、两室两厅和三室两厅，并根据宾客不同的居住习惯，营造了具有个性化的中式、美式、欧式、东南亚式等不同风格的居所，生活设施一应俱全。非自理区域按星级宾馆设置，分别有单人间、两套间和三套间，豪华舒适，并有温泉、氧气入室。宽敞明亮的居室，温馨舒适的居住环境，绝对私密的生活空间、居家养老零差异化的设计，绿草茵茵的园林步道，工作人员热情周到的服务，这里处处体现着家的温馨、到处涌动着家的温暖。

三、康复护理保证生命质量

秉承“提高生活质量，保障健康安全，延长寿命”的宗旨，养护中心集医疗、养老、养生、康复等为一体，为入住宾客提供高品质的全程化贴心服务。为使入住宾客得到全面、及时的医疗保障，在家居式养护楼楼宇之间和每栋宾馆式养护楼，均设有医疗护理站并配备专职医护人员，为宾客提供慢性病、常见病、一般性疾病的免费诊疗，并定期为宾客进行免费体检、健康评估、建立健康档案及制订合理的医疗保健方案。对宾客所患的重病、大病或医疗站不具备治疗条件的疾病，医护人员会陪同宾客到健康城内的燕达国际医院进行治疗。

针对非自理入住区域的宾客，专职医护人员每日定时为宾客检测体温、血压、心脏功能，保障身体健康安全，还特别设置了生活辅助及康复设备，并配备多名具有职业资格、经验丰富的康复师。区域内的生命体征遥感监测设备对高危宾客心脏、呼吸、血压等身体指标，通过总监控室屏幕24小时监测。当宾客身体指标出现异常时，遥感监测设备会自动报警，届时将得到医护人员及时救治，最大限度保障了入住宾客的生命安全。

养护中心的护理人员均经过各项专业培训，定时为宾客提供居室保洁、整理床铺、衣物洗涤、心理保健、陪同就医等近百项服务。自理区的宾客可通过对讲呼叫系统随时与护理站取得联系并获得及时的帮助；非自理区的宾客，护理员会提供全面的个人生活照料，如服侍饮食、穿衣、如厕等。通过区域内设置的从瑞典专门引进的天轨移位系统，帮助生活不能自理的宾客站立、行走、洗浴、进行康复训练，还可以到室外活动、亲近自然沐浴阳光。

四、营养膳食个性化营养配餐

养护中心的餐厅饮食均严格选用应季新鲜果蔬，在营养师的建议下，坚持“科学配餐、膳食合理、品种多样、价格低廉、兼顾习惯、尊重风俗”的独特优势，将养生与保健融入日常经营理念之中。在供餐形式上，采用以配餐为主，点餐为辅的供餐形式，以“荤素搭配、低油少盐、新鲜应季”为配餐原则，每餐菜品约有二三十种，让不同饮食习惯的老人在这里都能够吃到符合口味的食品。

针对行动不便的半自理、非自理老人，餐厅还提供流食、半流食，均由餐厅工作人员提供送餐上门服务；对于有特殊需求的老人还可提供低脂餐、糖尿病餐、营养药膳、滋补药膳和寿宴等个性化餐饮。

五、文化娱乐注重精神文化生活

心情愉悦是保障宾客身体健康的重要因素，养护中心中央修建了一条多功能中心大街，老年大学、温泉游泳馆、桑拿房、健身房、球馆、棋牌室、心理咨询室、美发厅、图书馆、超市均设在其中，针对有宗教信仰宾客还设有包括天主教、基督教、伊斯兰教和佛教的宗教场所。

养护中心的老年大学，为宾客开办了工笔画、书法、手工制作、歌咏、太极拳、经络拍打养生操等课程，并在多功能大厅定期举办电影放送、健康养生讲座、书画作品展、交谊舞会、歌咏比赛、生日宴会模特表演等多姿多彩的活动，老人根据自身的兴趣爱好和健康状况选择课程、参与活动，发挥特长、结交朋友、充实生活，使宾客真正实现老有所养、老有所乐、老有所学、老有所为。

宾客管理委员会的成立与发展在养老行业内是首屈一指的，该委员会是由在住老人和中心共同组成的，通过在住老人的参与，能够及时了解老人的生活需求，获取老人的意见和建议，及时解决相关问题、改进服务、提高服务品质来满足在住老人的满意度。老人参与管理后，能够更加理解和认同养护中心的发展观念，结合每个人的不同工作经历来协助养护中心解决宾客间的矛盾和问题，能够充分体现出老人的社会价值，也真正实现了“老有所为”。

六、智能管理推行信息化

作为高品质养老示范基地，养护中心一直致力于规范化、信息化、人性化建设，运用互联网、大数据、移动互联等技术，将智能管理信息化系统植入服务体系之中，切实为每位入住老人提供高品质、人性化、全方位、全程化的医、护、康、养服务，实现了科技信息化。

河北省张家口市康保县农村养老互助幸福院

空巢老人，一个需要关注的群体；农村养老，一个需要破解的难题。为了让农村空巢老人过上幸福的晚年生活，河北省张家口市康保县积极探索实践农村新型互助养老模式，创造性实施了农村养老互助幸福院试点建设工程，从物质保障和精神享受两个层面满足农村老人养老需求，探索出一条解决农村老龄人口集中养老的新途径，取得了“幸福夕阳别样红”的可喜成果。

一、农村养老互助幸福院成立背景

康保是国家级扶贫开发工作重点县。近年来，随着大量青壮年进城务工，学龄儿童进城住校上学，农村空壳化、空巢化、人口老龄化等问题日益凸显。主要体现在四个方面：一是农村空巢老人不断增多。康保县人口共计27.6万，其中农村常住人口9万、老龄人口4.3万，空巢、留守老人比重逐年增加，已达到2.7万，占老龄人口的63%，导致全县70%村庄“空心化”。二是农村家庭养老逐渐弱化。随着农机推广和土地流转，农村老年人基本自己不耕种土地，主要依靠子女供养来维持生活，由于农村劳动力流动和人口迁移的加快，农村传统家庭养老功能正在逐渐弱化。三是养老自身积累基础较差。近年来，农村经济有了长足发展，农民生产、生活水平显著提高，但与城镇居民生活水平相比，仍存在较大差距。普通农民除去衣食住行等日常生活和子女入学、婚嫁等必要支出，自身养老资金匮乏，养老经济基础较差。四是老人情感寄托缺乏慰藉。农村空巢、留守老年人由于子女长期不在身边，生活、就医无人照料，精神缺乏慰藉。特别是坝上地区农村老人患常见病和慢性病较多，加之现阶段自然村多、布局散、规模小，导致村级卫生室配套难，管理服务成本高，农村留守老人看病难亟须解决。

二、农村养老互助幸福院发展思路

面对农村养老的严峻形势与任务，康保县坚持把农村互助幸福院建设作为一项普惠民生的“一把手”工程来抓，纳入新农村建设发展总体规划，扎实推进农村互助幸福院建设，取得了较好成效。

在具体推进过程中，重点从四个方面着力。

（一）因势利导，创新举措，明确建设思路

通过实施“关爱空巢老人”行动，对全县空巢老人进行摸底调查，全面掌握空巢老人的经济来源、健康状况、子女赡养等基本情况。在此基础上，以推进坝上贫困地区新农村建设为目标，结合城乡建设总体规划，把互助幸福院建设与农村面貌改造提升、空心村治理、农村危旧房改造、扶贫开发、生态移民等项目结合起来，统一部署，统筹推进，并按照近村、近水、近路、近电原则，向乡镇所在地或基础条件好的中心村集中，共享村委会活动室、卫生室等公共设施，实现了科学规划、合理布局。

（二）整合资源，示范带动，发挥集聚效应

按照“集体建院、集中居住、功能配套、互助服务”模式，规划在每个乡镇政府所在地、中心村和示范村分步实施农村互助幸福院建设，逐步消减“空心村”。集体建院。坚持“项目围绕幸福院整合，资金围绕幸福院集中”的原则，主要是对住建农村危房改造、民政互助幸福院、福彩公益金、农房倒塌恢复重建资金、财政“一事一议”奖补资金和农村面貌改造提升资金进行整合捆绑、集中使用，确保了工程顺利实施。集中居住。将办理入院申请手续的农村老人集中在同一互助幸福院居住，为每户老人提供一套水、电、暖等生活设施相对完善的小型住房，既没有改变老年人人际关系、生活环境，也有利于政府提供公共服务。功能配套。充分考虑老人的身体状况、生活需要、精神需求等方面的因素，做到“五有九配套”，即有卫生厕所、土炕、暖气、上下水、广播电视，配套图书室、活动室、卫生室、洗浴室、健身场、小菜园、储物间、小超市、阳光走廊，满足基本生活需求。互助服务。互助幸福院由政府出资建设，为集体财产，老人无偿周转居住，子女没有继承权。入院老人可以根据不同的生活习惯和口味自己调剂伙食，对生活不能自理的老人，由邻居临时进行互帮互助。

（三）以人为本，强化监管，综合施策服务

按照群众“自理、自养、互助”的原则，采取“三个结合”：在管理上采取村级指导与老人自我管理相结合。幸福院成立院民管理委员会，院长由村书记或村主任担任，委员由院民选举产生，实行自我管理。在服务上采取互助服务与便民服务相结合。以互助服务为主导，成立村事务代办中心，代办各项具体事务，让院民好办事。在生活保障上采取家庭自理与社会捐助相结合。入院老人的衣食医及水电暖等日常生活保障，由老人或其子女自理。

（四）完善机制，统一标准，扎实规范推进

在原有机制的基础上采取“6535”推进机制。“6”即六个入住标准。年满60周岁的农村空巢或独居老人；无住房或现居房屋存在安全隐患；有生活自理能力但无生产能力；本人及子女自愿申请入住；本人愿将原住房宅基地证交回村委会并拆除旧房；持有本乡镇户口、长期在本乡镇居住且子女不在身边（优先满足建设地村老人需求）。“5”即规划布局、资金筹措、功能配套、入住程序、服务管理“五统一”。“35”即单户住房面积不超35平方米，新建住房资金每户不超3.5万元。

三、农村养老互助幸福院工作成效

2013年在屯垦镇范家营村率先建设农村互助幸福院试点，集中吸纳了以空巢老人为主要对象的14户、20位老人入院居住。2014年建设土城子镇胡家房村、张纪镇三义堂村等互助院11所，吸纳190户、299位空巢老人入住。张家口市农村互助幸福院建设推进会、养老项目观摩现场会、市政协十一届二十四次主席会议就互助幸福院建设专题调研先后在康保召开，互助幸福院建设模式得到了各级领导的充分肯定，并提出了更高的发展要求。

农村养老互助幸福院建设工作主要有以下三大重点。

一是把好选址关，做到规划科学。遵循“优先中心村、优先空心村改造、优先乡镇政府所在地”选址宗旨，按照在临近村委会和村卫生室、15

户以下不建和30户以上集体供暖的选址原则，各乡镇初选后经县互助幸福院建设工作领导小组审核后实施，确保互助幸福院选址布局合理、科学实用。

二是完善建设模式，控制建设成本。按照“科学规划、统一标准、设计出新、控制成本”的建设原则，由康保县住建局统一规划、设计、招投标，组织实施。引进北京中技金谷集团和北京科莱达集团新型建筑材料和技术，将达到降低成本、节能环保、美观耐久等效果，力争以最低的投入实现社会效益最大化。

三是完善管理运行模式，探索长效机制。在积极推进互助幸福院建设的同时，重点选择2所互助幸福院管理运行机制进行探索与创新，以期形成一套成熟的管理运行模式，以点带面、全面推行，保障康保县互助幸福院健康、长效、可持续发展。

康保县的互助幸福院与村委会、卫生室和村民活动中心相邻建设，极大地方便了老人们就近享受就医、图书阅览、代办代理等便民服务。既有效解决了农村空巢老年人“老有所居、老有所养、老有所医”的问题，又为进城务工子女赡养老人解决了后顾之忧，以往空巢老人“守望窗口，独行庭院，出门一把锁，进屋一盏灯”的寂寥情景不再重现，取得了“老人舒心、子女放心、集体省心”的效果，为农村养老工作打下了坚实的基础，为农村经济发展和新农村建设注入了正能量。

山西省运城市盐湖区社会福利服务中心

运城市盐湖区社会福利服务中心（以下简称中心）位于盐湖新区复旦大街中段北侧，占地面积55亩，建筑面积8088平方米，设置床位269张，于2010年10月开业。现有管理服务人员51名，入住老人215人（其中五保老人43人）。中心集养生、康复和休闲于一体，设有多种规格的房间，室内配有餐厅、浴室、医疗室、娱乐室、棋牌室、阅览室、健身室，室外配有门球场、休闲亭等活动场地。

中心在全市乃至全省养老机构专业服务、规范服务中充分发挥了示范引领作用，受到入住对象和社会各界一致好评。先后被民政部授予群众满意窗口、三星级敬老院，被山西省民政厅授予模范敬老院，被运城市委、市政府授予时代先锋五十佳之一、2014年五一劳动模范，被运城市老龄委、文明委授予“敬老文明号”等。中心既是运城市志愿者服务活动基地，又是青少年德孝实践基地。

中心二期工程是运城市盐湖区委、区政府确定的2014年重点惠民工程，用于解决全区农村部分特困五保对象集中供养问题。“颐养楼”位于中心南部，为四层框架结构，建筑面积4300平方米，设置床位200余张，配有双人居室、餐厅、接待室、多功能活动厅等设施，总投资1400万元。

内蒙古自治区阿拉善盟民生综合信息管理服务系统

阿拉善盟民生综合信息管理服务系统的总体目标是以社区管理和便民服务信息化建设为中心，建设盟、旗、社区（苏木镇）三级民生综合管理服务系统，并实现与内蒙古自治区社区管理和便民服务系统的互联互通，建成全盟社区管理与便民服务、互动交流为一体的服务平台，使阿拉善盟社会管理和服务水平进入全国全区的前列。

一是通过健全救助保障制度、完善工作机制、建立信息数据库、规范救助行为等措施，形成政府主导、社会参与，民政牵头、部门联运，属地管理、基层落实的工作格局，达到资源整合、信息共享、便捷高效、全面覆盖、公开公正的工作要求，实现“学有所教、劳有所得、病有所医、老有所养、住有所居”的“五有”目标，真正让困难群众感受到党和政府的温暖。

二是通过整合社会力量、组织公共资源，提供便民、利民的综合服务，通过三维数字化社区综合信息管理服务平台、全盟社区公共资源交换平台、12349便民呼叫中心服务平台、民生网站服务平台和阿拉善盟电子商务平台的建设，从而建立联通自治区、盟、旗区、社区、居民四级民生综合信息管理服务平台，为社区居民提供方便快捷的服务。

三是通过系统的建设及时掌握居民生活生产动态，形成居民生活服务的“数字化”模式，体现“以人为本，方便居民生活”的宗旨和原则，带动全盟相关服务性行业飞速发展，整合行业资源。

同时考虑到当前阿拉善盟各部门社会救助事务存在的分散、重复、浪费和弱小等问题，阿拉善盟民生公共服务平台项目可利用已建、在建和拟建的各业务系统的数据资源，提升数据的综合利用率，实现数据资源的多方共享，避免“各自为政、信息孤岛”的产生。此平台充分整合全盟基础应用资源，最终达到管理现代化、信息网络化、民生服务信息化、社区服务便民化，将阿拉善盟民生事务管理和服务领入一个真正的信息时代。

内蒙古自治区赤峰市殡仪馆改扩建项目

为适应赤峰市“十二五”城市发展规划，打造百万人口城市，解决人民群众日益增长的殡葬需求、顺应“环保、健康、文明、发展”的殡葬改革需要，赤峰殡仪馆将原有告别大厅、骨灰寄存堂和火化车间进行了改扩建。项目于2012年筹建，2014年主体建设完工并于12月投入使用。项目占地112亩，新建建筑面积15763平方米，其中遗体告别大厅4373平方米、火化及休息大厅6933平方米、独立守灵区2688平方米、骨灰寄存堂800平方米，同时增加了节能火化设备和环保除尘设备。目前能达到最高年服务能力4000具/年的工作负荷。工程总投资5900万元。资金来源为地方财政资金、福彩公益金和自筹资金。

项目投入使用后，为红山区及市辖区50余万群众提供了更加文明、环保的殡仪服务，在保障基本殡葬服务的同时满足了事主对殡仪服务的更高要求。休息大厅彻底改善了在恶劣天气中事主在外等候的条件；告别大厅宽敞明亮，昔日的阴暗恐怖氛围不复存在；除尘火化设备使大气污染物排放符合国家《燃油式火化机大气污染物排放限值》要求，真正做到了节能环保，多台火化设备同时运行也缓解了事主因长时间等待的负面情绪，骨灰寄存堂古朴典雅，满足了事主对寄存环境的要求。

硬件建设的同时，赤峰殡仪馆也不断完善软件服务，全体工作人员始终遵循“以人为本、善待逝者、以德为魂、慰藉亲人”的服务理念，通过专业培训和刻苦训练不断提高自身素质，进一步夯实保障殡仪服务工作的基础。

整洁的环境、完善的设施、规范的服务，赤峰殡仪馆体现着对事主心灵的安慰，也实现了对逝者的终极关怀。

内蒙古自治区乌兰察布市未成年人保护中心

2015 年乌兰察布市被自治区民政厅确定为未成年人社会保护工作试点地区。按照自治区民政厅《关于开展未成年人社会保护试点工作的意见》（内民政发〔2015〕4 号文件）要求，乌兰察布市成立了乌兰察布市未成年人社会保护工作领导小组，领导小组办公室设立在市未成年人保护中心，并召开了全市未成年人社会保护部门联席会议，市政府印发了《关于印发乌兰察布市未成年人社会保护试点工作实施方案的通知》，按照自治区民政厅和乌兰察布市政府的要求，市民政局印发了《关于在全市开展未成年人社会保护工作的通知》（乌民政社福〔2015〕22 号文件），根据文件精神在全市 11 个旗县（市区）开展未成年人社会保护工作，为扎实做好乌兰察布市未成年人社会保护工作，切实保障全市未成年人的合法权益，在自治区民政厅、市委市政府和市民政局的大力支持下，利用自治区、市两级彩票公益金进行了市未成年人保护中心改造，建设了乌兰察布市未成年人保护中心（以下简称中心）。

中心占地面积 10748 平方米，建筑面积 1280 平方米，内部功能齐全，布局合理，各功能区有醒目的指示牌、廊道、残疾人通道等无障碍设施、道路畅通。中心针对未成年人的特点，设立了心理辅导室、行为矫治室、美术室、手工室、音乐室、技能培训及康复健身室等。在未成年人宿舍区配备相应的活动设施，生活区和活动区安装了监控器，同时设置了室内活动室，室外健身器材满足了生活、学习，娱乐等方面的需要。

其中，中心值班室有工作人员 24 小时值守，除做好安全保卫工作外，还肩负着对入站受助人员进行引导的职责。值班室设有监控，分别有两名值班人员 24 小时在岗，为受助人员提供必要的服务。

教室内设座椅 12 张，还设有黑板和电视，是为未成年人进行多功能授课的场所；康复室内有康复设备，如康复球、助行椅等10余种康复器材，对有需要的人员进行康复训练；手工绘画室为受助流浪未成年人提供手工剪裁等技能培训，内有操作台、手工剪裁工具、绘图工具等10余种相关工具。

图书室为受助的未成年人提供图书阅览，内有桌椅、阅览台、图书柜等，已配备图书300余册。

多功能区配置多种适合孩子们娱乐，学习，运动的乐器、健身器等器材，在工作人员的陪伴下，让孩子们共同策划与组织参与各类小组活动。

沙盘游戏室是利用心理学原理，采用积极想象的创造性治疗方式，注重非语言的深度治疗方法，内有沙盘器材1套。

宣泄室是让孩子们在一个安全的可控的空间中借助器具，通过击打、呐喊、拥抱、运动宣泄不良情绪。内有宣泄器材5种。

心理咨询室是对有需要进行心理咨询的受助人员进行访谈、开导的场所。

社工室是社会工作者开展个案、小组工作的场所。

未成年人宿舍是受助的未成年人临时住所，按男女分开居住，内有床、卫生间、洗浴区、洗衣机等设备。

此外，还有类似家庭这样一种集救助、保护、教育、维权于一体的新型救助方式。通过向社会招募有爱心、有耐心的志愿者担任“爸爸、妈妈”等临时监护人角色，营造类似于家庭的环境和氛围。在今后开展未成年人社会保护试点工作中，乌兰察布市未成年人保护中心将全面建成包括社会散居孤儿、留守儿童、困境儿童、困境家庭儿童以及其他存在困境的未成年人保护制度，通过试点，使乌兰察布市的未成年人保护工作建立一个政府主导、民政牵头、部门负责、社会参与的领导和协调机制；构建一个集预防、发现、转介、干预、帮扶、持续跟踪等为一体的社会保护工作平台；形成一种以家庭监护抚养为基础、社区监督服务为依托、学校教育保护为支撑、社会力量参与为补充、政府监护兜底线的“五位一体”未成年人社会保护工作格局；孵化一支专业强、素质高、服务好的未成年人保护工作人才队伍；创造一个未成年人健康成长的良好社会环境。

内蒙古自治区乌兰察布市兴和县中心敬老院

兴和县中心敬老院在县委、政府和各级民政部门的大力支持下，于2013年9月底建设并投入使用。敬老院位于城关镇兴盛社区，是县民政局直属法人登记的事业单位，共有职工30人，其中正式职工10人，设有中心敬老院党支部，管理正式党员5人，流动党员7人。敬老院环境优美、条件优越、管理到位、制度完善、责任明确，入住的五保老人衣、食、住、医、葬得到全面保障，被自治区民政厅评为“三星级”敬老院。

一、中心敬老院建设情况

兴和县中心敬老院占地48亩，分为生活区和种植养殖区两部分，其中生活区占地19亩，种植养殖区占地29亩。

生活区建筑面积4520平方米，其中楼房3420平方米，平房1100平方米，拥有床位260张。设有文体活动室、医疗服务室，小商店、洗浴室、理发室、党员活动室、健身广场，环境优美，条件优越，是院民的理想之家。

种养殖区有机井一眼，储窖一处，存储量达20吨，种植了各种蔬菜、玉米、土豆等绿色植物，建起了杏树园；养殖区建起了羊圈、猪舍，养了100多只羊和30多头猪。在种养殖区硬化了区间路，区间路两侧进行了绿化。种养殖区的建成为五保老人生产劳动、锻炼身体提供了平台，增加了创收，极大地改善了五保老人的生活。

二、中心敬老院管理情况

中心敬老院坚持从实际出发，科学规范管理，不断提高服务水平，五保供养对象衣、食、住、医、葬得到全面保障。

中心敬老院管理模式为1个院长、2个副院长、财务、办公、大夫等10名管理人员为财政供养正式职工，其余20名管护人员为聘用人员，聘用对象为原乡镇敬老院院长，临时聘用管护人员全家入住敬老院，24小时不离单位，与院民同吃同住，分片承包，责任到人，负责对敬老院老人的日常管护，工资月薪1500元，浮动工资管理由办公室专人负责全面考核，每月根据考核结果浮动工资。

在饮食方面，敬老院坚持每日荤素搭配，定期改善伙食，并在每位老人过生日时，增加提供加鸡蛋和长寿面为老人庆生。同时严格落实食品采购制度，不购置、不加工、不提供腐烂变质、有毒、有害、超过保质期的食物。生、熟食品、成品、半成品的加工和存放都有明显标记，分类存放，厨房、灶台、工作间的卫生，刀、砧板、工具及抹布都及时保持整洁，冷荤配餐工具专用，并有明显标记。

在文化娱乐方面，房间都配有彩电，活动室配有麻将桌、各类棋牌，文体活动室配备了乐器，并组建了文艺队。每逢节假日，各级领导干部到中心敬老院开展慰问活动，乌兰牧骑、老年夕阳红等艺术团经常来中心敬老院为老人们进行文艺表演，文广局定期为老人们放映电影。

在卫生管理方面，定期组织院民洗澡、理发、洗衣，更换床单、枕巾，拆洗被褥等，牙刷、牙膏、香皂、卫生纸等日用品逐月发放，定期检查卫生，每日都要消毒。

在医疗服务方面，卫生院入住中心敬老院2名医务人员、24小时轮流守岗，定期为五保老人进行体检，并建立健康档案。

在医疗护理方面，针对五保老人住院没人陪护的难题，民政局与医疗机构达成协议，由医疗机构集中安排病房，统一安排陪护人员，费用由民政局承担。

在生活护理方面，中心敬老院统一安排，将一些身体健壮、有护理能力的五保老人与失能、半失能老人同吃同住，实行“一对一”陪护照料，并给予100—500元/月的报酬。

在安葬方面，凡是五保老人去世后由近亲属接走安葬的，中心敬老院给予2000元的安葬补贴，此外则由中心敬老院负责安葬，中心敬老院组织了安葬服务队负责此项工作。

在心理辅导方面，针对中心敬老院五保老人心理障碍难题，民政局充分发挥志愿者协会作用，定期与五保老人谈心，掌握院民心理动态，及时化解心理问题与各种矛盾。

在经费保障方面，集中供养的五保老人供养标准为8000元/人·年，全部及时拨付到位，临时聘用人员工资和管理经费确保到位，保证了中心敬老院的正常运转。

在安全隐患排查方面，组织职工和院民学习安全知识，落实安全制度。白班工作人员分时段清点院民，每层都有服务人员值班和夜班值班人员进行交接，并在值班日记中做好详细记录，对各个房间进行安全检查，防止不安全的隐患发生。加强门卫制度，并在全院各个角落安装了摄像头，使安全工作不留死角，保证了院民的安全。

三、资金投入使用情况

兴和县中心敬老院项目建设资金决算1225.8万元，目前，已支付966.7万元，其中福彩公益金投入209万元。

辽宁省沈阳市辽中县家庭寄养项目

孤残儿童的成长和生活环境至关重要，如何为孤残儿童提供更健康、更自然、更合理、更有序的生活环境，是我国民政工作一直在探索的课题。沈阳市委、市政府，沈阳市民政局，沈阳市儿童福利院从孤残儿童的切身需求出发，创新思维，大胆尝试，以福彩公益金为支撑，历经10年，在辽中县冷子堡镇建立起辽中家庭寄养基地，为150多个孩子带来了新的生活和希望。

沈阳市儿童福利院在开展辽中家庭寄养之初，便将其定位为东北地区规模最大的家庭寄养基地，经过细致的调研和分析，通过比对城市寄养和农村寄养的成本、适应性、普遍开展的可能性等因素，最终选定辽中县冷子堡作为沈阳市儿童福利院家庭寄养基地，基地工作队伍由儿童福利院康复护理专业人员组成，基地运行资金保障由福彩公益金划拨的孤残儿童生活补贴解决。经过10年的风雨磨砺，辽中家庭寄养实现了从无到有、从弱到强的蜕变，得到社会各界的普遍赞誉。

一、以亲情带动家庭寄养工作快速发展

为了使孤残儿童得到最好的照料，沈阳市儿童福利院对候选寄养家长进行了认真的筛查和培训，选择家庭条件好、家庭成员身体健康、有养育子女的经验、有良好的道德修养、遵纪守法、有一定的文化水平、卫生条件好、家庭和睦、邻里关系融洽的家庭为寄养家庭。儿童进入家庭后，家长对孩子视如己出，进行24小时的精心照料。使孤残儿童得到家人般的浓浓的关爱，亲人般细致入微的呵护，孩子和寄养家庭高度的融合，使寄养儿童内心形成丰富的家庭情感，填补了孩子的感情缺失，通过与家长的朝夕相处，孩子们懂得了许多生活知识，知道挂念自己的亲人，心疼妈妈，

这是在机构中生活的孤残儿童很难拥有的。

二、建立辽中家庭寄养管理模式

为了做好辽中家庭寄养的工作，沈阳市儿童福利院根据农村特有的条件，逐步建立起严格的管理体系、评估体系、考核体系，保证了家庭寄养工作运行的科学化、规范化。建立起儿童福利院工作人员与当地管理员为一级，家长中的班组长为二级，所有寄养家长及孩子为三级的寄养管理网络，使庞大的寄养体系得以合理运作。为了确保每个家庭儿童的康复效果，家庭寄养工作人员每周一至周三到各个家庭进行寻访，检查孩子家庭生活状况，周四和周五针对个别有困难的家庭开展个体辅导。每月月末，召集全体寄养家长召开例会，总结这个月中家庭寄养运行情况，探讨解决的办法。一边推进家庭寄养工作，一边总结经验改进管理，使得辽中家庭寄养与冷子堡镇这片土地紧密地结合在一起，既保持了家庭寄养的核心精髓，又衍生出了与当地实际相协调的生活、康复、管理方法，使得家庭寄养在当地的认可度不断提升。

三、合理利用当地资源

沈阳市儿童福利院充分发挥主观能动性，有效整合农村资源，积极推动辽中家庭寄养工作。没有集中的办公场地，寄养工作人员便建立学习互助组，在寄养家庭的院子里对寄养家长进行培训；缺少必要的康复器具，寄养工作人员与寄养家长们一起动手，利用身边材料自己制作康复器具。进入寄养家庭的孩子多患有脑瘫、唐氏综合征等各类疾病，在长期的康复和反复的摸索中，寄养工作人员发现真实的家庭生活环境对儿童的身体康复和智力发育有着极大的好处，孩子每天上下台阶、出外玩耍都是很好的康复过程。根据这一发现，寄养工作人员结合自身专业知识，创建了“热炕理疗”“院落综合康复”等康复方式，使康复工作既与地方特色结合，又与家庭生活紧密联系，起到了事半功倍的效果。在民政部家庭寄养交流会上，辽中家庭寄养工作的成果经验得到了与会代表的一致认可，民政部将辽中家庭寄养模式作为“东北模式”在全国范围普及推广。

四、更好的前景，更高的追求

在沈阳市委、市政府的大力支持下，沈阳市儿童福利院在辽中县建立了占地面积1000平方米，建筑面积455平方米，主体建筑为3层的辽中寄养中心。中心建成后，寄养儿童的日常康复、特殊教育都可以在中心内完成。宽敞的教室，先进的康复设施，完善的教学条件，雄厚的师资力量，使辽中寄养基地的孩子们可以得到更好的康复、教育，辽中寄养工作从此翻开了新的篇章。

五、潜移默化改变着周围人群

辽中家庭寄养基地有序发展，逐渐在当地形成了较高品质的寄养文化。周围的群众都深切地感受到了家庭寄养带给冷子堡镇的变化。以前，农闲时节，人们大多凑到一起打牌，自从家庭寄养工作推广开之后，很多人改掉了打牌的习惯，而是用更多的时间照料寄养儿童，与其他寄养家长交流康复经验，探讨自己孩子的进步；一些家庭原来并不是特别和睦，经常会发生一些口角，在寄养儿童进入家庭之后，寄养家长们将孩子视为家庭的中心，共同努力为孩子营造一个良好的生活环境，潜移默化下，双方的关系逐步融洽，很少再出现争吵和口角。越来越多的群众对辽中家庭寄养表示认可，越来越多的群众希望加入辽中家庭寄养中，围绕着家庭寄养，冷子堡镇逐步形成了“人人向善，家家慈善”的社会风气，家庭寄养切实改变了冷子堡镇的人们。

六、辽中寄养基地硕果累累

经过了10年的发展，沈阳市儿童福利院家庭寄养实现了完美的蜕变，每个进入家庭的孩子都会有不同程度的进步。他们的健康状况得到了明显改善，智商发育较机构供养儿童有明显的优势，特别是在情商的培育上有十分显著的成效，寄养家庭中的孩子懂得感恩，懂得亲情依恋，孤残儿童情感基本健全。10年中，先后有14名残疾儿童通过康复训练身体状况得到了显著改善，进入正常学校就学；22名残疾儿童经过康复训练被美国、西班牙、瑞典、加拿大等国家的家庭收养。

吉林省通化市东昌区社会福利服务中心

吉林省通化市东昌区社会福利服务中心（以下简称中心）老年公寓楼建设项目于2011年立项，2012年上半年批准，2012年下半年征地，2013年5月开工建设。该项目预计投资6000万元，其中国家专项补贴资金850万元，区财政自筹资金5150万元。项目占地43亩，建设面积13493平方米，建成投入使用后可为264位老人提供养老服务，建设年限2012年6月至2014年10月，本年度累计投入建设资金3300万元。

2014年4月开始进行室内外装修、设备购置、园区道路硬化和景观建设系列工作，10月竣工。投入运营的东昌区社会福利服务中心将对入住老人开展生活照料、康复护理、精神慰藉和文化娱乐等服务。中心室内设有图书阅览室、老人网吧、康复健身室、休闲聊天室、岁月影视厅、阳光体验健身房、器乐声乐室、棋牌娱乐室、多功能会议室及超市等设施。中心设老年病专科医院，为入住老人定期进行健康检查，建立老年人健康档案，为入住老人诊治常见病，并提供康复护理。中心室内外建设和装修适合老年人特点，实行人性化设计，还将开辟绿色种植基地。餐饮服务也适应老年人个性化需求，设公餐、点餐、送餐服务，也可在食堂现场点炒。家属或来宾就餐设有单独包间。少数民族、患病、忌口及生日等特殊人群也有相应的餐饮服务。中心还有少部分居室内设有厨房，可自行采购，委托采购自做餐饮服务项目。

此外，中心还将开办老年大学，开设道德讲堂、养生常识讲座课程，文体方面有健身操教练、乐器演奏、声乐合唱、京剧表演、老年时装秀、老电影回顾、养生知识培训、书法绘画等单元活动。还成立若干兴趣小组，组织开展形式多样的旅游活动。中心将通过团结务实、精细管理，着力打造具有现代气息和特色的养老品牌，促进社会和谐，发展新型养老事业。

上海市“为低保困难老年人家庭提供居室适老改造服务”项目

“为低保困难老年人家庭提供居室适老改造服务”（以下简称“适老性”住房改造），是创建老年友好型城市的重要组成部分，通过社会组织的专业化管理和操作，主要为上海市低保困难老年人家庭提供住房安全性和无障碍设施的改造，改善这部分老年人的居住环境和生活质量，降低跌倒、失火、煤气中毒等意外事故的发生。

项目在2012年和2013年列入市政府实事项目，为进一步构建上海市“9073”养老服务格局，提供了强有力的家庭支撑，得到受助老年人的普遍欢迎和好评。2014年开始，创新政府主导、社会参与、各方协同的新模式，由市民政局指导，市老年基金会和市慈善基金会具体承办，区县老龄办等积极配合，每年完成1000户低保困难老年人家庭居室“适老性”住房改造，这一新型为老服务模式，为社会组织参与为老服务提供了平台。

一、主要原则

（一）坚持“以人为本”、安全适合的原则

“适老性”住房改造要根据受助老年家庭的居住情况和老年人的特点，在有限的预算内选择最适合、最迫切的需求进行改造，在“安全、方便、整洁”上下功夫，从而提升老年家庭居住质量，改善老年人居住环境的适宜度。

（二）坚持自愿改造的原则

老年人及其监护人、老年人家庭成员必须自愿申请“适老性”住房改造，接受和遵守“适老性”住房改造前、后的约束条件和规定，签署有关

的协议并承担相应的义务。

（三）坚持房屋改造不影响其他居民的公共利益

确定的老年家庭的住房条件与环境要符合“适老性”住房改造的环境与结构要求，特别要注意不能占用公用部位或影响他人使用的情况。

二、改造的内容

改造的内容主要分三大类。

第一类是安全性改造。主要包括：更换室内老化或裸露的电气线路，并配置安全插座；更换室内严重锈蚀或即将损坏的水管、燃气管和软管；更换损坏的门锁；更换破碎窗玻璃；更换严重老化的热水器、燃气灶等设备。

第二类是无障碍改造。主要包括：平整易绊脚的地面；在坐便器、浴室安装安全扶手；铺设防滑地砖；扩大居室门框；改建厨房间操作台。

第三类是整洁性改造。主要包括：更换旧式水龙头；更换老旧灯泡，安装节能灯；粉刷居室屋顶及室内墙面；油漆门窗；做简易而又实用的储物柜。在制订改造方案时，可根据老年人居住的实际情况，选择部分项目进行改造。如老年人身体状况不适应迁出改造的，应当实施局部改造，以安装扶手、更换老化管道、平整易绊脚的地面为主。在改造过程中，应结合老年人行为习惯、身体状况、心理特点等设计服务及活动，同时依据住房改造特点组织志愿者参与住房改造的过程。

三、对象标准

“适老性”改造的受助老年人和改造的住房需要符合下列条件：①受助老年人应年满70周岁以上，并为低保困难的老年人家庭，没有或缺少其他家庭成员的经济支持，其中优先照顾困难孤老、重点优抚对象。②改造的房屋以居住条件恶劣、年久失修的老式住房为主，受助的老年人应当拥有产权或长期使用权，且近期没有纳入动拆迁规划。③接受“适老性”改造的家庭如需老年人迁出改造的，还应有自行在他处临时居住1—2个月的条件和能力，孤老由街道负责在邻近的养老机构临时居住。

四、实施效果

（一）创新模式，社会参与

为了更好地体现政府主导、社会参与的理念，2012 年项目开展之初，便引入社会组织参与，发挥社会组织的力量，鼓励社会组织参与社会公共事务，通过公益项目创造机会培育、扶植社会组织。在市级层面，市民政局邀请上海屋里厢社区服务中心为“适老性”住房改造项目提供技术支持。屋里厢充分发挥专业优势，通过制定培训课件、开展项目培训、制定项目操作手册、进行现场指导等方式规范项目运作；在区级层面，各区县通过招标的形式吸引社会组织参与项目执行。从实施情况看，项目始终坚持“以人为本”的工作理念，在“硬”件设施改造中，充分发挥社会组织的“软”性服务功能，在为老人改善居室环境的同时，也为老年人提供心理上关爱。

（二）严守标准，促进公平

“适老性”住房改造由市社会福利彩票公益金出资支持，为了确保改造标准和享受老人公平、公开、公正，在项目改造过程中严格执行评估标准和评估流程，对于不符合条件的申请老人，耐心沟通，取得理解；在项目执行过程中严格把握改造标准，做到控制成本不超标准，尽可能使老人满意；同时坚持一户一方案的做法，根据老年人家庭的实际情况，设计不同的改造方案，并通过改造前后对比的方式留档并作为项目评估的依据。有条件的区县还聘请建筑设计专业大学生，他们在项目实施中发挥专业优势，参与上门评估、改造设计方案、资料收集和档案管理工作，效果良好。

（三）各方协同，积极参与

市老年基金会和市慈善基金会充分发挥区县分会作用，与区县老龄办紧密协作；各街道、居委会积极配合社会组织“适老性”住房改造工作，在入户调查、家庭筛选、评估、公示等环节做了大量工作；社区志愿者为受助老人开展志愿服务，与老人建立起良好的情感关系。在居室改造过程中，区县民政、老龄部门利用辖区内资源优势，统筹调度，为老年人提供各种便利，将孤老以及子女不方便照料的老人安置在日间照料中心，并提供餐饮服务；有些区县在发现受助老人有较深的家庭矛盾后，发挥社会组织的心理学专业优势进行介入调解；有些区县注重工作方法的创新，将社会工作专业方法运用到项目执行中。

（四）积极宣传，营造氛围

利用媒体资源和社区大力宣传“适老性”住房改造好的做法和成效。上海市主流媒体均通过图文并茂的形式报道，新民晚报以一整版报道了项目的执行和老年人受益的不同案例，扩大了社会影响力。通过社区的广泛宣传，让老年人区分了“适老性”住房改造项目和房屋装修的不同，对项目坚持的“安全性、无障碍性、整洁性”改造原则，和以老年人实际需求为本，为老年人提供舒适、安全、实用的居家养老环境的项目宗旨有了深入的了解。从 2012 年起，上海市已对 3000 户经济困难居室破旧存在安全隐患的老年人家庭进行了“适老性”住房改造。

上海市“老伙伴”计划

上海市民政局从2012年开始，尝试一种互助养老新模式——“老伙伴”计划，即低龄老人为高龄独居老人服务的新机制。“老伙伴”互助养老的特征是，以社区成员之间的情感为纽带，开展与家庭和社区生活密切相关的互助服务。

承接“老伙伴”计划的社会组织，在社区内招募2万名低龄老年志愿者，并对他们进行心理关爱、慢性病防治、老年人居所意外防范等三个方面的培训，这些老年志愿者定期为全市10万名80岁以上的高龄独居老人提供以互助关爱为主题的志愿服务，包括上门聊天、电话拜访以及通过社区老年人活动室等平台开展一系列的互助服务活动。2013下半年开始扩大服务范围，全市招募3万名低龄老年志愿者为全市15万名70岁以上的高龄独居老人提供互助服务。此项目于2012年、2013年列入上海市政府实事项目推进，2014年开始，项目运行日趋成熟，作为社区老年人家庭的支撑，为高龄老人提供持续的非正式照料服务。

一、主要原则

（一）市区联动与专业支持相结合

任务由市民政局统筹分配，区县民政局（老龄办）组织协调。为了保障服务质量，加强任务管理，市民政局通过招投标的方式，引入专业机构进行服务研发和培训，并提供专业技术支持。

（二）能力建设与志愿服务相结合

“老伙伴”计划的实施主体是活跃在社区的涉老社会组织以及低龄老年志愿者队伍，在结对开展服务之外，特别强调对志愿者的系统培训，以确保互助服务的质量，让服务者同时也成为受益者。

（三）统一配送与特色创新相结合

围绕“健康生活方式”为主题，对服务内容进行统一设计，并通过培训实现配送。同时，鼓励区县社会组织开展服务创新，在基本服务的基础上增加亮点和特色。

二、选择标准

（一）各区选送的核心志愿者

在“老伙伴”计划中，核心志愿者是低龄老年志愿者的骨干，起到关键作用，一是代表社区社会组织参加招投标，并对项目实施和管理；二是组织社区志愿者培训，传递配送服务产品的相关知识技能。各区选拔的核心志愿者一般为参与招投标的社会组织中的骨干，应满足以下条件：①具有较高的文化素养和工作能力，尤其是组织协调能力和项目管理能力。②有较好的语言表达能力，能胜任培训志愿者的工作。

（二）参与互助服务的低龄老年志愿者

3 万名低龄老年志愿者是“老伙伴”计划的主力军，由各区县通过招募和选拔后产生。低龄老年志愿者应满足以下条件：①年龄在 70 岁以下，身体基本健康，无重大疾病；②具有助人的热情、志愿服务的精神和社区工作的经验；③具有较高的健康素养和基本知识水平，可掌握培训内容；④有时间和精力全程参与项目活动。

（三）接受家庭互助的高龄老人

15 万名享受互助服务的高龄老人应满足以下条件：①年龄 70 岁以上的非院舍安置的居家纯老或独居老人；②孤老或子女不在上海的独居老人优先；③重点优抚对象优先；④残障老人或患有严重疾病的老人优先；⑤未享受居家养老服务的老人优先。

高龄老人与低龄老人志愿者按不低于 5∶1 配对，并应遵循就近原则和共性小组原则，即每个志愿者结对的老人最好是在同社区，并具有相近的生活条件和健康状况（疾病类别）。

三、项目效果

（一）转变思路，勇于创新，实事项目显新意

市民政局创新工作思路，在市政府实事项目中首次引入社会组织参与，充分发挥社会组织的专业性，与政府形成工作合力。“老伙伴”计划的经费首次采用彩票公益金招投标的形式，市民政局邀请上海市社会工作者协会为“老伙伴”计划的技术支持部门。市社工协会发挥其自身专业优势，在“老伙伴”计划关爱内容的设计上，在志愿者招募和专业辅导上，在志愿服务的具体内容实施上发挥着积极的作用。通过配合市里的统一运作，在区县级层面上共有28家（2014年26家）社会组织通过上海市公益招投标平台完成对“老伙伴”计划的承接任务。社会组织凭借其身份的灵活性、独特的角色定位以及在互助关爱活动中的专业性，在“老伙伴”计划的项目执行中发挥着非常重要的作用。实事项目首次引入社会组织参与，是全市转变为老服务工作思路、推进基本养老公共服务均等化、普惠化和养老服务社会化的积极探索，是破解老龄化挑战的有益尝试。

（二）社会参与，积极动员，实事项目呈合力

“老伙伴”计划的受益对象覆盖全市17个区县15万名高龄独居老人，在项目的实施过程中，区县民政和社会组织密切配合，街道、居委会和志愿组织积极参与，充分整合社区内资源，在工作中形成了良好的互动和配合，营造出全社会关注高龄独居老人的良好社会氛围，极大地激发了全民积极参与为老爱老的志愿服务热情，项目开展以来，实际参与“老伙伴”计划志愿服务的老年志愿者人数超过3万名，有的区县自己投入资金扩大受助老人的范围，以“老伙伴”计划项目开展为契机，积极推进所在区县老人互助关爱活动的开展。

（三）统筹部署，有条不紊，实事项目出成效

截至2014年5月底，全市17个区县共有26家机构参与到“老伙伴”计划中，实际受助的高龄独居老人的数量为151718人，参与互助服务的志愿者人数为30531人，上门服务次数为6209960次，社区活动参与人数为228798人。为1000名有特殊需求的老人提供了全年个

案管理服务，分别建档并针对其需求开展专业服务。同时，开展了全市层面的大型社区主题倡导活动，发放了50000份“老伙伴”计划预防失能健康指导系列手册。

上海市宝山区庙行镇“扬帆”康复沙龙活动项目

“重扬生命风帆——社区大重病特困居民精神帮扶”项目，是上海市宝山区庙行镇谐康爱心服务社为大重病居民、特困家庭而设立的项目，旨在帮助这些困难群体重拾生活信心、树立健康心态，提高生活质量与康复效果。“重扬生命风帆——贫困群体救助服务项目”“重扬生命风帆——济困精神文化服务项目”，是为庙行地区的贫困人群，提供的精神、心理、人际关系等多层次救助服务，旨在加大对困难群体的人文关怀，宣传社会主义核心价值体系，提高居民文明素质和社会主义文明程度。

庙行镇“扬帆”康复沙龙，依托“重扬生命风帆”公益项目，5 年来有力促进了庙行地区特殊困难群体的民生保障体系发展，服务贴民意，活动接地气，取得了十分显著的社会效果。

一、立项明确、心系庙行困难群体

庙行镇“重扬生命风帆”项目的设立，针对性较强，与综合帮扶工作相结合，立意明确。项目本着以人为本的工作原则，符合社区大重病患者和低收入群体的实际需求。庙行镇谐康爱心服务社在这几年的工作中，发现社区内的大重病家庭，长期患病，造成经济困难，影响家庭生活，病人和家属精神上承担着很大压力。服务社在给予资金帮扶的同时，探索如何从精神层面给予慰藉与关心。通过搭建“扬帆”康复沙龙平台，给他们提供一个释怀、减压、倾诉、交流的空间和场所，帮助他们重拾生活信心、树立健康心态，提高康复效果、提升生活质量，让他们重扬生命风帆，共享美好未来。

二、科学管理、提升项目执行能力

在项目的执行过程中，做到有目标、有计划、有组织地实施各阶段工作，有效整合各方资源。同时协调各部门配合，发挥社区志愿者队伍的作用，推进沙龙活动的开展。在项目过程中做好阶段性的成果评估，发现问题与不足，及时弥补和调整。使活动开展得规范、有序。项目使组织者的管理能力、统筹协调能力、计划执行能力不断得到提高。

（一）广泛宣传，发展沙龙会员

为使活动顺利进行，在沙龙组织成立之前，成立了沙龙筹备小组，每次活动之前召开预备会议，对工作人员及志愿者就日常管理、活动方式及组织形式作了统一安排。同时还深入辖区 18 个居委会中召开片会，做好宣传动员。使参加的群众对组建沙龙的初衷、目的、意义有了详尽了解，在思想上有了深刻的认识，自愿报名参加，为沙龙活动打下良好基础。

（二）完善制度，保障项目实施

为了加强对沙龙活动的管理，结合活动内容，讨论制定多项规章制度。①制定了沙龙组织章程，做到活动有章可循。②建立工作人员规章制度，严格规范地执行各项工作。③制定志愿者章程、工作流程、服务量化考核、培训计划。起到监测和各项风险的防范，确保活动的安全性。④制定沙龙会员公约，让会员在活动中接受沙龙工作人员及志愿者的指导和帮助，服从统一安排，保持良好秩序。

（三）科学管理，沙龙活动规范有序

为了确保活动的规范运作，建立了“沙龙考勤制度”。每次参加的志愿者和会员都有考勤记录，每月统计出勤率和各项活动人数，以制度规范志愿者和会员的行为。为使会员对沙龙的活动内容、时间、场所安排有详尽了解，工作人员提早做好活动进度表，并印发给每个会员，确保按时、按项目参加活动。由于目标明确，计划详细，沙龙每次活动的参加率都在 98% 以上，成效显著，受到会员的欢迎和赞誉。

三、创新尝试、体现良好社会价值

（一）活动形式多样，满足精神文化需求

沙龙广泛听取大家的意见和建议，活动形式不断创新，如书法班增添了水墨画和课堂聊吧，成立了舞蹈、拳操班等。编织组和串珠组的老师和志愿者们，从高手那里学习新的编织技巧和串珠工艺，再传授给会员们。让会员制作出精巧的作品，赠送给社区的困难群体。同时也把学到的技术传播到社区，进行爱的传递，享受"赠人玫瑰，手有余香"。沙龙除了养生大课，宣传养生知识和调理健康的方法。每逢节日还组织会员，举行各种文体娱乐活动，像新年联欢会、"三八"节的游艺会、亲子游。连续举办了两届"我心中的扬帆康复沙龙"征文比赛，写作让会员好像又回到了学生年代。"扬帆"康复沙龙，是会员们修身养性的家。这一系列有意义的活动，使积极向上的正能量在整个社区脉络中传播。

（二）活动形式创新，会员情感得到升华

沙龙活动开展以来，许多会员在这里得到能力的提升。他们将"要我参加"的观念，变为"我要参加"的积极表现，更加注重规划晚年生活，让自己老有所学、老有所乐。沙龙的每一次活动，都为他们提供了一个学习和展示自己的舞台。新年联欢会上，会员将日常活动编成"三句半"上台表演；十几位患过癌症的会员自编自演"感恩的心"；元宵节活动让会员展示了包汤圆的技艺；"三八"节活动让她们释放病痛压力，找回快乐心情；沙龙征文活动收到来稿34篇，篇篇情真意切、有感而发，以朴实的语言表达了内心的感恩之情。每一次活动凝聚了人气，放松了心情，回味幸福过去，憧憬美好未来。会员在文章中写道："一个笑容，花费极少，价值很高，一个笑容，仅有几秒，留下了终身美好。我把小手放在'扬帆'沙龙的大手里，便不再感到生命的凄凉。'扬帆'有我思念已久的温暖，您的力量会托起我沉没的希望，使我战胜病魔的信心倍增，我脸上每天都有美丽的笑容绽放。"

（三）活动延伸社区，真情服务困难百姓

沙龙把大重病家庭的上门心理疏导作为重点，服务人员划分成两个组，以便熟悉情况，使心灵抚慰收到更好的疗效。志愿者王雪琴、张珍华

用曾是癌症病人的经历，来鼓励他们战胜疾病。志愿者通过疏导干预，让有心理疾患的大重病患者，增强自我调节能力，让他们的家庭早日摆脱疾病的阴霾，勇敢面对今后的生活。几年来的上门心理疏导，走访、慰问收到了很好的效果，得到了认可。

四、积极探索、总结沙龙活动实效

（一）认真做好总结工作，探索符合时代的活动内容

“扬帆”康复沙龙活动丰富多彩、富有时代特色，为社区大重病、低收入群体，提供了一个释怀、减压、倾诉、交流的活动平台，取得了良好的精神效益。活动5年间，共招募注册的兴趣班会员155人，心理疏导服务会员21人；低保、低收入家庭的小朋友70人，各公益服务下社区，覆盖10个居委会。举办的各类兴趣班、主题讲座、政策咨询、法律宣传、心理疏导、医疗帮困服务及文化活动等582场次，直接受益21520人次。编印了九期“扬帆”康复沙龙活动简讯；制作了两套宣传图片，放在各小区橱窗展示、宣传；举办成果展和书画展4次，展出的有毛线披肩和背心，彩球饰品、花瓶、卡套、书画作品等；组织会员自编自演的大型文艺演出4场。通过丰富多彩的活动，一方面让沙龙会员可以走出家门，缓解思想与精神上的压力，调整心态与情绪，进行积极的沟通交流；另一方面看到自己亲手制作的劳动成果，让会员们体验到了成功的欢乐与喜悦，挖掘出人生价值，激发起继续快乐生活下去的信心与勇气。

（二）着力抓好服务工作，发挥志愿者作用

沙龙活动加大了精神帮扶力度，拓展了帮扶工作的内涵，使志愿者更好地发挥效能、服务困难群众，提升社会组织的公共服务能力，增强了社会公信度。在沙龙开办之前积极筹备，组织培训弘扬慈善、乐于奉献、业务规范、安全意识强、服务理念健全、综合素质好的志愿者队伍，为大重病患者提供精神帮扶。如今这些志愿者们凭借过硬的专业技术和爱心，定期上门为会员提供服务。志愿者是扬帆康复沙龙的集中体现和传达者，所有志愿者都抱着慈善的精神和爱心来帮助沙龙中的每一位会员。走进他们的生活，倾听他们的心声，尽心尽力为他们解决困难。志愿者的无私奉献精神感动着所有会员，也得到了大家的认可和好评。

（三）大力宣传公益项目，提高扬帆服务成效

沙龙从成立之初的默默无闻，到现在在社区的声名鹊起，不断有居民慕名而来。沙龙活动得到宝山区民政局和上海市互助基金会及庙行镇领导的高度评价。沙龙活动的报道不断在社团局网站、市互助基金会网站、公益网站发布、更新，吸引其他乡镇的公益组织参观和交流。“扬帆”的宣传报道上了宝山区新闻，“心理疏导服务”得到广播电台的关注，大病人员在“滨江话宝山”栏目中，细谈对生命的感知感悟。不少人通过积极参加志愿者活动，以自己的经历帮助困难居民，以实际行动回报社会。庙行镇谐康爱心服务社以“扬帆”公益服务模式，为社区低保、低收入、大重病困难群体搭建起一个独立且贴心的平台，是从单一的物质帮扶，延伸为心灵抚慰精神帮扶，是对困难大重病群体帮扶的一次更新和升华，借助全社会和志愿者们的力量，为困难群体提供多元化、多层次的救助服务，充分发挥了社会组织在公益慈善事业发展中的作用。“扬帆”康复沙龙不仅是庙行镇探索综合帮扶工作创新的一次成功尝试，也在精神救助层面拓展了救助深度，体现出了良好的社会价值。

上海市虹口区老年活动室“快乐之家”服务项目

上海市虹口区晚霞心苑社工师事务所分别于2011年11月和2013年4月承接了虹口区老年活动室“快乐之家”服务项目，涉及已建成的156个标准化老年活动室。事务所根据项目涉及活动室与人员较多、辐射地域较广的特点，设计组建了一支由以项目执行人员为主线、各街道志愿者为核心、各社区志愿者为骨干的老年活动室管理与服务队伍，构筑项目运行的人员架构与网络，保障项目各服务标的的有效开展与实施。与此同时，为保证项目各项要求的落实与到位，事务所以各街道为单位，分别配备了一名有丰富社区工作经验的项目执行人员，以确保项目各个节点工作的推进，同时承担志愿者队伍的维护、协调以及社区老人的服务工作。

在上述框架支撑下，项目组联合核心及骨干志愿者共同规划设计各活动室每月的活动安排并予以公布告示，依靠社区志愿者网络鼓励老人们走进社区，积极参加社区包括活动室在内的各种交流互动活动，以增进人际交往，丰富业余生活，学习知识技能，提升幸福指数，增进社区和谐。为保证提供给社区老人权威的、对老人们有实际益处的活动内容，项目组经过社区调查，在各活动室组织进行了涉及法律维权、医疗、心理、保健、护理、营养等各领域的专家咨询与讲座并通过活动调配表在项目范围内统一调配，先后有5000余人次的老人参加了此类活动。其中“老年人家庭日常生活护理知识”系列讲座，尤其受到社区老年人的欢迎。讲座从如何为被护理者进行洗脸、洗头、喂饭、翻身到老年常见疾病的如何观察护理等实用技能技巧的传授，让受众老人受益匪浅。

为鼓励扶持更多为社区老人喜闻乐见的文化娱乐活动在活动室的长效开展，项目组每月会同各层级志愿者，整合社区资源，根据项目设计给予一定的资金支持并通过活动成果的社区展示，吸引更多的活动团组与老人参与。项目组在此过程中随时保持与志愿者和社区老人们的交流沟通，听取各方意见并反馈到项目组与志愿者的每月例会，作出相应调整与改进。项目自开展以来，通过项目管理与服务网络，在156个老年活动室组织老年人开展了包括棋牌、乒乓、阅读、视听、歌唱、各类表演、演奏、书法、插花、编织、舞蹈、棋牌、朗诵、养生、书友会等种类繁多的文娱兴趣活动，摆脱了之前活动形式“老三篇”的单调状况，参与活动的老人已达到11.3万人次，丰富了社区老年人的业余生活。项目还组织有一技之长的志愿者每月设点为老人提供便民服务，服务内容包括理发、磨剪刀、修伞、配钥匙、修小家电、修鞋、量血压等与老年人日常生活密切相关的项目，活动受益老人3000余人次，同样受到社区老年人的欢迎。项目进行期间，还分别组织了项目志愿者与社区老人参与的形式多样的团队交流活动，融洽了各老年活动室之间、志愿者之间、社区老人之间的情感联系，增进了志愿者团队的归属感。项目活动开展以来，成效显现。

一是老人的兴趣爱好更加广泛。由于标准化活动室就近为老人提供了形式多样的活动内容，给了老年朋友很大的选择空间，老人们都可以在活动室找到自己感兴趣的项目，极大地吸引了老年朋友，活动内容也远远超出了预计的范围，拓展到了多个领域。如原定的文化娱乐项目仅包括声乐、舞蹈、戏曲等常见内容，目前已拓展到了武术气功、时装表演、乒乓拳操等项目。而老年教育的内容更是在原来书法绘画、摄影、手工等内容的基础上，拓展到了茶艺、种植、英语、器乐等多个学科，满足了老人的多样化需求，因而到活动室参加活动的老人越来越多。

二是老人的快乐指数和生活热情有了提升。在老年风采展示活动中，各街道展示的作品丰富多彩、品种多样，不仅有传统的书法绘画、手工制作的作品，还有很多老人创作的DIY作品，令前来观赏参观的人赞不绝口。如欧阳街道在风采展示活动中，不仅所展示的书法、摄影作品大大超出往年，同时还有许多手工编织的生肖动物系列作品和体现上海风貌的珠编、线编、刺绣等生动可爱的艺术形象、吉祥物等，让很多参观者对老人的聪明才智赞叹不已，加大了对老年人的肯定和尊敬。很多老年朋友也通过对自己作品的展示，获得了成就感和成功感，从而使老人的精神面貌有了较大的改观，进一步增强了生活的活力和激情。

三是为社会奉献爱心，扩大了活动的社会影响力。为使活动有更多的老人参与，项目组积极为老人配备必要的设施和活动材料，如光盘、毛线、珠片、纸张、舞扇等，大大方便了老人。目前，老人们通过活动完成的作品有毛衣、围巾、钱夹、书画、包袋等，下一步将分期分批捐献给区内的各大敬老院和困难老人，用实际行动向社会奉献爱心。

四是减轻了居委会的工作压力。老年活动室的定期开放使用，不仅使社区的老年人有了固定的活动场所，同时由于有志愿者的自我管理组织，也减轻了居委会的管理压力，使居委会干部能抽身做更多的工作。而老人们通过到老年活动室参加活动，也让老年人在使用活动室的过程中亲身体会到了政府在上海老龄化过程中作出的努力，使政府的公众形象得到了很好的提升，增进了社会和谐。

江苏省救灾物资储运中心项目

江苏省救灾物资储运中心项目开工以来，在省民政厅党组领导下，在厅领导和有关处室的指导下，克服了施工过程中的诸多困难，保证了施工质量和安全，各项工作进展比较顺利。

一、项目概况及立项批复情况

省救灾物资储备中心项目总建筑面积33708.08平方米，包括救灾物资储备仓库、救灾训练综合楼和救灾业务综合楼三幢建筑，是集救灾物资储备、减灾卫星工程、防灾宣传文化教育、救灾培训和指挥平台为一体的救灾减灾综合基地。新建的救灾物资储备仓库地上三层，建筑面积6987.33平方米，主要用于救灾物资的储备；新建的救灾训练综合楼建筑面积22508.05平方米，地上十五层，地下一层，主要用于灾害信息员的培训、防灾减灾卫星工程和重大自然灾害的应急指挥；救灾业务综合楼属于旧楼改造，共六层，面积为4062.70平方米，主要用于防灾减灾文化宣传教育。

2010年11月24日，江苏省政府分管副省长主持召开省救灾物资储备中心建设专题会议，并经省委、省政府主要领导批准，同意储备中心立项规模调整（省政府专题会议纪要第74号）。在会议精神的指导下，该项目先后分别完成了规划、部分土地征用、立项调整、可行性研究等57项报批工作。2012年8月1日，江苏省发展改革委关于省救灾物资储运中心项目初步设计批复（苏发改投资发〔2012〕1183号），同意储运中心项目总建筑面积33708平方米，包括新建储备库6987平方米、训练综合楼22508平方米、改造业务综合楼4062平方米。总投资概算18067.69万元。

二、施工进展情况

2012 年 9 月 17 日，救灾物资储运中心工程奠基。

2012 年 11 月 10 日，桩基工程开工，2013 年春节前完工。

2013 年 3 月 10 日，救灾物资储备仓库土建和安装工程正式开工，2014 年 8 月完成了扫尾施工，并进行了内部预验收。

训练楼于 2013 年 9 月 10 日开工，2014 年 5 月中旬完成主体结构和封顶施工，主体结构先后通过了质监和人防验收，并获南京市优质结构工程奖。

业务综合楼改造加固施工于 2014 年底基本完成。

所有项目各项工程施工计划于 2016 年 6 月全部结束并验收，于 8 月份进行竣工备案。

三、工程管理情况

（一）成立了专门机构

江苏省民政厅成立了由纪检组长、分管厅长和副巡视员担任组长、副组长，办公室、救灾处、规财处、纪检监察室、储备中心主要负责人参加的工程建设领导小组，领导小组下设办公室，负责日常工作。制定了领导小组议事规则和廉政工作制度。配齐了储备中心领导班子，聘请了项目工程师负责工程技术工作。

（二）规范了建设程序

一是坚持先审批后施工，先后办理各项审批审查审核 60 多项。二是每周召开一次工程例会，省财政投资评审中心、建设、设计、监理、审计、各施工单位负责人和技术人员参加，听取施工单位上周施工情况和下周施工计划的汇报，讲评施工情况，查找薄弱环节，会商解决施工中的矛盾和问题。三是每月召开一次工程造价会，省财政投资评审中心、建设、监理、审计单位，现场查看和集体审定施工中出现的合同外变更问题，5 万元以上的变更报领导小组审定。四是规范招投标工作。按照国家招投标法和江苏省实施意见，从建设工程中介服务库内抽签产生并委托招标代理单位，接受省招标办和工程价格管理总站监管，严格按照法定程序做好招投标工作，坚持每项招标都由投标人代表现场抽签 K 值，临时计算确定标底，防止围标现象，做到公开、公平、公正。五是加强对工程建设的领导。领导小组每两月召开一次例会，听取工程建设情况汇报，根据需要随时开会，研究解决工程建设难题，审定合同外变更和招标工作事项。工程建设中的重要问题及时提交厅党组研究确定。

（三）狠抓质量安全管理

项目按照住建部关于工程质量两年治理行动和工程主体五方项目负责人质量终身责任追究办法，项目建设、勘探、设计、监理、施工单位法人签订了项目负责人委托书，五方项目负责人签订了工程质量承诺书。一是质量管理上，发挥工程监理和项目工程师作用，紧盯材料验收和施工工艺，切实按图施工，创建文明工地和优质工程，建设行政部门对工程的各分项验收都能一次通过；二是安全管理上，严格落实制度和预案，全过程督查，警钟长鸣，确保了施工安全。

（四）切实控制了工程概算

坚持节俭办事原则，严格按照发改委审批要求，与江苏省财政投资评审中心积极配合，上年度部门预算时根据施工进度申报下年度工程经费开支方案，每季度向财政申报开支计划，每月申报开支情况，接受财政监管。从工程每项招标限价开始，对工程概算一项一项控制，截至目前整个工程建设没有出现超概算现象。

江苏省社区公益服务项目

为大力培育和扶持社会组织发展，增强其参与社区公益服务的能力，不断提高社区公共管理和服务水平，自2012年始，江苏省民政厅利用福彩公益金支持“社区公益服务项目”，每年投入500万—1000万元，扶持基层社会组织开展社区公益服务，截至2014年，共投入2500万元，资助开展了341个项目。

“社区公益服务项目”扶持的项目类型包括：为老年人服务项目、为青少年服务项目、助残服务项目、救助帮困服务项目及其他社区公益服务项目5大类。

为体现公开、公平、公正，采用市场经济的公正竞争、效益最大化原则，规范资金使用行为，提高财政资金使用效率，降低监督和管理成本，2014年起，该项目采取政府购买服务方式，委托江苏省政府采购中心公开招标，确定获得扶持的项目及社会组织。

经过几年的实践和探索，该项目一方面实现了培育基层社会组织和社区公益项目的目标，有效提升社区公益服务水平；另一方面提高了社会组织承接政府购买服务项目的能力，为推动政府向社会组织购买服务政策的制定出台积累了宝贵经验。此外，在该项目的带动引领下，江苏全省各地积极开展公益创投活动，扶持培育社会组织开展公益服务项目。

江苏省老年精神关爱项目

江苏省在积极应对人口老龄化挑战，为老年人安享晚年生活提供物质保障的同时，努力丰富他们的精神生活。近年来，通过把老年人精神关爱工作摆上突出位置，安排专项经费，推动老年精神关爱工作创新等做法，在提高老年人精神文化生活方面取得了一定的成效。

一、主要做法

一是加强政策关爱。把老年精神关爱工作列入重要议事日程，纳入经济社会发展指标体系和精神文明建设年度工作考核目标，加大老年精神关爱工作的投入力度。江苏省财政厅设立了老年精神关爱工作专项引导资金，江苏省福利彩票公益金留成中每年安排一定经费专门用于老年人精神关爱。先后下发了《关于推进老年精神关爱工作的指导意见》《关于进一步加强老年教育工作的意见》。二是立足项目推进。每年安排300万元专项经费，向全省征集老年精神关爱项目，省老龄办根据各市上报的项目进行筛选，召开专家评审会，对项目进行逐一评估，对有创新性、可复制性，为老人提高精神文化生活质量等方面积极探索创新的项目，给予一定经费支持。无锡市崇安区“我的团长我的团”“老伙伴客厅”“银发微笑”等项目，取得了较好的成效。三是巩固家庭关爱。各地开展“百佳孝星”活动，对巩固家庭关爱起了积极作用。四是倡导社会关爱。在全省开展“敬老文明号”创建评选、“尊老敬老爱老助老”主题教育活动，营造全社会敬老爱老的氛围。

二、主要成效

一是老年精神关爱设施和组织建设取得较大进展。全省建有老年大学和学校3800多所，在校老年学员125万人。建有老年文化活动场所2万多个，老年人健身网点3.9万个，注册社会体育指导员14.5万人，开展了丰富多彩的老年教育、文化、健身活动，参加活动的老年人在600万以上。开展了全省示范老年大学和学校创建活动，评选出74所“江苏省示范老年大学”和“江苏省示范老年学校”。全省社区居家养老服务中心，广泛建立了聊天室，开通了热线电话或“一键通”呼叫服务，提供心理疏导、心理咨询等服务项目。省、市、县（市、区）、街道（乡镇）、村（居）委会五级老年人协会逐步形成，全省2万多个老年人协会积极发挥自我管理、自我教育、自我服务和服务社会的作用。

二是老年精神关爱宣传阵地进一步扩展。以《老年周报》为主打，扩大宣传，提升宣传效果，使《老年周报》成为对全省老龄工作和老年精神关爱具有较强影响力的媒体；打造云媒体“961”江苏老年电视。开展老年人喜爱的文化、旅游等活动，取得了很好的效果；多种传媒开办老年节目。各地以广播、电视、综合性报纸为基础，普遍开设了老年栏目。省广电总台的“美丽夕阳”老年广播栏目，“晚霞”老年电视栏目，开放大学电视栏目，都深受老年人欢迎。常州市开设的“俏夕阳”全天候广播频率，影响力进一步扩大。

三是老年精神关爱产品更加丰富。老体协主办的体育节，各项大小上万次比赛，吸引百万以上老年人参与。《老年周报》、“961”江苏老年电视等省十几家媒体，开设了大批老年人喜爱的栏目。出版部门出版了百部以上老年读物。省老龄办与省老年学学会把老年精神关爱作为重点课题进行不断深化研究，编辑出版了《老年心灵茶吧》《老年心理关爱指导手册》等指导书。省老年学学会保健专业委员会，组织摄制了多集老年健康讲座光盘。老年大学教材不断适应老年人学习新要求。老年旅游产品不断出新。

浙江省社区居家养老服务照料中心

浙江省于1987年进入人口老龄化社会，提前全国13年。截至2014年底，全省60岁及以上老年人口945.08万，占户籍人口的19.44%。面对人口老龄化的严峻形势，浙江省委、省政府把养老服务工作列入重要议事日程，加快推进社会养老服务体系建设。在养老服务体系建设中，浙江省把居家养老服务照料中心建设作为重点工作，切实采取措施，加大资金投入，健全完善设施服务网络，夯实居家养老的基础性地位，取得了较好的成效。

一、项目背景

人口老龄化是21世纪面临的重大课题。党中央、国务院对此高度重视，党的十八届三中全会强调“积极应对人口老龄化，加快建立社会养老服务体系和发展老年服务产业”。居家养老是传统家庭养老的重要延伸，是社会养老服务体系的重要构成，是社会养老服务体系建设的基础性工程，浙江省早在“十五”时期就实施了“社区老年福利服务星光计划”，2006年向农村拓展，建设了一大批农村“星光老年之家”，形成了较为完善的居家养老服务网络。随着经济社会的发展和老龄化趋势加剧，居家养老服务的基础性地位更加凸显，原有居家养老基础设施已难以满足老年人的养老服务需求。在这样的大背景下，综合考虑浙江省传统的家庭养老模式和现阶段经济状况及各方面承受能力，确立了以家庭为基础、社区为依托、专业化社会化服务为支撑的居家养老服务模式，启动实施了社区居家养老服务照料中心建设项目，着力完善居家老年人照护服务网络，丰富服务内容，拓展服务方式，为老年人提供更多的养老服务资源，从而满足老年人持续增长的养老服务需求。

二、项目主要内容

社区居家养老服务照料中心是为有需求的老年人提供就餐、托养、健康、休闲等服务，上门为居家老人提供照护服务，开展老年人信息登记、身体状况评估的专用场所或服务机构。2011 年底，浙江省政府出台《关于深化完善社会养老服务体系建设的意见》，部署实施社区居家养老服务照料中心建设项目，将城乡社区已建的居家养老服务站、“星光老年之家”通过设施改造、功能提升，转型升级为社区居家养老服务照料中心，到 2014 年，全省建成 8000 家城乡社区居家养老服务照料中心，基本覆盖城市社区和近 1/3 的农村社区。

为保障该项工作顺利完成，省级建立了项目建设补助制度，每年安排公共财政和福彩公益金给予补助，各地也都建立了配套补助制度。2012—2014 年全省共投入居家养老服务照料中心建设资金 20 多亿元，其中省下达福彩公益金资助 4. 89 亿元，为项目顺利推进奠定了基础。截至 2014 年底，全省已建成城乡社区居家养老服务照料中心 13143 个，日间照料床位近 15. 5 万张。

三、项目成果与影响力

浙江省社区养老服务照料中心建设项目推出以来，较好地满足了老年人的居家养老服务需求，发挥了良好的社会效益，得到了老年人的赞扬和社会各界的好评。

一是扩大了社区居家养老服务覆盖面。各地以高龄、独居、空巢、失能和低收入老人为重点，依托社区居家养老服务照料中心，开展生活照料、家政服务、康复护理、医疗保健、法律维权和精神慰藉等服务，扩大了服务覆盖面，有力地推动了养老服务的普惠化进程。到 2014 年底，全省居家养老服务基本覆盖城市社区和 50% 的农村地区，600 万老年人享受到各类居家养老服务。

二是提升了社区居家养老服务水平。从“星光老年之家”到居家养老服务站，再到照料中心建设，全省居家养老服务设施逐步实现了转型升级，服务内容更加丰富，服务方式更加灵活，运营管理更加规范，较好地提升了为居家老人服务的能力。在服务内容上，照料中心包含就餐、休闲、娱乐、保健、托养、维权等服务内容，满足居家老年人的基本养老服务需求。在服务方式上，在对有需求的老年人提供集中式服务的基础上，针对老年人不同需求，采取了个性化服务、上门服务、结对服务等方式。在运营管理上，以县为单位，统一制度，统一标志，统一标准，统一检查指导和考核验收，推动了标准化、规范化运行。

三是壮大了居家养老服务队伍。依托照料中心项目建设，各地积极打造专业护理队伍，加强职业技能培训，大力组建志愿者队伍，培育了一支以专职服务员为主、志愿者为辅的服务队伍。全省 2014 年有 10 多万名城乡社区专兼职居家养老服务人员，有 2. 3 万个老年协会组织开展“银龄互助”活动。鼓励引导社区居民、党员、各界人士广泛参与居家养老服务，共有 56 万名养老服务志愿者。

四是健全了居家养老服务机制。依托居家养老服务照料中心项目建设，各地积极探索创新居家养老机制，从单一居家服务到集中居住服务和居家养老服务的相互融合，从老年食堂建设到综合性照料中心的建设，从政府组织扶持的以老助老到社会自发形成的助老帮扶，从慈善助推居家养老服务到孝心公益基金的逐步推广，从养老文化的宣传渗透到维权调解的制度建设，走出了社区居家养老服务新路子。

浙江省社区服务中心

浙江省地处我国东部沿海，是社区建设起步最早的省份之一，也是新中国第一个居委会所在地，城乡社区建设起步较早、基础较好。浙江省始终坚持以城乡统筹发展为导向，抓规划布局、抓设施投入、抓机制创新，2014 年已基本形成了设施完善、功能配套、机制健全、数量全覆盖的城乡社区建设新格局。

一、项目背景

浙江省委、省政府先后于 2007 年、2008 年下发了《关于推进城市和谐社区建设的意见》（浙委〔2007〕64 号）、《关于推进农村社区建设的意见》（浙委〔2008〕106 号），全面推进城乡社区建设。社区服务主要以老年人、妇女儿童、残疾人等社会特殊困难群体为重点，加强社区服务中心建设，对更好地满足人民群众的公共服务需求，密切党群干群关系、强化基层社会治理、维护社会和谐稳定，创新政务服务工作、推进政府职能转变和建设服务型政府都具有重要的现实意义。浙江省大力推进社区服务中心建设是一项广受群众欢迎的民心工程，加大福彩公益金资助社区服务中心建设符合福利彩票发行的宗旨，也有利于发挥福彩公益金的“杠杆”作用。

二、项目主要内容

社区服务中心建设是浙江省城乡社区建设的重要内容。社区服务中心是指一站式、综合性的，能够承担办理公共事务、组织居民活动、开展社区服务等功能的场所。2011 年省政府制订了《浙江省城乡社区服务业“十二五”发展规划》（浙政发〔2011〕47号），要求新建50个左右2000平方米以上的示范型街道社区服务中心、再建5000个村级社区服务中心，新增96345呼叫热线为标志的市、县（市、区）社区服务信息平台为新型社区服务中心，要求在“十二五”期间新建60个社区服务信息平台。从2008年开始，省民政厅每年安排省级福彩公益金资助社区服务中心建设。2008—2014年，全省各级共计安排福彩公益金6.82亿元用于资助社区服务设施建设，其中省级福彩公益金资助2.07亿元。

三、项目成果与影响力

在省级福彩公益金投入、引领和带动下，全省各地通过新建、整合改造、资源共享、综合利用等举措，加快推进社区服务中心建设，社区服务中心覆盖面越来越广、面积不断扩大、功能日趋完善，城乡居民得到方便、快捷、优质的社区服务。不少社区服务中心成为居民办事、活动、聊天和漫步的公共客厅。

一是推动社区服务中心基本全覆盖。2014年底，全省建成76个96345社会公共服务信息平台，覆盖89个县（市、区），全省“联网工程”正在实施中；乡镇（街道）社区服务中心全覆盖；城市社区工作服务用房面积达到254万平方米；新投入使用的村级社区服务中心1102个，累计建成19135个，总面积达917.51万平方米，覆盖25196个村，覆盖率90%，比上年增加3.2个百分点。杭州、温州、衢州等地实现村级社区服务中心全覆盖。

二是推进社区服务体系建立健全。在加快社区服务中心建设的基础上，各地不断丰富社区服务内容，为居民提供丰富完善的公共服务，同时引导市场化服务和志愿服务进入城乡社区，在全省逐步建立起市（县）信息化、乡镇（街道）个性化、村（社区）综合性的三级社区服务体系，广大居民对社区服务中心建设予以高度好评，纷纷认为政府把实事办到了家门口。2011年，城乡社区服务设施建设工程被评为浙江省十大民生工程。

三是带动其他资金投入。在省级福彩公益金资助下，建立了一大批设施完备、功能齐全、服务完善的社区服务中心，带动了其他资金的大量投入，引领和带动了全省各地社区服务中心建设。2014年，省市县三级公共财政补助农村社区运转经费18.2亿元。

四是促进福利彩票事业发展。社区服务直接面向全体城乡居民，通过福彩公益金资助社区服务中心建设，要求统一悬挂红色中国结的社区标识，进一步宣传和弘扬福利彩票“扶老、助残、救孤、济困”的宗旨，在广大居民心中树立起良好的社会形象，赢得了好评和支持，促进了浙江省福利彩票发行工作健康快速发展。

浙江省困难群体资助项目

一、项目基本情况

为体现福利彩票“扶老、助残、救孤、济困”的发行宗旨，扩大社会影响，推动和谐社会建设，浙江省自2005年开始，逐年安排省级福彩公益金用于资助特殊困难群体。这一雪中送炭的善举行动，得到了全社会的广泛赞誉，让受助人员深切感受到党和政府及社会的关心，体现了福彩扶危济困、雪中送炭的人文关怀，进一步加强了福彩的宣传，扩大了福彩社会影响，促进了浙江省福利彩票连续多年的快速持续健康发展。

二、项目主要内容

福彩公益金资助困难群体，主要用于浙江省特困群体的直接救助，资助对象包括特困家庭的学生、特殊困难的孤寡老人、残疾人，受灾特困户、遭遇困难急需帮助的人员。2011—2014年，浙江省共计安排省级福利彩票公益金3000万元（2011—2012年每年500万元，2013—2014年每年1000万元），各市配套资助资金1271.74万元，开展了六大类资助活动，为32900多名困难群众提供了帮助。

（一）“贫困大学新生专项资助活动”

资助标准为每人5000元，帮助家庭贫寒的大学新生顺利跨进大学校门。同时，对其中特别困难的连续4年资助（第二年开始每年2000元），助其完成学业。2011—2014年累计资助贫困大学生3562人。

（二）“残困少年专项资助活动”

资助标准为每人1000元，重点资助残疾人家庭因经济原因失学的少年，民工子弟学校中家庭困难的少年。2011—2014 年累计资助残困少年（包括困难高中生专项资助）4000 人。

（三）“困难外来务工人员专项资助活动”

资助标准为每人 1000 元，2013 年开始实施，累计资助困难外来务工人员 3950 人。

（四）“公益福彩·与你同行——困难家庭专项资助活动”

资助标准为每户困难家庭 1000 元。2011—2014 年累计资助困难家庭 8837 户。

（五）“孤寡老人专项资助活动”

资助标准为每人 1000 元。2011—2013 年主要开展“为生活困难农村老党员送温暖活动”“为百岁老人送温暖”“独居困难老人资助活动”等。2011—2014 年开展孤寡老人、困难老党员等资助活动，累计资助 4781 人。

（六）“其他特困家庭资助”

对有急难的特殊家庭，与新闻单位联手（“福彩帮帮帮”电视公益资助栏目），给予重点资助。2011—2014 年累计资助特殊困难家庭 7829 户。

三、项目成果及影响力

（一）实现福利彩票“扶老、助残、救孤、济困”的宗旨

福利彩票公益金资助充分落实“扶老、助残、救孤、济困”的宗旨，资助对象主要是特困家庭的学生、特殊困难的孤寡老人、残疾人、受灾特困户、遭遇困难急需帮助的人员，受助对象遍布全省 12 个市（含义乌市），体现了福利彩票扶危济困、雪中送炭的人文关怀。福彩公益金专项救助，以最直接的方式、最快的速度为受助者解决实际困难，帮助一大批陷入困境的受助者重新点燃了希望。如福彩公益金重点保障“三无”、五保及低收入的高龄、独居、失能等养老困难老年人的实际需求，在资金、物质上给予帮助，送关怀、送温暖；通过“百万助学”活动，帮助家庭贫寒的大学新生顺利跨进大学校门，并对特困大学生开展连续 4 年资助，助其顺利完成学业；为残困少年及时、足额发放补助，让他们感受到社会的亲情温暖。这一系列雪中送炭的善举，得到了全社会的广泛赞誉，让受助

人员深切感受到了党和政府及社会的关怀。

（二）宣传福彩公益性，促进福彩发展

每年由省福彩中心统一策划部署的“残困少年专项资助活动”“贫寒大学新生专项资助活动”“困难老人专项资助活动”“外来务工困难家庭专项资助活动”等主题活动，为浙江省福利彩票宣传工作创造了很好的机会和平台，每次活动与新闻媒体联动，以大量的事实宣传福利彩票公益性，实践证明“救助+宣传”的模式效果显著，使用有限的福彩公益金开展救助活动，达到效益的最大化，树立了福利彩票品牌，扩大了福彩的社会影响，积极有效地促进了福利彩票的销售，推动了福彩持续健康发展，多年来浙江省都是全国福利彩票发行销售大省之一。

经统计，2011—2014 年省、市累计开展现场资助活动 644 次，资助活动通过电视报道 931 次、网络媒体报道 973 次、平面媒体报道 973 次，达到了预期的宣传效果。2014 年 5 月，浙江省人民政府新闻办公室还就“2014 浙江省贫困学生系列资助活动”专门召开了新闻发布会。

（三）带动社会资助，营造爱心帮扶氛围

通过省、市主流媒体的宣传报道，福彩公益金使用更为公开透明，加大了社会影响力，也带动和促进了全社会慈善事业的发展。现代慈善事业的特点是以慈善组织的运作为平台，并使这种运作更专业化，更有效率。随着福彩公益金使用的大力有效宣传，志愿服务开始普及，慈善组织快速发展，如经常性捐助工作站、慈善超市和在线捐助网站等公益组织将得到进一步发展，方便群众捐赠款物和提供志愿服务。

在社会福利事业发展过程中，福利彩票发挥了重要的作用，营造了健康文明的福彩文化，构建有利于公众参与慈善的有效平台，并有效带动了社会资助，如公众通过慈善义演、义拍、义卖、义展等新型捐赠渠道奉献爱心。

浙江省荣军医院

浙江省荣军医院是浙江省民政厅直属的省级优抚医院，承担着为全省一至四级残疾军人提供医疗、康复、休养服务，为全省在乡残疾军人、老复员军人等优抚对象提供短期疗养服务，为社会群众提供公益性医疗服务等任务，是一所集医疗、科研、教学、康复为一体的大型综合性医院。

一、项目概况

浙江省荣军医院坐落于党的诞生地——嘉兴市，原址位于嘉兴市中山东路352号，为配合嘉兴市城市开发和保护规划，并推进荣军医院的长远发展，省荣军医院启动迁建工程。2008年12月28日开工建设，2014年11月投入使用。

荣军医院新院位于嘉兴市双园路309号，占地面积101.7亩，建筑面积5.5万平方米，核定床位600张，项目总投资2.73亿元，其中嘉兴市财政投入1.69亿元，省级福利彩票公益金资助1.04亿元。为了更好地满足在院伤残军人、优抚对象及社会病人的就诊需求，省级福利彩票公益金资助6000万元，配置相应的医疗设备和仪器以及多功能病床等设施设备。

省荣军医院现有职工550余人，设有40多个临床医疗、医技科室和内科、外科、骨科、康复科、老年病科、眼科、ICU等15个病区以及健康体检中心。目前，医院日门诊量约700人次。平均住院病人650人。

二、项目成果与影响力

（一）荣军住院条件大大改善

荣军医院搬迁后，在院荣军生活和医疗条件明显改善，生活设施设备配置优良，疗休养环境优雅宁静，伤残军人生活稳定、心情愉快，感到温馨幸福。随着人才引进步伐的加快，医疗救治、康复、护理等服务水平进一步提升，实行个性化诊疗方案，伤残军人得到更好的医疗康复，感到温馨幸福。

（二）优抚保障能力建设进一步加强

省荣军医院搬迁后，接待来院优抚对象短期疗养的能力从1000人提升至2000人，满意度98%以上。2015年优抚对象短期疗养人员已提前排满，上半年完成了来自湖州、衢州、宁波、嘉兴等地的短期疗养优抚对象19批共709人次。优抚对象来院治疗趋势明显增加，需求更加强烈。为了更好地为优抚对象服务，省荣军医院重新修订出台《优抚对象及家属优惠服务措施》，通过进一步便民惠民措施，优抚对象门诊及住院量出现了较大幅度的提升，半年门诊就诊重点优抚对象1020人次，住院179人次，优惠费用达30余万元，同比增长近200%，得到了各地民政部门及广大优抚对象的好评，提升了社会效益和经济效益。

（三）门诊住院人数大幅度提升

随着就诊环境、诊间空间布置、停车条件、食堂设施设备、后勤水电气等硬件水平以及人才引进培养等软实力的不断提升，省荣军医院的门诊急诊、住院病人数量大大提升，特别是住院条件的改善，便捷的地理交通，嘉兴市区及所辖五县两区及周边地区病人来院人数明显增加，新院运行短短几个月，床位数已突破实际开放床位总数，在嘉兴市级医院中综合实力、竞争力不断增强，老百姓认知度、认可度不断攀升；同时内练素质，患者就医满意度测评同步提高，成为老百姓信得过的医疗机构。

（四）影响力进一步显现

省荣军医院新院是一所设施设备先进、环境优雅、保障能力一流的优抚医院，不仅更好地履行优抚医院职能，还弥补了嘉兴市运河新区及城西片区公立医院的空白，为嘉兴市及周边地区提供了优质的医疗服务，进一步巩固了医院的市场占有率和品牌形象。新院地理位置优越，处于嘉兴市核心区块，背靠运河三塔，环境得天独厚，建设设计先进，引入环保自然理念，与周边环境融为一体，整体建筑风格韵味十足，形成了医院对外宣传的一张金名片。新院投入使用后，增挂“嘉兴市第三医院”，与地方医院强化融合，在嘉兴市民心中位置进一步彰显。新院硬件水平的提高，带动软件的逐步提升，高层次人才引进吸引力度更大，门急诊救治能力不断提高，医疗服务水平不断改善，省荣军医院的综合影响力呈稳步上升态势。

安徽省马鞍山市社会福利服务中心项目

为提高困难群体救助保障综合服务水平，改善社会福利设施条件，安徽省马鞍山市民政局利用民政部资助项目建设的契机，整合资源，将3个民生工程项目合并，建设马鞍山市社会福利服务中心（以下简称福利中心）。

福利中心位于市东郊旅游大道与恒山路东北角，占地11.2248公顷（约170亩），已经建成投入使用的一期项目占地90亩，总建筑面积44461平方米，总床位900张，涵盖了3个民生工程项目。一是流浪未成年人救助保护中心（救助站移址新建）；二是光荣院；三是“蓝天计划”（儿童福利院移址新建）。福利中心包括11个主要功能区域：①流浪未成年人救助保护中心（救助站）；②光荣院；③婴幼儿生活区；④家庭模式养育区；⑤儿童活动区；⑥老年人生活区；⑦智障人员生活区；⑧康复区；⑨医疗保健区；⑩生活服务区；⑪管理办公区。一期项目建成投入使用的单体功能楼8栋（分别是光荣院、婴幼儿生活及康复楼、家庭养育楼、2栋老年人生活楼、2栋智障人员生活楼和生活服务楼），市流浪乞讨人员救助站单体功能楼3栋（未成年人保护中心、救助楼和办公楼）。

已经建成投入使用的福利中心内含2个事业单位，市福利院和市流浪乞讨人员救助站。市福利院福利中心是综合性的社会福利机构，主要职责任务是综合管理市儿童福利院（含儿童福利指导中心）、市社会福利院、市光荣院和市秀山老年公寓。市儿童福利院主要职责是收养弃婴及孤残儿童，并负责其康复、教育、送养工作。其中挂牌的儿童福利指导中心的主要职责是承担社会散居孤儿保障工作，开展困境儿童托养服务。市社会福利院主要职责是集中供养残障人员、成年残疾孤儿，为其提供日常生活照料等服务，组织实施康复训练，减轻他们的残疾程度，锻炼他们生活自理能力。市光荣院主要职责是集中供养孤老和生活不能自理的抚恤优待对象，为其提供功能多样的服务，充分保证其权益得以实现。市秀山老年公寓主要职责是承担政府赋予的城镇“三无”老人供养工作，并对社会老人开展有偿机构养老服务，为其提供医疗、康复、文娱、日常生活照料等。

福利中心项目总投资1.56亿元，一期工程投资约1.32亿元，主要资金来源：①通过开行贷款5900万元；②流浪未成年人保护中心总投资180万元；③光荣院总投资270万元；④民政部“蓝天计划”（新建儿童福利设施）专项资助315万元；⑤市级财政拨款500万元；⑥“慈善一日捐”分5年（2008—2012年）资助950万元；⑦市级福彩公益金5085万元。

安徽省安庆市宿松县温馨老年公寓

温馨老年公寓始建于2012年10月，总投资500万元，占地面积9000平方米，建筑面积3500平方米，床位158张，是宿松县首家民办养老机构，2014年底入住率达到98%。该机构为提高养老服务能力，2014年开始筹划建设新区，并于当年10月动工，预计2015年5月竣工。新区占地30余亩，总建筑面积12000平方米，床位300张，总投资1000余万元。

温馨老年公寓重视弘扬养老文化，院内专门开设临终关怀区，建有大型文艺广场、休闲广场和孝道文化室，景观亭、景观走廊等设施，并经常开展活动。为加强安全管理，还配备了紧急呼叫系统、监控、消防、无障碍走廊等设施，同时开展经常性安全教育和检查。

该机构的投建，填补了宿松县民办养老机构的空白，开民资投入养老服务业的先河，同时专业化养老管理也为宿松县其他养老机构开展养老服务活动提供了学习平台，促进了全县养老服务发展。2014年由民政部原副部长、全国老龄事业发展基金会理事长李宝库授牌为“全国爱心护理工程建设基地”。

福建省厦门市红十字会应急救护公益培训项目

2014 年，厦门市财政局、厦门市民政局从市本级福利彩票公益金中拨付 20 万元，专项用于市红十字会“应急救护公益培训”项目。市红十字会依据《厦门市红十字会 2013—2017 年发展规划》，进一步落实中国红十字会总会、中央文明办关于开展“博爱家园——红十字应急救护志愿服务进社区”活动的通知要求，在社区、学校、农村、企业和机关普及应急救护、防灾避险知识，为构建和谐、美丽厦门作出了应有的贡献。

一、经费使用情况及特点

全年使用专项经费 195583 元，主要用于购买培训器材（购买了培训教材、呼吸膜、三角巾、人体模具、心脏除颤仪、急救包）约 13 万元，印制宣传材料约 3 万元（印制“掌上学堂”宣传品 4 万份及培训教材等），场地及师资费约 3. 5 万元。

二、效果评估

通过集中与分散培训、在会与上门培训、市与区联动三结合的方法，开展培训及宣传，全年培训应急救护骨干 36 人，普及培训 81 场次、培训人员 25451 人，宣传普及人数约 8 万人，使民众进一步了解了应急救护及防灾避险基础知识，掌握一般的急救技能，民众珍爱生命的理念得到加强，应急救护普及率得到提高。

三、创新模式

一是更加注重应急救护培训准备工作。年初将救护培训所需的器材、教材筹备到位，加强师资力量建设，开展教学评比和教案质量检查，为全年搞好培训打下了坚实的基础。二是加大了应急救护公益培训的力度和规模。2014 年完成应急救护公益培训的场次和人员较之往年都有提升。三是拓展了培训的领域。从注重社区、学校，进一步向机关、企业拓展，年内在机关培训达 10 次，人员 2733 人次。四是加大了宣传力度。制作应急救护宣传片，在 9 月世界急救日期间持续在厦门卫视连续播放多次；制作“红十字急救掌上学堂”宣传品 4 万份广泛散发，并在每次救护培训上课前，向学员介绍“红十字急救掌上学堂”使用操作，增强了宣传成效。五是提升了服务水平。建立应急救护培训活动平台，化被动为主动，在满足培训单位需求的同时，积极走访和联系培训单位，无论是节假日还是休息日，尽可能地满足培训需求，受到了培训单位的好评。

福建省三明市康复疗养院项目

三明市康复疗养院设立于1959年，属三明市民政局直属全额拨款事业单位，是三明市区唯一一所精神卫生福利机构，原名三明市泰宁精神病疗养院，2006年4月更名为三明市泰宁疗养院，2008年3月加挂三明市复员退伍军人疗养院牌子，2013年12月更名为三明市康复疗养院。主要承担接收和治疗城镇中无依靠、无生活来源、无法定义务抚养人的精神病患者，复员退伍军人精神病患者，家庭无力看管的自费精神病患者及重性肇事肇祸精神病患者。核定编制39名，其中行政管理人员2名，专业技术人员27名，工勤人员10名。现有在院工作人员38人，其中医生5人、护士18人，其他工作人员15人，另聘有保安8人。

根据明发改社会〔2012〕322号批复，三明市民政局从2013年3月开始建设三明市康复疗养院，于2014年9月完工，共完成投资1400余万元，投入市本级福利彩票公益金796.4万元，其中，2012年市本级福利彩票公益金345.4万元，2013年市本级福利彩票公益金451万元。

2014年10月疗养院从泰宁县整体搬迁至三明市社会福利中心，有效改善了老院区交通不便、环境局限的状况，为实现市社会福利中心“医养结合、资源整合”目标奠定了良好基础。新院用地总面积7752平方米，建筑面积7794平方米，建设床位240张，现收治病人约160人。开展诊疗项目有内科、精神科、医学影像、医学检验等，内设四个病区和医务科、护理部、社会工作部、门诊部、心电图室、B超室、检验室等科室。配套设施包括院部食堂、阅览室、影视厅、室外篮球场及园林绿化、景观等配套工程，集办公、医疗、康复、生活、健身、娱乐于一体。

福建省莆田市慈康医院

莆田市慈康医院创建于1959年9月，原为莆田县精疗院，2002年升格为莆田市慈康医院，隶属莆田市民政局管理，是市级福利事业单位。莆田市慈康医院历经50多年的发展，现已成为集科研、教学、临床、康复指导于一体的精神专科医院，是目前莆田市规模最大的精神病专科医院，是市职工医保、返乡复退军人精神疾病患者医保定点治疗单位，是“110”联动单位，民政、残联贫困精神疾病患者定点救治单位，负责全市社区精神疾病患者康复指导工作。

医院担负着全市及周边地区精神疾病患者治疗工作，包括全市带病回乡的精神病退伍军人及“三无”流浪人员143人，并承担各区肇事肇祸重症精神疾病患者的收治工作。

2014年3月29日，医院正式从原黄石旧址搬迁至新度下坂村新址，新址位于壶公山东麓，毗邻城港大道，绿树成荫，环境优美，是患者疗养的好地方。新院占地50亩，建筑面积3.1万平方米，按500张床位设计。全院干部职工109人（其中，正式编制人员74人，临时聘用人员35人），拥有中高级职称医务人员22人（其中高级7人、中级15人），设有医务科、护理部、门诊部、住院部（共有4个病区）、中西医结合精神科、心理咨询与心理治疗、中医科等科室，拥有脑电图机、心电图机、X光机、肝功能检查仪、自动生化仪、B超和He－Ne激光治疗仪、心理测验等设备，就诊覆盖面遍布全市各地，辐射福清、惠安、平潭等周边地区。

医院作为精神病专科医院，主要业务是熟练处理精神科常见病、多发病的预防、诊断、治疗、康复和常用诊疗技术操作，开展心理咨询、心理测验、心理治疗等工作，对精神分裂症、抑郁症、躁狂症、各种神经症、癫痫、酒精依赖、心理障碍等诊治技术处于全市领先水平，在全省率先开展中西医结合治疗各种类型的精神疾病，获得全省同行及家属的好评和肯定。医院现为福建省医学会、莆田市医学会、福建省康复医学会成员单位，负责全市精神残疾康复和治疗指导工作，负责全市社区精神疾病患者康复指导工作，评定精神残疾等级，被指定为全市退伍军人精神残疾专家评定医疗单位，现为荔城区、城厢区、北岸管委会、湄洲管委会精神残疾“福乐家园”“阳光家园”等专项救助康复治疗中心。2011 年起，医院成为莆田学院医学院“精神病学”临床教学医院、泉州医学高等专科学院实习医院，2013 年 4 月医院正式成立“莆田学院医学院精神病学教研组”，承担精神病学教学任务，发挥医院精神科医疗临床实践作用，培养莆田市基层精神卫生专业技术人才，提高精神卫生医疗技术水平，为莆田市精神卫生事业发展作出应有的贡献。

福建省龙岩市社会福利中心项目

龙岩市社会福利中心既是福建省委重点项目，也是龙岩市委、市政府为民办实事重点项目，项目位于龙岩市东肖镇连圣村，由龙岩市民政局承建。

一、建设规模及内容

龙岩市福利中心按国家二级福利院标准进行规划和建设。整个中心占地面积160亩，由市、区两级出资共同建设。规划总投资2.96亿元，建筑占地2.01万平方米；建筑面积10.10万平方米，以六层框架结构为主，建设密度18.9%，容积率0.95，绿地率50.1%。中心内设光荣院、儿童福利院、老年福利院、老年公寓、社区医院、志愿者中心、保健中心、星光老年大学等，设计1700个床位及相应的配套设施。其中儿童床位300个，老人床位1300个，医疗救护床位100个。工程分为两期实施，一期工程总投资1.8亿元，占地100亩，总建筑面积6.25万平方米，建设市老年公寓、区光荣院、区儿童福利院、区老年福利院、后勤服务楼、志愿者中心等，设计1300个床位（其中儿童床位300个，老人床位1000个）。一期工程于2008年6月份动工，2009年12月份完工。二期工程计划总投资1.16亿元，建筑面积3.85万平方米，设计老人床位400个（其中医疗床位100个），建设星光老年大学、社区医院、保健中心等。

二、投资概况

工程计划总投资2.9亿元，目前，已经完成1.8亿元投资。

三、项目的社会效益显著

龙岩市社会福利中心 2010 年正式投入运营。龙岩市同心圆（香港）护理院实行公建民营，对外收养自费社会老人。新罗区光荣院收养辖区内重点优抚对象、老年福利院收养城区“三无”老人和辖区五保老人、儿童福利院收养辖区弃婴和孤残儿童。现中心有工作人员 118 人，在院院民 374 人，其中重点优抚对象 43 人，孤儿弃婴 86 人，社会老人 245 人。福利中心的建设，为龙岩市孤残儿童提供较好的养育、预防、医疗、康复、特殊教育、心理辅导、职业培训等服务，并能为社区孤儿和残疾儿童家庭提供所需服务，是龙岩中心城市的示范项目，将对各县市发挥示范、指导和辐射作用。也解决了部分老年人生活中的实际问题，有利于保护家庭关系稳定和睦；将进一步满足老年人不断增长的物质文化生活需求，促进老年群体和其他群体和谐相处；还是构建社会主义和谐社会的重要组成部分，也是社会文明进步的重要标志。

江西省吉安市社会福利中心

吉安市社会福利中心项目在江西省、吉安市民政部门的关心和大力支持下，项目已完工并投入试运行。吉安市社会福利中心是吉安市、吉州区的重点民生项目工程，是市委市政府和区委区政府为民办实事办好事的“民心工程”和“德政工程”。

一、项目建设情况

吉安市社会福利中心坐落在吉州大道以西、阳明路以北、正丙角新村西南，距离市区仅0.5公里，交通十分便捷。该项目经2009年10月吉安市政府下发抄告单安排在吉州区建设实施，2010年4月区发改委立项批复，经过正规挂网投标确认中标单位，中标单位按工期要求和设计规范保质保量完工。项目总占地面积为38.58亩，建筑面积25000余平方米，绿化面积11000多平方米，共设置床位700张（儿童床位300张、老人床位400张），总投资为6500余万元。

二、项目功能简介

吉安市社会福利中心按国家二级福利院标准建造，是融养老、护理、康复、医疗、文化、娱乐、休闲等多种功能为一体的综合性、开放性、福利型的老年人的“乐园”，中心环境优美，清雅幽静，是目前吉安市档次较高的老年公寓。该中心有养老公寓楼2栋，床位400张，分单人间、双人间和少数三人间和多人间，内设有彩电、电话、壁柜及单独卫生间（供热水），每栋养老公寓楼均配有无障碍通道和电梯，同时设有健身房、阅览室、棋牌室和乒乓球室等娱乐活动场所。儿童福利楼1栋床位300张，将成为孤残儿童、弃婴成长的乐园，处处体现以儿童为本的理念，充满童趣和温馨家园气息，人与环境自然和谐。儿童生活、教育、康复、娱乐等设施齐全，为孤残儿童和弃婴提供照料、教育、康复、医疗等服务。中心设有医疗康复楼1栋，有诊断、检验、治疗、观察室和护理病床等；该中心另设有餐厅、洗衣房以及多功能娱乐厅、门球场及康复活动中心等老年人、儿童生活服务设施。

三、项目运营管理

根据2013年8月30日吉州区政府第八次区长办公会议纪要精神，吉安市社会福利中心实行“政府购买服务和市场化运作相结合的管理机制”，通过先进的理念和科学的管理，在上级福利彩票公益金和其他项目资金的支持下，进一步加强福利彩票公益金使用管理，真正体现福利彩票“扶老、助残、救孤、济困”的实际宗旨，用2—3年时间将吉安市社会福利中心打造成全市一流、全省行业先进品牌。截至2014年年底，有150多位老人进行了入住预约登记，已有100余位老人入住。

河南省开封市社会福利园区

一、项目介绍

开封市社会福利园区位于郑汴路与金明大道交叉口东300米处，占地230亩，分为东、西两区，共有7个项目组成，规划总建筑面积112881平方米，总投资38000万元，土建投资19180万元。其中西区包括市流浪未成年人救助保护中心、市儿童福利院、市社会福利院、市救助管理站、市救灾仓库5个项目；东区是市社会福利院老年养护楼和市民生养老院项目。

二、项目规划

开封市流浪未成年人救助保护中心是中央投资项目，投资380万元，总床位数100张，建筑面积2667平方米；开封市儿童福利院是民政部面向全国实施的“蓝天计划”项目，投资1200万元，床位数400张，建筑面积8706平方米；开封市社会福利院是迁建项目，投资2750万元，床位300张，建筑面积18347平方米；开封市救助管理站是迁建项目，投资1100万元，总床位数300张，建筑面积7449平方米；开封市救灾仓库是迁建项目，投资450万元，建筑面积2812平方米；开封市社会福利院老年养护楼是中央投资项目，投资3800万元，规划建筑面积21250平方米，设置床位500张；开封市民生养老院是迁建项目，投资9500万元，规划建筑面积52650平方米，可容纳床位1000张。

三、目前现状

开封市社会福利园区西区建设已完成并投入使用，开封市社会福利院、开封市救助管理站、开封市救灾仓库、开封市爱佑慈善养护中心等单位先后入住。东区开封市社会福利院老年养护楼项目与开封市民生养老院项目已纳入开封市 PPP 运作模式中，并被河南省财政厅作为第一批 PPP 示范项目向社会推介，目前已进入 PPP 工作流程。

河南省平顶山市宝丰县社会福利中心

宝丰县社会福利中心是宝丰县唯一一所综合性社会福利机构，肩负着收养全县境内弃婴、孤残儿童、城镇“三无”老人、生活无着的流浪乞讨人员以及生活困难的优抚对象的重要责任。近年来，宝丰县高度重视，多方筹措资金，不断加大投入，把建设高标准的社会福利中心作为发展社会福利事业的基础，福利中心以较快速度建成并投入使用，有效改善了县域内孤儿、弃婴、流浪乞讨人员等困难群体的生活质量和居住环境，保障了他们的合法权益，进一步提高了宝丰县社会福利服务水平。

一、政府支持、民政牵头，加快社会福利中心建设步伐

为推动社会福利事业快速向前发展，2012 年初，宝丰县委、县政府主要领导高度重视，把筹建宝丰县社会福利中心作为重点项目，并列为 2012 年为民所办十件实事之一，建立了政府主导、民政牵头、部门配合、社会参与的社会救助、孤残儿童保障体系和工作机制。县委、县政府在积极争取国家、省、市资金支持的同时，协调县财政一次性投资 240 万元，用于福利中心前期筹备和基础设施建设，有效推动了项目进程。工程建设过程中，时任县长张庆一、主管副县长胡进栓多次到施工现场查看进度，召开现场办公会帮助解决困难和问题，要求相关部门一路绿灯，减免相关费用，平顶山市民政局有关领导也多次到施工现场指导工作，并在业务方面给予全力支持，使得福利中心建设在保进度的基础上，硬件设施也不断健全。

为全面提升福利中心服务水平，更好地履行“上为党和政府分忧，下为人民群众解愁”的服务宗旨，在福利中心建设项目施工期间，县民政局就着手考虑队伍建设问题和运转经费问题，及时拿出了运行方案呈报县

委、县政府，获批福利中心工作人员编制10个、公益岗位50个，县财政2013年划拨专项经费68.1万元、2014年和2015年各划拨专项经费110万元，用于人员工资、养老保险金和购置两辆接送学生、开展社会救助的车辆，确保了福利中心工作正常运行。

二、高标准建成福利中心，加强管理，提高服务水平

（一）完善配套设施，创建温馨家园

宝丰县社会福利中心工程历时11个月于2013年2月提前竣工，2013年3月底即投入使用。中心占地7亩，建筑面积2900平方米，总投资450万元。目前福利中心共有房间76间，儿童部、弃婴部、救助部每个房间内都配备有独立卫生间、浴室，其中儿童部房间36间，每间可住6名儿童，现入住孤残儿童21名、接收并入住弃婴26名；救助部房间13间，每间设床位4张，现接收并临时安置流浪乞讨人员30人；老年部房间8间，每间设床位3张，安置“三无”老人15人，其中“光荣间”3间，安置生活困难的优抚对象6人。中心还配备了餐厅、学习室、阅览室、活动室、康复训练室等服务设施，环境优美、配套到位、功能齐全。

（二）规范队伍建设，提升专业服务水平

为全面提升福利中心服务水平，尽快了解、掌握福利中心管理和护理工作程序和内容，在福利中心投入使用之初，到福利中心工作的同志由宝丰县民政局协调被分批安排到平顶山市福利院和救助站、郑州市福利院、北京“天使之家”进行培训和学习，还多次专程到灵宝市社会福利中心参观学习。新招收的服务人员通过学习培训、现场观摩等形式，服务人员基本掌握了护理孤残儿童的基本技能。

（三）重视完善制度，确保服务质量

为确保服务质量，福利中心不断完善集中学习、车辆管理、请销假、交接班、物资管理等规章制度，从工作人员行为规范到文明用语，都做到有章可循、有据可查、有法可依。同时，通过总结、检查、评比等形式，评出先进，树立榜样，查找差距，弥补不足，增强大家的工作责任心和集体荣誉感。目前，福利中心干部职工对待孩子们和受助对象像对待自己的家人一样，你捐一件新衣服、我捐一双新鞋子、他帮孩子辅导作业，职工

中形成了你争我赶、奋发向上、乐于奉献的良好氛围。

三、开展救助活动，维护特殊人群利益

（一）重视孩子学习教育，维护儿童权益，让他们生活得更有尊严

宝丰县目前共有孤儿440人，其中家庭散居孤儿393人，福利中心集中供养孤儿21人，收养弃婴儿26人。对于寄养的393名孤儿，福利中心定期巡回检查，监督指导，每月除了将600元基本生活费发放到监护人的手中外，还组织人员到监护人的家中走访调查，督促监护人认真履行监护职责，对孤儿的人身、财产以及其他权利依法进行监督和保护，保证孤儿完成九年义务教育。

对于福利中心入住的21名孤儿，目前全部就近入学。孩子在校期间，福利中心和校方建立联系制度，定期互通情况，随时了解掌握孩子的思想动向，共同解决孩子们学习中遇到的问题，从校方反馈情况看，孩子们学习热情高，进步快，有的被评为优秀三好学生。工作人员把孤儿视同自己的子女，无微不至地关心照顾，循循善诱地开导教育，引导孩子们尽快从失去父母亲人的阴影中走出来，把福利中心当成自己温暖的家，把同学伙伴看作自己的兄弟姐妹。同时，福利中心每周指派专人专车接送孩子，每逢节假日，安排孩子们共同聚餐，组织课外活动，让他们感受福利中心大家庭的温暖。

2014年暑假期间，福利中心安排部分困难儿童和孤儿参加了市民政局组织的“夏令营北京行”和“福利儿童爱心之旅夏令营”活动，让他们融入社会这个大家庭，认识大自然，丰富他们的心胸，扬起生活的风帆，树立起自信心，建立自己的人生目标。

（二）以中心救助为主，全方位、多层次构筑救助网络

宝丰县社会福利中心循序渐进地开展以“接送流浪孩子回校园”为主题的专项行动，建立并完善“及时发现、快速反应、有效救助、全面保护、妥善安置”的流浪未成年人救助保护长效机制，有效预防困境儿童外出流浪乞讨，并加快未成年救助保护中心工程建设进度，以实现流浪未成年人接得回、留得下、入学顺、过得好的目标。大力宣传流浪乞讨人员救助政策，救助途径、渠道和程序规范，不断增强流浪乞讨人员救助工作透

明度，并以“传递温暖，关爱救助”“救助政策进万家”为主题，每年都集中开展流浪乞讨人员救助政策宣传月活动，大力弘扬中华民族诚信友善、恤孤慈幼的传统美德，倡导并鼓励社会力量积极参与救助服务，形成了全社会关心关爱流浪乞讨人员的良好氛围。同时，通过不断创新工作方式，逐步解决社会福利工作中出现的新情况、新问题。近年来，宝丰县社会福利中心坚持24小时值班，为求助者提供一切基本生活保障，真正做到病者有其医，累者有其息，饿者有其食。为帮助受助对象进行康复治疗，福利中心购置了“室内综合五人站”“动感单车”等康复训练器材。福利中心还要求全体工作人员平时注重与受助对象进行聊天、沟通，及时了解他们的身体和精神状况，让他们不仅从物质上得到救助，更能从精神上得到抚慰，树立人民政府和民政部门的良好形象。

（三）履职尽责、无私奉献，营造老人幸福乐园

为了让在福利中心居住的孤寡老人和生活困难的优抚对象感受到晚年幸福，工作人员精益求精，不断完善服务管理。一是完善服务制度，实行目标化管理。用制度建设来保证优质服务的不断提升，实行以中心主任负主责，层层落实责任的查房制度，切实做到老人在我心中，我在老人身边，视老人为亲人。此外，中心根据年龄不同、文化不同、身体健康不同，形成了梯次管理，做到了责任明确、服务规范、程序操作严格的管理模式。二是坚持开展医养结合、娱乐和康复相结合的护理方式。福利中心每年都组织全部老人到县医院做健康体检，做到无病预防、有病及时治疗，并建立健康档案，要求服务人员熟悉和掌握每一位老人的身体健康情况。同时坚持经常性的组织开展各种丰富多彩的文体娱乐活动，让他们对生活充满信心。

湖北省康复辅具技术中心“爱心助残行动”项目

2014年湖北省民政厅“爱心助残行动”项目采购预算金额为200万元（福彩公益金资助），武汉启威假肢康复器材有限公司、武汉云龙假肢矫形中心和湖北省康复辅具技术中心3家单位参加竞标，最终湖北省康复辅具技术中心（以下简称康复辅具中心）以192.48万元中标，成为项目的执行单位。

一、项目概况

自2014年12月项目实施以来，康复辅具中心严格按照项目合同要求，组织假肢矫形技术人员奔赴全省各地，跋山涉水，下乡进村，为湖北全省228名贫困肢体残疾人装配髋大腿，普及型大、小腿假肢。具体情况如下：

数量统计表

序号	名称	单位	数量	装配单位
1	髋大腿假肢	条	7	康复辅具中心
2	普及型大腿假肢	条	125	康复辅具中心
3	普及型小腿假肢	条	96	康复辅具中心
	合计		228	

结构情况统计表

序号	分项	情况分析
1	性别	男：169 人；女：59 人
2	年龄结构	30 岁以下的：25 人；30—50 岁：103 人；50—70 岁：95 人；70 岁以上：5 人
3	经济状况	主要为低保家庭肢残人，人数占 98%；临时救助占 2%

分布地区情况统计表

地区	大腿假肢（条）	小腿假肢（条）
武汉	10	4
黄石	6	6
十堰	2	3
荆州	16	12
宜昌	2	2
襄阳	25	7
荆门	9	5
孝感	7	6
黄冈	23	19
咸宁	10	8
恩施	8	10
随州	4	6
天门	10	7
仙桃	0	1
合计	132	96

二、项目主要程序介绍

2014 年“爱心助残行动”项目受助名单主要是 2012 年该项目报名中审核通过后的名单。

肢残人装配假肢申请、审核、筛选、复核、确定都严格按照湖北省民政厅文件进行，由各级民政局接受报名，报送省民政厅，由省民政厅审核后，将名单交付康复辅具中心实施。具体实施步骤如下。

一是各县（市、区）民政局负责组织本地申报活动。在已建立的贫困残疾人信息系统的基础上，认真开展调查摸底，组织符合条件的资助对象填写资助申请审批表，并填报“爱心助残行动”资助对象汇总表，统一上报市州。

二是市州对辖区县市报送的申请审批表和资助对象汇总表进行汇总、审核并盖章，将申报材料一式两份报省民政厅社会福利和慈善事业促进处审批。

三是康复辅具中心按照省民政厅的审批结果，上门为资助对象统一取型制作。具体事项由县级民政部门与康复辅具中心商定后通知受助对象。安装配置工作完成后，受助对象配合填写登记装配表，康复辅具中心报省民政厅汇总。

三、主要成效

一是“爱心助残行动”项目帮助困难残疾人恢复或部分恢复肢体功能，增强了他们的生活信心，改善了生活质量，使他们重新获得新生，更好地融入社会，真实展示了党和政府对困难肢体伤残人的关怀。

二是有效践行了“以民为本、为民解困、为民服务”的民政工作宗旨，展示了福利彩票“扶老、助残、救孤、济困”的发行宗旨和公益性质。

湖南省怀化市鹤城区社会福利院

湖南省怀化市鹤城区社会福利院始建于1995年，是怀化城区唯一一所收养社会弃婴、孤残儿童的综合性社会福利机构，现供养服务对象130名（其中在院养育73人，家庭寄养57人）。福利院占地面积7.5亩，建筑面积1556平方米，拥有床位60张。福利院异地新建已纳入市、区的重点工程项目，新建福利院占地总面积71.8亩，总建筑面积7055平方米，总投资1500万元，将按照国家一级福利院的相关标准建设，实现鹤城区的孤残儿童有所养、有所靠，为他们提供良好的生活学习环境。让孤残儿童感受到党和国家的温暖，感受社会主义制度的优越性，实现“和其他小朋友一样，在祖国的同一片蓝天下健康幸福成长”。

福利院认真贯彻执行财政部、民政部《社会福利基金使用管理暂行办法》文件精神，做到专款专用，使社会福利彩票公益金真正用到实处。近年来共使用福利彩票公益金100万元，分别对原有设施进行了全面改造，并开展了大规模的绿化建设。本着一切工作以服务对象的满意度为服务准则，福利院根据其生活需要，保证每人每季至少有四套内衣、外衣和两双鞋。对于年龄稍大的孩子，采取“限定金额，孩子自购”的方式，陪同孩子到商场选购自己喜欢的衣服，充分尊重孩子的个性。福利院还根据服务对象的营养需求、身体状况和口味调剂饮食，做到品种丰富、花色多样、软硬适口、干稀搭配，并为患病儿童开小灶。每天还定时分发水果、牛奶、豆浆等，使他们感受到家庭般的温暖。

在医疗康复方面，福利院医疗室先后配备了一些常用的医疗器械，准备了常用药品，确保服务对象有病随时可得到诊治，真正做到生病不出院。福利院还分批为服务对象进行了一年一度的全面体检，针对不同对象制订不同的医疗康复计划。对于可以手术矫正的儿童，一律送到专业医院进行医治。对于特殊原因造成的其他隐疾儿童，制定可行的个案处理意见。认真做好医疗、保健、防疫工作，近几年来，通过湖南省“明天计划”先后为600余人次进行了手术治疗，用于康复、救治方面的费用达400余万元。

同时，为了提高福利孤残儿童的自信心，使其尽早地融入社会，院里新增设了儿童手工艺坊，针对性地对部分孤残儿童开展技能培训，使孩子们在手工制作的过程中提高了综合协调能力，并通过工作人员的精心设计制作出不同款式的串珠纸巾盒、果盘、串珠苹果及其他礼品摆件等工艺品。儿童手工艺坊的精美工艺品得到了爱心人士的一致认可，体现了孩子们的自身价值。

多年来，通过福彩公益金的资助，福利院的基础设施建设、服务对象的生活环境、生活质量，乃至服务水平都有了质的飞跃。福利院利用改造后的优势，在拓展儿童康复治疗、孤儿（弃婴）的照料等方面都取得了优异的成绩，先后获得“全国涉外送养工作先进福利机构”“全省福利院管理服务先进单位”、市级“花园式单位”“全市社会福利与社会事务工作先进单位”“全市社会福利院管理服务工作先进单位”等荣誉称号。

湖南省郴州市嘉禾县金田社区居家养老服务中心

湖南省郴州市嘉禾县金田社区在县老龄办的指导下，整合辖区资源，于2013年成立社区居家养老服务中心，为老年人提供各类服务项目，提升了社区居家养老工作的服务质量和服务水平，得到了辖区老人的认可、老人子女的感谢和居民的好评。

一、深入调查研究，明确服务对象

为了了解辖区内养老对象的基本情况，社区开展了老年人状况和需求的摸底调查工作，社区从收入状况、现居住状况、养老意愿、社区养老服务项目、收费标准等方面着手展开调查，并收集装订成册。

二、加强组织建设，完善各项制度

社区成立了专门的居家养老领导小组，主任任组长，副主任任副组长，配备专职工作人员2名，兼职工作人员3名，志愿者服务队伍15人，按照分工负责调查养老需求、受理申请、签订协议、派工和上门服务。社区居家养老工作人员平时通过网络、上培训班，学习养老护理员的职业道德、老年心理学、食品营养与健康、常见老年病、老年人护理知识等。建立健全了居家养老服务中心工作制度、领导小组职责、入室规则、管理人员职责、服务人员职责、收费标准等。通过定期和不定期的培训加强了服务人员的业务水平，对居家养老服务中心的服务水平有很大提升。为了对社区居家养老工作有一个统一的管理，建立五大台账。一是老年人基本信息台账，对老年人按照年龄、身体状况和经济状况分类建立信息库。二是志愿者信息台账。包含党员、大学生、医疗、法律、文体五大类志愿者信息库。三是助老机构信息台账。包含助老人员信息，服务单位信息等。四是邻里互助信息台账。包含无偿服务和有偿服务两大类。五是谈心小组台账。

三、上门服务内容务实，服务形式多样

为了更好地为辖区的广大居民服务，社区成立了四支服务队。

一是党员志愿者服务队。通过开展“一帮一”结对扶贫帮困活动，特困老人与就近的志愿者结成对子，老人看得见叫得应，为老人打扫卫生、整理衣被、找老人聊天，为老人带去思想慰藉，让老人有亲情感。

二是成立老年人健身文娱活动服务队。为丰富老年人的文化生活，在“嘉禾广场”排练舞蹈，打腰鼓，锻炼身体，真正实现了老有所乐。

三是建立了医疗志愿者服务队。志愿者服务队定期为辖区内老年人进行医护服务；社区卫生服务站的医务工作者不定期地上门为行动不便的老年人测量血压等服务；为 60 岁以上的老年人建立了健康档案。

四是建立了法律志愿者服务队。由社区法律顾问和司法所辖区退休工作者组成，志愿者服务队利用自己的法律知识，支持起诉损害赔偿，维护了老年人的合法权益，发挥余热，为辖区的老年人排忧解难。

四、总结经验创新发展确保养老工作建设

金田社区作为“居家养老”工作的省级示范点，工作形式多样，活动丰富多彩，服务到位，受到关爱帮助的老人越来越多，参与服务活动的志愿者也越来越多。为了更好地开展工作，将充分利用多种宣传渠道，进一步广泛宣传，提高对居家养老服务工作重要性的认识，充分发挥新闻媒体、网络的导向作用，营造全社会关注老年人养老问题的良好氛围，力争把该项工作做大做实，充分整合社会资源，壮大服务队伍，拓展服务项目。进一步加强专业化与志愿者相结合的服务队伍建设，努力造就一支专、兼职人员和志愿者相结合的居家养老服务队伍。邀请一批德高望重的老同志加入居家养老服务工作中，利用老年人之间相互容易沟通的优势，自己管理自己，自己服务自己。

金田社区将继续本着“以民为本，为民解困”的宗旨，以满足广大老年人日益增长的物质和文化需求为出发点，运用多种形式，建立服务周到、安全保障的养老服务网络，使辖区的老年人能够真正“老有所养、老有所医、老有所教、老有所为、老有所学、老有所长”。

湖南省怀化市溆浦县九溪江乡华荣村关爱空巢老人、留守儿童服务项目

随着社会经济的快速发展，由外出务工人口多，引发的空巢老人多、留守儿童多的“三多”现象日益凸显。2014年6月，华荣村被列为怀化市关爱空巢老人和留守儿童服务工作的试点村后，乡村干部高度重视，积极开展关爱服务工作，取得了较好的成效。

一、高效使用资金，搭建完善的服务平台

通过怀化市民政局拨付6万元的福利彩票公益金及溆浦县民政局、各相关政府部门的赞助及村民的捐助，共筹资近20万元，对华荣村废弃破旧的原村小学进行整修改造，于2014年9月建成了集村部、村卫生室、村活动广场于一体的关爱服务中心。服务中心占地面积近1000平方米，各类设施较齐全，有一座近600平方米的运动场及9间各类功能室。分别为：20平方米的医疗保健室、35平方米的娱乐活动室、25平方米的图书及亲情视频聊天室、10平方米的办公室、20平方米的男女独立休息室、10平方米的厨房、35平方米的餐厅、15平方米的独立卫生间，并添置了电脑、音响、图书、桌椅、文体器材等各种配套设施。

二、打造坚强的服务团队

一是以乡村干部、教师组成的“主力军”；二是党员、五老、社会爱心人士为主的志愿者服务队伍；三是村坐诊医生，乡心理、教育辅导者，健康护理员等提供专项服务的专技特长服务团队；确保全方位服务到位。

三、提供优质的“五心”服务

一是生活照料，让对象“贴心”。村组干部和志愿者经常“登门”，开展“敲门”叫醒服务，劈柴、挑水、做家务等，在他们需要的时候第一时间上门，享受到便捷的服务。二是精神慰藉，让对象“舒心”。通过电话问候、陪伴聊天、走访慰问等多种方式进行日常精神关怀服务，在中秋、重阳、六一等传统佳节和服务对象生日等特殊日子，开展系列关爱活动，在周末定期通过亲情视频和亲情电话让他们与亲人团聚，帮助他们摆脱心理寂寞和精神孤独，保持乐观健康的精神状态。三是医疗保健，让对象“暖心”。充分发挥乡村医生医疗保健的作用，定期开展健康保健知识讲座和义诊，为他们免费提供保健咨询、健康体检，及时更新他们的健康状况信息档案，确保他们受到全面的健康服务。四是应急救助，让对象“安心”。根据空巢老人和留守儿童的亲人不在身边，乡村干部及时向他们提供便民服务、医疗救助、困难救助等服务，确保他们难有所帮、急有所助、病有所医。五是文化娱乐，让对象“开心”。依托村关爱服务中心文化，组织他们开展球类、棋牌、广场舞等群体娱乐活动，丰富精神文化生活。

目前，每天来关爱服务中心进行活动的空巢老人和留守儿童平均在50人以上，真正发挥了关爱服务中心作用。

广东省江门市社会（儿童）福利院新建养老楼一期工程项目

为适应江门市社会老龄化的需求，江门市社会（儿童）福利院新建养老楼及生活配套设施，为老年人提供一个休闲、娱乐、健身、康复等综合活动场所。

一、养老楼一期工程基本情况

江门市社会（儿童）福利院创办于1957年，地处风景秀丽的白水带风景区山脚下，占地面积47亩，设有室内外活动场所、劳动生产培训基地、对外接待场所等，设施完善、功能齐备、服务一流。福利院一直以来致力于打造“亲情护理，幸福家园”的优质服务，为老人和孩子提供生活照料、医疗康复、文化生活、社工援助等全方位服务。院内设置养老床位500张，留医病床60张。目前，全院供养老人共446人，养老床位已基本饱和。据统计，江门市人口老龄化比例高达14%，随着人口老龄化不断加剧，群众的养老服务需求不断扩大，养老服务资源日趋紧缺，现有养老床位已无法满足未来发展需要。根据《广东省人民政府办公厅印发关于加快社会养老服务事业发展的意见的通知》（粤府办〔2012〕73号）、《广东省2011—2015年社会养老服务体系建设规划》（粤民福〔2011〕51号）文件及全省社会养老服务体系建设推进年工作会议精神，为了进一步增加养老床位，缓解市民养老压力，福利院利用旧楼地块新建一栋集养老、康复、娱乐于一体的养老楼。项目占地面积2576.5平方米，建筑面积6904.86平方米，楼高9层，设计床位510张，总投资约2000万元，其中基建工程1600万元，设施设备400万元。新楼建成后可新增就业岗位100个，并面向全市开展示范性养老服务，以满足未来社会化养老事业发展的需要。建设项目于2014年5月工程动工，目前主体基建工程已竣工验收，待内部装修工程项目完成后将有效地缓解机构养老床位不足的问题，为创造和谐江门、文明江门提供坚实的保障。

二、具体设施和提供的服务

新建养老楼设有487平方米的大面积活动大厅，134套三人间，16套四人间，医务间等，每个房间都配有独立的洗手间和厨房，方便老人使用。在安全方面，为了适应老年人的日常生活和行走，新建养老楼设有防跌滑设计，电气的安全设计，防盗和应急呼叫装置等。

福利院养老服务队伍技能熟练、服务热情，为老人提供一流的服务。一是全托养服务，根据入住长者状况分别设：长期托养和短期托养。为有需要入住人士提供长期托养护理和短期托养护理。二是医疗护理服务，由医护人员提供24小时的医疗护理服务，照顾老人健康状况及给予适当护理。三是康复治疗服务，由医生和康复师根据长者健康情况设计和实施康复计划。四是社交康乐服务，根据长者的爱好和兴趣开设：阅览园地、娱乐活动、健身活动、长者郊游活动。五是膳食服务，根据代养人员的年龄、身体状况，在营养师的指导下制定星期菜谱，适合老人的口味，每天三餐，每周三次老火汤，夏天供凉茶和清凉饮料，设米饭、烂饭、稀饭、粉面等，品种多样化，美味可口，十分适合老年人的饮食。

项目建成后，福利院将彻底改变原有的养老设施陈旧、环境较差等现状，亮化城市建设，美化院内环境，逐步满足老年人养老的差异需求，提高老年人生活质量，切实解决老年特殊群体生活困难及不便，充分发挥社会保障作用。福利院作为一所规模较大的综合性养老机构，将在社会保障体系中发挥积极、重要的作用，推进社会福利事业健康发展。

广东省阳江市养老院建设项目

根据2012年阳江市十大民生实事的决定，在阳江市洲头路（原中医院旧址）建设阳江市养老院。

一、养老院基本情况

阳江市养老院居于城市之中，位于漠阳江之畔，整个建设项目从规划到布局，均严格按照国家和广东省行业标准谋划与执行，致力于将其建设成为集生活照料、医疗保健、康复护理、文体娱乐、精神慰藉、临终关怀于一体的全方位配套服务的综合性的全国示范养老福利机构，更好地辐射周边地区，努力打造粤西地区示范养老基地。该项目占地总面积8356平方米，建筑总面积14678平方米，主要采取新建、改建等方式建设，分颐养楼、康复楼、综合楼三大功能区，设置床位328张，养老床位设计充分考虑到老年人的实际，既有两房一厅的双人房、单人房，也有一房一厅的单套房，住房面积在25平方米至60平方米不等，可以满足不同消费需求的老年人入住。

颐养楼：一楼为健身、康复锻炼、体育活动大厅；二楼至八楼为两房一厅双人房，每层10套，每套4个床位，共280个床位；九楼为两房一厅单人房，10套，每套2个床位，共20个床位；十层为一房一厅单人房10套，单人套房11套，共21个床位；三至九层单人套间7套，共7个床位。

综合楼：一楼为厨房、饭厅；二楼为饭厅；三楼为老人娱乐室，设有棋艺室、牌艺室、麻将室、手工室、音乐室、书画室、电脑室；四楼为多功能厅、图书室、阅览室。

康复楼：一楼为诊疗室；二、三楼为特殊护理室。

新院项目于2012年7月份正式动工兴建，于2014年9月搬迁投入使用。

二、院内各部门设置与服务

（一）医疗康复部

阳江市养老院康复楼设置有医疗保健区、辅助检查区、康复区，设有中医诊室、内科诊室、外科诊室、药房、药库、处置室、临终关怀室、康复室、针灸按摩治疗室、心超室、检验室。现有医护人员12人，其中内科副主任医师1人，内科医师1人，中医医师1人，护士9人，可为在院服务对象提供日常医疗保健、常见病治疗和康复训练，以及为需要特别护理的老人提供吸氧、吸痰、超声雾化、留置尿管等专业性医疗护理服务，开设B超、三大常规化验、心电图等医疗检验项目，为医养结合的养老模式提供了必需的技术保证。

（二）护理服务部

养老服务是养老院的特色服务，在管理方面养老院已建立了一套完善的养老服务工作程序，从管理架构、工作制度、岗位职责、出入院管理、生活护理管理、健康评估等方面都有明确规范的指引，拥有一支服务技能成熟、稳定的养老护理员队伍。在人员方面，现有养老护理员24人，其中中级职称6人，初级职称10人，有相当一部分护理员已在院从事养老护理工作5年以上，工作时间实行24小时轮班，为入住老人提供全天候的护理服务；在居住环境上，养老楼的建筑设计和设施配置符合老年人的生活习性、体能特征以及《广东省养老机构规范化建设指引》的要求，并充分考虑了老年人生活、休闲、娱乐的需求，一层是娱乐保健区，二至十层为老人生活区，楼内设有两部医疗电梯，一部货运电梯，房间规格以二房一厅4人房为主，另设有少量一房一厅套间和单人套间，每个房间配有独立的洗手间和阳台，房内配备完善的日常家具和电器，床头和厕位设有紧急呼叫按钮，每层楼设有护士站、公共休息大厅、公共卫生间、洗衣间、储物间等，老人即使在楼层内也有足够的活动空间，可享受丰富多彩的文娱活动和休闲时光。

（三）综合服务部

1. *厨房*

养老院内近600平方米的厨房和餐厅，拥有全套现代化不锈钢厨具设备，可同时满足250人用餐，为入住的服务对象提供新鲜、可口、搭配合理的一日三餐膳食服务，满足老人和家属的特殊需求。为老人提供可口的饭菜，坚持自制糕点、午晚餐保持六菜一汤，使入住老人享受营养全面，色香味俱全的配餐服务。

2. 安保及信息技术

养老院拥有完善的现代化信息安保系统，包括覆盖全院所有公共区域的安全监控系统、完善的消防系统、安保人员及水电工24小时值班、定时巡更，确保老人入住安全。

3. 有专业社工人员为老人提供精神慰藉、心理辅导、文化娱乐、身心健康辅导等专业服务。

三、取得的成效与亮点

阳江市养老院是一家公办养老机构，服务的宗旨和范围为：为无劳动能力、无生活来源、无法定赡养人、抚养人，或者其法定赡养人、抚养人确无赡养、抚养能力的老年人和有社会养老服务需求的、在家养老有困难的老年人提供生活照顾、康复、护理和临终关怀等服务。竭诚为老年人提供儿女式关爱，宾馆式居室、专业性护理、餐馆式配餐、园林式绿化、休闲式娱乐等舒适周到安全的服务。

养老院的管理注重人性与人文的双重结合，倾情于老人身体健康与精神追求，以“替儿女尽孝，为社会分忧”为宗旨，以“老有所养、老有所依”为目标，为老年人创造一个舒适、安康、快乐、幸福的颐养天年之家；为年轻人提供一个展示爱心、孝心的好场所；为社会提供一个人文关怀的好机构。养老院服务多样化，收费合理，务求让老人开心、让家属放心。

阳江市养老院从2012年7月开始动工，2014年9月正式投入运营只用了2年时间，项目投资时间短，见较快，能收到预期的效果。养老院的成立，为有养老需要的老年人提供一个较为理想的生活空间，使江门市福利事业建设迈上一个新台阶。

随着老龄化社会的到来，为社会上越来越多的、有不同层次养老需求的老年人提供养老服务，减轻社会压力，为建设和谐社会保驾护航，同时还可为全市民办福利机构积累经验，起到辐射和示范作用。

重庆市第一社会福利院

重庆市第一社会福利院是重庆市民政局直属的综合性社会福利机构，主要承担全市城镇“三无”（无生活来源、无劳动能力、无法定抚养义务人）老人和高龄、失能失智老人的收养工作。始建于1942年，其前身是宋氏三姐妹倡导下创建的“重庆实验救济院”。重庆解放后，更名为“重庆市生产教养院”，1958年改名为“重庆市养老院”，1975年改名为“重庆市第一社会福利院”，2009年被民政部和重庆市政府确定为国家级示范养老院项目建设单位。

重庆市第一社会福利院国家级示范养老院是民政部和重庆市政府《共建统筹城乡民政事业发展示范区合作备忘录》确定的一项重点民生工程，总建筑面积6.8万平方米，总投资约2.4亿元，其中民政部专项投资1亿元、中央投资2200万元、社会捐赠资金2030万元、重庆市政府配套资金约1亿元。于2011年动工建设，项目共10栋建筑，分两期进行建设，建成后分为颐养区、失能失智区、医疗康复区、其他功能配套用房，并设有业务接待大厅、多功能会议室和演出厅、培训中心、工娱疗活动室、阅览室、棋牌室、乒乓球室、健身房、食堂、地下车库等配套功能设施，将可容纳1600余老人同时入住，是一所集医疗、护理、康复、颐养、娱乐为一体具有自身特色的国家级示范养老院。

全院占地面积240余亩（其中陆地面积180亩，河道面积60亩），四周被花溪河水包围，素有岛之称。现有入住老人约为600人，其中渝中分院为110人，平均年龄85岁，最大年龄105岁。内设行政、后勤、业务、人事、精神康复中心、福康医院、渝中分院等12个科室。

2011年被民政部确定为重庆市标准化建设试点单位。截至2015年7月，已完成93项标准的编写。《养老机构老年人健康评估服务规范》地方标准完成意见征求，进入市标准化研究院审核程序。《养老机构老年人介护服务规范》地方标准已通过专家组评审。

2012 年重庆市第一社会福利院启动社会工作，同期被重庆市民政局确定为第一批社工试点单位。2014 年，开展的“心语心愿”特色项目荣获 2014 年首届中国青年志愿服务大赛金奖，被共青团中央授予“中国青年志愿者优秀项目奖”。

重庆市第一社会福利院在管理理念、发展模式、护理质量等方面，处于重庆养老行业的领先水平。先后被评为市级精神文明单位、市四星级老年福利机构、市容市貌整洁单位、综合治理先进单位、园林式单位、全国行风示范单位、民政部创先争优群众满意窗口单位等荣誉称号。2014 年 12 月 1 日，民政部副部长姜力、重庆市副市长刘强等部市领导来院视察，并为重庆市第一社会福利院国家级示范养老院项目开园揭牌。

重庆市第一社会福利院以建设国家级示范养老机构为总任务，以安全、规范、创新、发展为总要求，坚持以老人需求为中心，秉持“替天下儿女尽孝，为万千家庭分忧”的服务理念，以提高老人生活质量和幸福指数，让“老人、家属、社会”三满意为目标，着力加强队伍建设、设施建设、标准制度建设、文化建设，深化服务内容，改革体制机制，优化完善以“颐养、护理、医疗、康复和人文关怀”为主要内容的“五位一体”养老服务模式，努力打造成“孝亲敬老”传统文化的传承基地、管理和服务标准化的示范基地、“休养、护理、医疗、康复 + 人文关怀”服务模式的实践基地、绿色休闲生态养生的养老基地，全国有影响，西部示范的公益性、护养型的国家级养老服务示范机构。力争通过 3 年的努力，实现以下几个示范。

第一，理念示范：一是在发展定位上，始终坚持以国办公益为目标，高举公益大旗，强化社会责任，坚持“两个效益”兼顾，社会效益优先。二是在服务体系建设上，坚持“以老人需求”为中心，在满足老人生理物质需求的基础上，更加注重心理精神需求，实现“老人、家属、社会”三满意。三是在依靠力量上，坚持以职工为本，真心相信职工，紧紧依靠职工，用职工的发展推动事业的发展。

第二，文化示范：把全院建设成以“孝亲敬老”为主题的文化公园，把一福院建设成传统文化的教育基地。

第三，管理示范：积极推进标准化建设，用标准化统领全院管理和服务工作。

第四，服务示范：优化完善“休养、护理、医疗、康复 + 人文关怀”“五位一体”服务模式，努力打造服务个性化、服务人性化、服务品牌化。

第五，设施示范：按照满足需求和适度超前原则，努力实现设施人性化、专业化、标准化。

重庆市福彩助学公益活动项目

2014 年，重庆市福利彩票发行中心（以下简称重庆福彩）利用专项福彩公益金，坚持“倾斜贫困、上下联动、突出重点”的原则，联合区县民政局组织开展了“福彩助学·爱心圆梦——资助城乡低保等特殊困难家庭学生上大学”（以下简称福彩助学）系列公益活动，资助人数达到 5200 人次，使用福彩公益金逾 2200 万元。这是自 2006 年以来，重庆福彩连续第 9 年开展福彩助学公益活动，已累计资助特困家庭的大学生 20686 名。在委托重庆商报新财商指数研究院进行《2006—2014 重庆福彩助学项目公益效能满意度研究报告》中，公益效能满意度评分为 91.5 分，达到优秀等级，已经发展成为市民期待、媒体关注、政府支持的公益慈善品牌项目，是彰显福利彩票发行宗旨、惠泽民生的“民心工程”。2014 年的主要情况如下。

一、针对不同困难群体和区域，4 项福彩助学活动主题明确、重点突出、张弛有度

第一，针对重庆库区、山区的特困家庭大学生，重庆福彩联合区县民政局开展了“福彩助学·爱心圆梦——资助特困家庭优秀大学新生活动”。一是在资助对象上，重点确保资助孤儿及低保家庭、一线环卫工人家庭的大学新生。二是重庆福彩和区县民政局分别投入市级专项福彩公益金和区县级留成福彩公益金，总计资助 5083 名，发放资助金 2112.3 万元。

第二，针对在渝高校的贫困家庭大学生，重庆福彩开展了“福彩助学·爱心直通车——资助特困家庭大学生在公益岗位进行社会实践勤工俭学志愿服务活动”。倡导“公益自助”和“2 小时公益”的理念，组织贫

困家庭大学生利用无课日、节假日参与“2 小时公益”志愿服务活动。一是在重庆中福在线销售厅设立公益岗位，组织在渝高校的贫困家庭大学生进行社会实践勤工俭学活动；二是成立重庆福彩爱帮志愿者队，组织在渝高校的贫困家庭大学生走向社会，开展面向社会的公益志愿服务。按照每小时 30 元的标准进行资助，全年资助人数逾 1200 人次。

第三，针对重庆市主城区域一线环卫工人这一特殊群体，重庆福彩开展了“情系环卫工人 · 爱心接力助学——资助一线环卫工人家庭大学新生活动”。经过层层申请、审核，2014 年资助主城区域一线环卫工人家庭的大学新生 71 人。

第四，针对福利机构的孤儿大学生，重庆福彩开展了“福彩助学、爱心接力——‘双色球之爱 · 福彩孤儿成才基金’资助福利机构孤儿大学生活动”。2014 年，新增资助重庆市儿童福利院、重庆儿童爱心庄园考入大学新生各 1 人，累计为 9 名孤儿大学生发放资助金。

二、变“收”为“放”，主题鲜明、组织得力，在面上有效统筹全市助学规模和形式

第一，2014 年，区县民政局对福彩助学活动由被动变为主动。由于面临当地党委、政府以及越来越多的资助需求，费用投入节节升高。重庆福彩变“收”为“放”，先由区县民政局自主上报配套资助活动方案，经全市平衡后统一开展，既保障了当地民政局的积极性，也提高了参与助学活动的主动性。

第二，统筹协调各级领导及社会爱心人士参与、见证福彩助学资助金发放活动，扩大影响力。一是组织协调重庆市民政局及区县党委、政府相关领导出席福彩助学公益活动 13 场次；二是组织协调重庆市民政局领导及福彩社会监督员、媒体记者一行 23 人走进三峡库区巫溪县，开展了“见证福彩公益、传播福彩文化——走进远郊区县福彩助学资助金发放现场”公益活动。

第三，根据新的外部环境以及宣传形式的变化，鼓励将宣传的重点放在长效宣传机制及常规落地宣传上。继续高举双色球“三高”策略，将 2014 年福彩助学主题确定为“双色球 2014、有梦有改变”，发放统一宣传

背景板、宣传广告片、活动串词等，确保宣传口径。

第四，加强统筹力度，既调动当地民政局积极性，又做到控而不死，放而不乱。重庆福彩连续下发指导性文件、函、通知达 5 项次。如《关于对远郊区县（自治县）联合开展福彩助学活动进行专项支持的通知》《关于组织社会监督员代表走进巫溪县福彩助学公益活动的通知》《关于组织“2014‘情系环卫工人·爱心接力助学’资助环卫家庭大学新生资助金发放仪式”的通知》《关于联合开展 2014 年福彩助学活动费用借款的函》《关于配合提供 2014“福彩助学·爱心圆梦”活动主题宣传素材的通知》等。

三、变“放”为“收”，精简高效，强化宣传，在执行层面措施得力，注重实效

第一，渝东北、渝东南、渝西区域淡化资助金发放仪式，强化助学宣传平台打造。一是举行户外广场资助金发放晚会或公益活动的区县有巫溪县、巫山县、涪陵区、丰都县、武隆县、江津区、合川区。二是举行福彩助学活动资助金发放大型室内电视录播公益活动（在当地电视台进行全程录播）的区县有梁平县、垫江县、奉节县、綦江区、石柱县。三是有效利用福彩助学活动，搭建户外福彩助学咨询展示台及“刮刮乐”小卖场宣传平台，开展福彩助学活动宣传、发动。

第二，主城区资助金发放仪式简洁活泼。在主城区域，针对社会热点，突出对一线环卫工人子女的资助。同时，联合社会力量参与福彩助学活动，在资助一线环卫工人子女的资助发放活动中，重庆五洲大酒店免费提供场地，重庆文艺广播主持人叶子志愿进行主持，在发放活动的设计上，一改冗长花哨会风，倡导简洁活泼直接，同时主持人风格轻松随意，对改变福彩庄重严肃会风作出了尝试。

第三，组织社会监督员参与福彩助学，提高福彩宣传的深度。组织协调重庆市民政局领导及福彩社会监督员、媒体记者等，开展“见证福彩公益、传播福彩文化——走进远郊区县福彩助学资助金发放现场”系列公益活动。

第四，强化宣传互动，进行面上集中宣传。首次将宣传重点放在市级

平面媒体的“专版”集中放量，“专版”共设计4个整版，出台《关于配合提供2014“福彩助学·爱心圆梦”活动主题宣传素材的通知》，调动各区县提供稿件素材，形成上下信息互通机制，在面上全面反映全市福彩助学的概况。同时，加大重庆福彩助学外宣力度，在《中国社会报》刊登专题报道，“重庆福彩助学”简报被重庆市政府办公厅《昨日简况》171期及市政府网采用，网络转载量逾2000条。

第五，充分调动区县的积极性，创新性、主动性地开展宣传活动，亮点纷呈。如梁平县开通了“梁平在线”网络宣传平台，推出受助学生专题稿件，并制作了视频。巫溪、丰都等制作了专题视频进行展播。梁平县主动联系《爱心帮帮帮》，制作了优秀受助学生的“爱心故事”，感人至深。

重庆市特殊困难群体社会工作专业服务项目

按照重庆市 2014 年福彩公益金的使用安排，市民政局创新政策、完善举措，顺利实施特殊困难群体社会工作服务项目，为解决服务对象问题、加强社会建设、促进社会和谐作出了贡献。

一、基本情况

一是覆盖范围广。涉及了社会福利、社会救助、社区建设、婚姻家庭、精神卫生、灾害救援等 17 个服务领域，涵盖了重庆市 35 个区县。二是受益人群多。覆盖了特殊困难群体的所有类型，其中城市社区服务对象主要包括老年人、未成年人、外来务工人员、残疾人和低收入家庭等；农村社区服务对象以空心村落、空巢家庭、留守人群为重点；民政系统直接服务对象以流浪乞讨人员、失能老人、孤残儿童等人群为主。

二、组织实施

一是搭建有效服务平台。对于社区服务对象，在社区建立社会工作室，配置专职社工，为社区特殊困难群体提供专业服务；对于机构服务对象，在项目实施地建立项目组，组建服务团队，为机构特殊困难群体提供优质服务。二是提供针对性服务。在城市社区重点开展社区照顾、社区融入、社区矫正、社区康复等服务，在农村社区为留守儿童提供心理疏导、行为矫治、教育辅导等服务，为留守老人提供代际沟通、精神慰藉等服务，为留守妇女提供技能培训、能力提升、关系调适等服务。为民政系统直接服务对象提供人文关怀、困难帮扶等服务。

三、服务效果

一是解决了服务对象的主要问题。如渝中区社区社会工作服务整体推进项目，以社区社会工作室为平台，以社区居民群众需求为导向，以共性服务和个性服务相结合，有效地解决了本区特殊、困难群体面临的问题，实现了福利彩票“扶老、助残、救孤、济困”的发行宗旨。二是加强了社会工作服务特殊困难群体的专业作用。通过实施特殊困难群体社会工作专业服务项目，重庆市社会工作专业人才队伍整体素质得到提高，专业服务水平得到提升。三是促进了重庆市社会治理创新。通过实施特殊困难群体社会工作专业服务项目，促进了重庆市政府职能转变，完善了重庆市政府购买服务机制，提升了公共服务水平，对创新社会治理起到了重要的作用。如渝北区通过“回兴街道社区社会工作服务示范项目”和“空巢老人社会工作服务项目”，不但解决了服务对象的专业需求，推进了渝北区社会工作专业人才队伍建设，更使社会工作成为渝北区创新社会治理体制的重要抓手，促进了渝北区基层社会治理创新。

贵州省黔西南州册亨县老年福利服务中心老年养护楼项目

在册亨县委、县政府的正确领导和上级业务主管部门的指导支持下，册亨县民政局坚持“以民为本、为民解困、为民服务”的宗旨，切实履行改善民生、落实民权、维护民利的基本职责，充分发挥民政工作维护社会稳定、调解社会矛盾、促进社会和谐的职能作用，积极推动民政基础设施的建设，实现了民政事业又好又快发展。现将老年福利服务中心老年养护楼建设情况报告如下。

一、执行基本建设程序的情况

册亨县老年福利服务中心老年养护楼项目总占地11.784亩，建筑占地面积1896平方米，总建筑面积9286平方米。2012年9月，民政局先后完成了项目可研、项目征地、用地勘测、项目初设、项目图纸设计的审查、项目代理公司的确定、项目监理、前置审计等。州发改委于2012年9月24日下达项目可研批复（州发改社会〔2012〕48号）；2012年12月13日下达了项目初设的批复（州发改社会〔2012〕53号）；2012年11月5日下达了招标方案的批复（州发改社会〔2012〕56号）。批准的建设规模及内容如下：

占地面积1872平方米，建筑面积9183平方米；

建筑层数、高度：五层，建筑高度18.96米（室外地坪至屋顶檐口结构高度）；

建筑结构体系、等级：本工程为框架结构，建筑安全等级二级，建筑正常使用年限50年，建筑耐火等级二级；

抗震设防烈度：抗震设防类别为乙类，抗震设防烈度为6度。

二、执行“四制”情况

（一）严格落实项目法人责任制

项目启动之初，由册亨县人民政府拟定《册亨县老年福利服务中心老年养护楼项目建设承诺书》，由分管副县长担任责任领导，责任单位主管领导为责任人，与相关单位责任人签订了项目建设承诺书，并明确 1 名分管项目的工作人员具体联系项目的有关事宜。同时还对该项目建设情况及内容用公示栏进行了公示。项目承建单位与监理单位严格落实项目建设各项管理规章制度，办公场所规范整洁，各项规章制度上墙。

（二）严格落实项目招投标制

本项目由册亨县民政局全权委托贵州三力工程招标造价咨询有限公司严格按照招投标程序进行招投标代理，2013 年 3 月 20 日该工程在黔西南交易中心开标，并选择有资质的施工队伍黔西南州中亨建筑工程有限公司为中标单位开展建设。该项目于 2013 年 4 月 2 日正式签订施工合同，项目于 2013 年 4 月 5 日正式动工，工期为 275 天。

（三）执行监理制的情况

本项目经县民政局党组会议研究，确定四川俊成工程项目管理咨询有限公司为该项目的监理方，并于 2013 年 3 月 29 日正式签订了监理合同，公司派驻监理员实行全程驻地监理。并规范办公场所，按月报送监理报告。

（四）合同执行情况

该项目涉及的勘察设计合同、施工合同、监理合同等都严格按规定邀请了纪检、检察院、住建、发改、工商等相关部门进行了现场监督和签约。执行合同情况良好。

三、项目建设情况

本工程于 2013 年 4 月 5 日开工以来，已完成该工程主体封顶，填充墙砌筑工作，强电、弱电预埋线管及线路安装工作，消防管道安装工作，消防水池浇筑工作，部分装饰装修工作，斜屋面找平、外墙装饰、门窗安装等工作。本项目严格执行《建设工程质量管理条例》的规定，没有调整建设规模和变更设计等情况，严格抓进度的同时保质量完成剩余部分内部装修工作。

四、资金使用及财务管理情况

本工程预算投入资金1401万元（其中：中央投资950万元，县级匹配451万元，资金已全部到位），从开工至今，完成地基超深工作、基础浇筑工作、主体浇筑工作、内部装饰装修工作，工程付款严格按照合同规定及监理出具的工程进度进行拨付。

项目资金使用严格按照批准的概算执行，并做到专款专用，无挪用建设资金情况。

册亨县老年福利服务中心老年养护楼项目在省民政厅、州民政局的关心支持下，在册亨县委、县政府的高度重视下，通过各方的努力，册亨县老年福利服务中心老年养护楼项目建设顺利竣工投入使用，为加快册亨县社会化养老服务奠定了坚实的基础，为民政养老服务工作增加了一大亮点，推进了册亨县养老服务事业的发展。

贵州省赤水市大同镇敬老院

大同镇敬老院始建于 1993 年，2009—2011 年进行了改建，2014 年再次进行了扩建。距离赤水城区 9 公里，大同集镇 1 公里，交通便利，环境优美，舒适宜人。自敬老院建成以来，始终坚持“以人为本，服务老人，科学发展”的工作理念，不断改善院民生活条件，提高院民的生活质量，于 2012 年成功创建为三星级敬老院，现正在创建四星级敬老院，得到了社会各界的关心帮助，赢得了入住院民的充分肯定，多次受到各级领导的好评。

一、基础设施，科学合理

大同镇敬老院占地面积 12 亩，菜地 5 亩、鱼塘 2 亩，建筑面积 3000 平方米，建设资金 510 万元，床位 108 张，入住院民 65 人。全市五保对象 57 人，入住五保对象 40 人，集中供养率 70%，吸收非五保对象入住 25 人。有管理人员 2 人，服务人员 3 人。内部设施完善，建有标准化食堂，可容纳 80 人同时就餐的饭厅，每间寝室设置有浴室和卫生间，安装有热水器、有线电视，院内设置有洗衣房、医务室、图书室、文化娱乐活动室，公共活动场所、花园、绿化带等配套设施齐全。

二、制度完善，措施得力

（一）建立健全制度，做到有章可循

在工作中，根据遵义市人民政府关于贯彻落实国务院新修订的《农村五保供养工作条例》《遵义市敬老院管理办法和规范》的有关规定，结合敬老院工作实际情况，先后制定了《食堂管理制度》《物资管理制度》

《卫生管理制度》《财务管理制度》《安全保卫制度》《院务公开制度》《院长工作人员岗位职责》《医护人员职责》《院民守则》《院民奖惩制度》等规章制度，实行目标量化管理，落实岗位责任制，既做到敬老院的规范管理，又充分调动了工作人员和全体院民的积极性和创造性。开展“五好”院民和红旗寝室评选，对“五好”院民和红旗寝室给予适当奖励，2014 年有 10 名院民被评为“五好”院民，5 间寝室被评为红旗寝室。

（二）院长责任制，强化于管理

为进一步突出自我管理，体现以人为本的原则。将敬老院作为一个大家庭，为了营造和谐、温馨、生活有序的氛围，在全面推行制度管理的基础上，突出抓好院民自我管理。成立了院务管理委员会，管理委员会下设生产组、卫生组、财务组、调解组、巡视查房组、消防安全组等管理工作小组，组长均由院民担任。科学的自我管理体系逐步完善，从生产、生活到经济收支等方面全部实行“院民自治、院务公开、阳光操作”，提高了院民的自我管理、自我约束能力，增强了老人的凝聚力，营造了互相学习、互相帮助、和睦相处的良好氛围，有力地促进了敬老院的健康发展。

（三）安全有保障，防患于未然

制订突发事件应急预案，配备相应消防设施设备。加大巡查力度，实行早、中、晚定期安全检查、安全隐患排查，重点检查用火、用电、用气和食物方面存在的安全隐患问题，发现问题及时整改。及时化解院民之间的各类矛盾，协调院民间的关系，从根本上消除各类安全事故隐患和矛盾纠纷。

三、服务周到，院民满意

（一）强化服务要求

狠抓精细服务，要求全体服务人员全面贯彻“以人为本”的核心理念，坚持“优质服务、院民至上”的服务宗旨，树立“老人就是父母”的服务意识，以“四勤、四多、三个一点”的服务模式。要求工作人员做到“眼勤、嘴勤、腿勤、手勤；多看老人有什么困难，多想老人需要什么样的服务，多听老人的心声，多做老人高兴满意的事；把老人的事情想得远一点，深一点，全面一点”，千方百计地为老人做好服务。

（二）强化医疗服务

在医疗方面，为每位老人建好医疗档案，定期为老人们进行体检。老人们偶染小病由服务人员到医院拿药治疗；严重病症者确保第一时间送到定点医院（市医院）治疗，上下车、上下楼全是服务人员细心搀扶、背送。切实做到“小病不出院，大病不耽搁”。

（三）强化生活服务

在生活方面，科学安排饮食，由膳食组确定出每日营养食谱，并公布上墙，饭菜荤素搭配得当、干稀合理、力求每日食谱不重样，尽量满足所有老人们的饮食需求。服务人员只要有空儿就和老人们亲切地唠唠家常、问问冷暖，虚心接纳老人们的意见和建议。在服务工作中，要求服务人员要冬天一周为老人们换洗一次衣服，半个月清洗一次床单、被罩；服务人员帮助老人们冬天一周（夏天每天）洗一次澡，耐心为老人们调水、搓背；定期请理发师来院中为老人们精心理发。对生活自理有困难的老人更是始终精心护理，不厌烦、不懈怠。比如90高龄的尤再海、杨国民老人行动不便。服务人员对他们格外关照，一日三餐送到手中，经常帮他们洗澡、洗脚、穿衣。

四、发展经济，增加收入

敬老院自主发展院办经济，丰富院民物质生活。鼓励有劳动能力的院民积极参加生产劳动增加收入，有效利用剩余土地种植新鲜蔬菜、红苕、玉米等，2亩鱼塘年养鱼5000斤，收入4000元，院里种了荔枝，荔枝收入一年2000元，年出栏生猪4头，种养殖业折合现金5万元。开展种养殖业，老人们既得到了劳动锻炼，又创造了财富；既提高了老人们的物质生活水平，又促进了敬老院与社会和谐发展。

五、领导重视，社会关注

建院以来，市委、人大、政府等领导常到敬老院指导工作，每逢节假日，市、镇领导和相关部门都到敬老院慰问老人，与他们交心谈心，问及身体状况、问及生活情况，与他们同吃同乐。如2014年春节，赤水市人大常委会主任熊怀容等领导来院看望、慰问五保对象，镇党委书记何勇带领镇党政办、人社中心、社事办负责人到敬老院陪老人们吃年夜饭，让老人们感受到社会的温暖。日常周末，镇妇联、镇团委组织志愿者到敬老院开展“献爱心·注孝心”活动，为院民们提供帮助和服务，从而感受到家庭般的温暖。

在大同镇党委政府的关心下，在市级主管部门的指导下，大同镇敬老院取得了一定的成绩，但责任重大道路漫长，需充分发挥爱心、孝心、恒心、耐心、细心，再接再厉、同心同德、团结奋进、扎实工作，不断推动敬老院工作走上新台阶、新水平，为构建和谐大同作出新的贡献。

西藏自治区拉萨市儿童福利院项目

拉萨市儿童福利院位于拉萨市城关区蔡公堂乡，是民政部和自治区"十一五"重点福利项目，由一期和二期两个工程组成，总占地面积55101平方米（约83亩），其中一期建筑面积为7289平方米，绿化面积4800平方米；项目总投资1419万元（含设备），其中民政部投资700万元，自治区福利彩票公益金300万元，市政府配套404万元，社会捐助15万元，设计规模150张床位。二期设计规模560张床位，总投资6720万元，建筑面积为14643.44平方米，其中自治区福彩公益金600万元。

拉萨市儿童福利院在建设项目中共使用西藏自治区福利彩票公益金900万元，院内主要建有综合楼 、办公楼、学生食堂、洗衣房、洗澡房、职工周转房、幼儿园、多功能厅、职工宿舍及学生理发室等配套设施，同时设计建设有生态停车场、足球场、篮球场、户外运动场等休闲场所。随着儿童福利院各项工程的竣工，配套设施也在进一步地完善。各项工程设施现已开始逐步使用，现儿童福利院不仅达到了儿童生活居住的基本要求，更是进一步实现了儿童生活、教育、娱乐、休闲全方位一体化多元环境。

在拉萨市和城关区党委、政府的关心下，在拉萨市民政局党组领导下，福利院在全体工作人员的共同努力下，认真总结经验，取长补短，势必将儿童福利院建设成为孤残儿童健康成长的安全港湾、快乐生活的幸福家园。

西藏自治区拉萨市山南地区儿童福利院项目

根据西藏自治区人民政府《关于全面推进五保集中供养和孤儿集中收养工作的意见》（藏政发〔2013〕59号）、自治区民政厅《关于印发〈全区五保供养对象集中供养计划表〉、〈全区孤儿集中供养计划表〉的通知》（藏民发〔2013〕157号）和自治区民政厅、财政厅《关于对山南地区儿童福利院项目初步设计及概算的批复》（藏民发〔2013〕166号）文件精神，新建山南地区儿童福利院。

福利院项目设计规模为500个床位，建筑面积17802.07平方米及附属配套设施，总投资6000万元，工程合同价44049956.36元（一标：16359641.36元，二标：16401315元，三标：11289000元）。在自治区发改委和民政厅的大力支持和关心下，项目于2013年8月26日开工，主体工程已于2013年11月25日通过地区相关单位验收，2014年8月30日竣工。

项目法人：山南地区民政局。

投资主管单位：自治区民政厅。

设计单位：地区建筑规划设计院。

监理单位：重庆江河工程监理有限公司西藏分公司。

在保证工程质量的前提下工程加快进度，根据工程实际情况对该工程划分为3个标段进行招标、建设。

标段一：儿童集体宿舍7420.77平方米；

标段二：综合业务用房5568.5平方米，公共食堂及活动用房2149.95平方米；

标段三：单元式宿舍2201平方米，公共浴室、公共卫生间252.37平方米，大门82.1平方米，水泵房71.5平方米，发电机房55.88平方米及院内道路、绿化、围墙、停车场、给排水等。

该项目建成后，将增加儿童福利机构床位500张，展现一个环境优美、功能齐全、管理科学、服务一流的综合性儿童福利机构，将为山南地区孤儿提供更好的基本公共服务，为全地区的孤残儿童营造一个幸福的家园，推动社会服务创新和和谐稳定，促进社会公平进步，使孤儿享受改革开放的成果。为建设自然、生态、现代、宜居的幸福山南作出更大的贡献！

孤残儿童是特殊的群体，是最为困难、最需要社会关怀的群体。新建儿童福利院，是地委、行署贯彻落实山南区党委、政府关于“办好十件实事”，确保到2015年实现所有孤儿在地（市）以上集中收养决策部署的重大任务，是关注困难群体、解决民生、落实民权、维护民利的有力举措，对进一步改善山南地区社会福利设施基础条件，有效保障特殊困难群体的基本生活和合法权益具有十分重要的意义，也标志着山南地区社会福利事业发展进入了一个崭新的阶段。

青海省“福彩助残、助老健康行”项目

青海省“福彩助残、助老健康行”项目自2011年启动以来，其指导思想中明确提出“要坚持科学发展观为指导，以提高全省贫困肢体残疾人及失能、半失能老年人的生活质量、改善其生存发展条件为目标，切实将福利彩票公益金‘扶老、助残、救孤、济困’的宗旨落到实处，让受助人员感受到党和政府的关怀”。秉承指导思想的要求，项目实施受到了社会广泛欢迎，截至2014年，青海省假肢康复中心在全省各级民政部门的大力配合下，每年组织10余名专业技术人员多批次下乡服务，共计行程10万公里，为青海省6个地区，46个县区近10万名左右各类肢体残疾人、失能半失能老人、脑瘫儿童、玉树因灾致残致伤人员等提供了康复辅具筛查，并为其中符合条件的4000余名各类残障人员免费配置总价值1080万元各类康复器具共计4400余件，为3万名贫困残疾人员免费提供了康复训练，对5所社会福利机构进行了无障碍设施改造。青海省假肢康复中心安排技术人员多批次前往农业区人口大县，筛查肢体残障人员近千名，经对接国家康复辅具中心国家康复医院对满足技术条件的100余名肢体残疾人免费提供了手术治疗。

“福彩助残、助老健康行”项目的实施对长期残居在家的贫困受助群众起到了“立竿见影”的效果，对解放其家庭劳动生产力，改善和提高受助人员自身及家庭生活状况效果十分明显；对玉树灾后重建的受助群众带去了党和政府的关心，注入了重建家园的信心；对社会福利机构的服务范围进一步完善提供了有力保障。在项目实施期间，多名受助群众为了表达感激之情，自发、自愿制作敬赠旌旗4面。项目4年来的具体实施情况如下：

一是在青海省6州、1地、1市，共计46个县（区）范围内完成了对受助对象、社会福利机构的摸排调查统计工作，并完成了全省贫困肢残受助人员电子台账的设计建立工作，对纸稿类档案资料采取了一州（地、市）一册、一人一表（审批登记表）的方式分类整理、统一归档。此项工作的完成标志着青海省贫困肢残康复救助对象电子台账系统已建立，这对今后助残项目建立长效机制打下了坚实的基础。

二是在做好技术服务工作的同时，为确保项目在管理层面以较高水平运行，还重点做了以下几项工作：①项目在各县实施期间主动协调召集当地民政、残联、医疗机构，受助对象代表等以召开座谈会的形式进行项目政策有关事项的宣讲，并同步开展调研工作，认真听取各方意见，掌握各地实际情况，进一步补充完善实施方案，为今后因地制宜地开展具体工作打下了基础。②做好新闻媒介宣传工作。在每年5月份全国“助残日”，有组织地安排进行广场宣传活动，工作人员现场对前来咨询人员进行关于助残项目相关政策及康复业务知识的讲解等，起到了良好的宣传效果。截至2014年，《西海都市报》刊登专题报道5篇，《青海日报》2篇，湟中县电视台选送的《省福彩助残健康行项目在我县实施》现场采访节目在青海省新闻联播报道1次，玉树州称多县助残扶贫有关情况在青海省新闻联播报道1次，中国教育频道福彩栏目短片报道1次，共接受新闻媒体采访6次，各县向地区民政部门及时上传项目实施工作简报30余份。项目实施期间，各县均已在当地电视台就项目实施情况进行了报道，青海省假肢康复中心编辑工作简报10期，编辑青海省民政简报3期。

三是这项工作的实施从全省民政工作层面来说，社会效益十分明显，它不仅是一项新的社会困难群体救助形式的补充和探索，通过青海省民政厅项目组对几年来项目的实施情况进行验收后，结论认为项目整个运行过程具有“示范性和样板性，对其他项目的管理树立了榜样”。

青海省“高原美丽乡村”建设项目

2014年青海省民政厅响应省“高原美丽乡村”活动领导小组的工作部署，将“美丽乡村建设”活动作为建设社会主义新农村，强化广大党员干部密切党群、干群关系的重要举措，作为加强民政“三基”建设的重要平台，采取多种措施开展工作部署，确保共建工作取得成效。

一、主要做法

（一）加强组织领导，为结对共建工作提供组织保证

继全省推进高原美丽乡村建设电视电话会议召开之后，青海省民政厅党组根据共建工作的需要，及时成立了由党组书记、厅长罗松达哇同志任组长，副厅长辛全伟、副巡视员索南为副组长，厅机关有关处室局主要负责人为成员的民政厅“高原美丽乡村”建设活动领导小组，并下设办公室，抽调了2名干部专职开展工作。同时，要求各部门将共建工作作为党的群众路线教育活动的一项具体措施来抓，全力配合、齐抓共管、抓出成效，形成“主要领导亲自抓、分管领导具体抓、相关处室配合抓、全厅干部共同参与”的工作机制，做到了组织领导到位、部署到位、责任到位。

（二）加强摸底调研工作，厘清结对共建工作思路

“美丽乡村建设”工作初期，青海省民政厅主要领导和分管副厅长先后4次带领厅相关处室负责人前往共建村庄，开展前期摸底调研工作。通过走村串户、与基层干部座谈、倾听村民呼声，在掌握共建村基本情况和村民群众意愿、建议的基础上，对共建工作提出了具体要求。一是坚持走群众路线。把解决好广大村民群众最直接、最现实、最迫切的问题作为开展工作的出发点和落脚点，要把宣传和动员工作放在突出位置，最大限度

地调动村民的积极性和参与度，让广大村民真正认识到他们是村庄的主人，是美丽新村建设的主体，从而树立坚定的信心，营造“自己动手、共建美丽家园”的良好氛围。二是坚持规划先行，以规划引领村庄建设。县委、县政府要按照省委、省政府的要求，抓紧时间进一步做好村庄规划的编制和完善工作，厘清工作思路，细化建设内容，要特别注重发挥基层党组织的战斗堡垒作用，建立良好的联动工作机制，强化与共建单位的协调和沟通。三是坚持“量力而行、尽力而为”的原则，扎实做好援建工作。省民政厅按照“依靠县、乡党委政府，调动村民群众积极性，发挥民政职能优势，组织广大干部职工参与，齐心协力开展共建活动”的思路，本着“着眼长远、明确分工、各司其职、尽力而为、量力而行”的原则，扎实开展此项工作。

（三）加强方案制订，明确结对共建目标和责任

在开展广泛深入的调研基础上，根据青海省“高原美丽乡村”建设活动领导小组和刚察县县委、县政府《“高原美丽乡村”建设活动实施方案》，及时研究制订了《省民政厅“高原美丽乡村”建设活动实施方案》（以下简称《实施方案》），从组织领导、建设目标、建设内容、采取的形式到资金来源、实施步骤和保障措施等方面作了详细的规定。《实施方案》本着“明确分工、落实责任、各负其责、各司其职”的原则，对红山村所需建设的内容和项目进行分工。其中：县和乡镇政府负责整合相关专项资金和建设项目，开展农户住房建设、村容村貌整治、村级道路硬化和环境综合治理；省民政厅主要负责对特困群众建房的帮扶和村庄公共设施项目建设。

（四）加强项目立项工作，使结对共建项目落到实处

充分发挥民政部门基层组织管理和服务的职能优势，厅党组要求相关处室按照省民政厅下发的《实施方案》中确定的共建项目，抓紧时间开展可行性论证和立项工作，确保共建项目落到实处。针对该村困难群众的住房状况，积极协调刚察县政府共投资 90 万元，对 24 户困难群众家庭实施住房建设。其中：对 8 户特困群众在享受户均 2.5 万元危房改造政府补助金的基础上，再由青海省民政厅发动厅系统干部职工捐款 16 万元，按每户 2 万元给予再次资助，建房补助标准达到户均 4.5 万元。同时，采取以相关民政项目带动其他共建服务设施建设的方法进行。从福彩公益金中筹措210万元完成新建200平方米农村社区服务中心和600平方米农村老年人幸福院及900平方米文化广场的立项工作，并如期开展施工建设。

（五）加强宣传动员工作，组织干部职工参与共建工作

把结对共建工作作为一项政治任务来抓，组织动员干部职工共同参与是厅党组从一开始就提出的明确要求。针对共建工作中出现的8户特困户建房缺少资金的问题，由民政厅机关党委发动广大干部职工和下属单位以“扶贫济困献爱心”的形式开展募捐活动。4月26日在民政厅系统内举办的募捐活动中，厅领导带头募捐、广大干部职工踊跃参与，捐款数额达到了16万元，全部用于资助8户特困户建房，目前这8户家庭新房已全面完工。年底前即可迁入新居。

（六）加强工程进度，确保工程项目如期交付使用

时间短、任务重是共建工作的突出特点，青海省民政厅在经过科学规划、合理设计、规范招标的基础上，狠抓工程进度。厅领导先后多次深入该村指导工程建设，共建办公室的同志经常性地前往工程建设现场检查工程质量，督促工程进度，对工程建设中出现的问题，及时与乡村干部、承建单位进行沟通协商，确保工程建设项目按照省上的要求如期交付使用。

（七）加强建章立制工作，建立共建成果的长效维护机制

将建立维护共建成果的长效机制作为一项重点工作来抓，及时召开村民大会，研究修订《村规民约》，制定《红山村公共设施维护办法》。同时，通过与所有农户签订《共建成果维护协议书》，把共建成果的维护工作落实到户，做到家喻户晓，并使之成为人人遵循的自觉行为。为确保共建项目发挥最大效用，共建办公室的同志在共建工作后期，着重就农村社区综合服务中心、老年人互助院等设施的日后运营，多次与乡镇及村“两委”班子进行商议，探讨运行模式，最终建立起了五保老人由村委会统一管理、供养金统一使用、生活统一照料的机制。

二、主要成效

通过近一年的共建实践，使红山村从村民生活到基础设施建设都得到了显著的变化，改变了村貌，推动了发展，锻炼了干部，促进了和谐。

（一）基础设施建设大为改进

采取“政府投资、共建单位帮扶、群众自筹”的方式，着力加强基础设施建设，使该村村民的生产生活条件得到了大范围改善。活动中合资新建了农村社区服务中心和农村老年人幸福院，并配备了必要的设施设备。同时，采取以上述两个项目合建带动的形式新建了文化广场。不仅有效地建立和发挥了基层服务设施机制及功能，方便了群众生活，也实现了村民的“老有所乐、老有所养”。

（二）农户居住条件大为改善

共建工作中，青海省民政厅把改善群众基本住房条件作为重要目标，经多次核实，确定该村农村危房改造计划 24 户，鼓励村民采取“政府帮建、干部捐助、群众自筹”的方式新建住房，使广大村民特别是生活极度贫困的特困群众家庭梦寐以求的拆旧房、盖新院的愿望得到了实现，极大地改善了村民群众的住房条件，提高了困难群众的幸福指数。

（三）村容村貌大为改观

以村容村貌整治为切入点和突破口，对村庄进行绿化、美化、净化，铺设村大门到村庄柏油路 1 公里，修建 U 形水渠 2 公里，新建景观大门一座，为农户安装太阳能热水器 75 个，安装琉璃瓦 12 万片，路灯 16 套，更新铁艺围栏 1790 米，围墙改造 76 户。村庄环境“脏、乱、差”的状况得到了有效治理，村容村貌大面积改观，真正使高原美丽乡村建设实现了“旧貌换新颜”。

（四）群众精神面貌大为改变

在共建活动中，广大村民体验了农村危房改造、道路硬化、环境美化以及相关涉农项目带来的好处，随着生产生活条件的改善，既直接增强了村民的幸福感，也调动了群众建设新农村、创造新生活的积极性，使他们自觉自愿投身到“高原美丽新村”建设活动中，建设和维护好美好家园的愿望更加强烈，信心更加坚定。

（五）干部联系群众服务基层工作力度大为推进

青海省民政厅将“高原美丽乡村”建设活动作为机关干部联系群众服务基层的主要载体，指定专人负责对该村的帮扶协调和指导，与村干部和村民面对面了解情况，帮助解决群众面临的困难和问题，通过近 7 个月的共建工作，丰富了干部阅历，密切了党群之间、干群之间的关系，增进了与群众的感情。

宁夏回族自治区银川市兴庆区银古路街道景湖社区日间照料中心

银古路街道景湖社区地处兴庆区丽景街，辖区面积0.9平方公里，有居民小区2个，楼栋97栋，常住居民4194户，11403人，60岁以上的老年人有614人，占现有人口的5.5%。其中：空巢老人168人，残疾老人4人。60—69岁老人368人，70—79岁老人193人，80—90岁老人51人，90岁以上老人2人。随着社会老龄化进程不断加快，为了全面提升为老年人服务的质量和水平，社区积极探索，大胆尝试，积极整合辖区单位资源，成立了老年活动中心、便民为老服务饭桌、日间照料服务中心，市民服务站的居家养老工作已初具规模。

2011年11月正式成立景湖社区老年活动中心。老年活动中心地处凤鸣佳苑24号楼，面积309.84平方米，老年活动中心功能齐全，设有阅览室、健身室、棋牌室、多功能厅、书画室、聊天室6个功能室。平均每天来中心活动的老年人有100—130人。社区老年活动中心已成为老年人学习、交流、娱乐、休闲的好去处，能覆盖周边10个小区老年人参与活动。

2013年6月开办了便民为老服务饭桌项目，方便老年人就近用餐。便民为老服务饭桌地处凤鸣佳苑小区西大门口，面积100平方米，主要解决丽景湖畔和凤鸣佳苑，以及周边小区老人及居民就近便利用餐问题，对60岁以上老年人在优惠用餐的基础上再减2元，70岁以上老人再减3元，80岁以上老人用餐减半，对空巢独居老人、孤残人员以成本价收取就餐费用。周一至周五每天两顿饭（午餐和晚餐），荤素搭配两菜一汤不重样。可口的家常菜，深受周边居民、老年人和青少年儿童的欢迎。便民为老服务饭桌现在已经成为这个社区乃至整个街道的“亮点”，赢得了辖区居民的普遍好评。

为拓宽为老服务渠道，根据部分空巢老年人的需求，2014 年 11 月份开办了日间照料服务中心，对辖区部分空巢老人进行日间托管照料。日间照料服务中心配套设施健全，配专职工作人员 2 名，负责打扫室内外卫生及老年人的看护工作。设有单人床、洗衣机、电视机、按摩椅等设备，每天有 20 多名老年人在日间照料服务中心读书、看报、娱乐、聊天，保健，接受生活护理、精神慰藉、文化娱乐等服务。社区经常邀请心理专家为老人进行心理疏导，现场与老人积极互动，通过沙盘等游戏使老人的精神压力得到释放。日间照料服务中心是适合空巢独居老年人“白天接受照顾和参与活动，晚上回家享受家庭生活”的社区居家养老服务新模式。景湖社区为老年人提供优质高效的服务，让老年人老有所养，老有所乐，真正将为老服务落到实处，受到辖区居民普遍称赞。